21世纪普通高等教育高素质应用型人才培养规划

统计学
TONGJI XUE

张林凤　　胡　燕　　丁希祥◎主　编
　　　　　　　　　杨娅琳◎参　编

西南财经大学出版社
中国·成都

图书在版编目(CIP)数据

统计学/张林凤,胡燕,丁希祥主编.—成都:西南财经大学出版社,2023.11
ISBN 978-7-5504-5850-5

Ⅰ.①统⋯ Ⅱ.①张⋯②胡⋯③丁⋯ Ⅲ.①统计学—高等学校—教材
Ⅳ.①C8

中国国家版本馆 CIP 数据核字(2023)第 127814 号

统计学

张林凤　胡燕　丁希祥　主编

杨娅琳　参编

责任编辑:陈何真璐
责任校对:金欣蕾
封面设计:何东琳设计工作室　张姗姗
责任印制:朱曼丽

出版发行	西南财经大学出版社(四川省成都市光华村街 55 号)
网　　址	http://cbs.swufe.edu.cn
电子邮件	bookcj@swufe.edu.cn
邮政编码	610074
电　　话	028-87353785
照　　排	四川胜翔数码印务设计有限公司
印　　刷	郫县犀浦印刷厂
成品尺寸	185mm×260mm
印　　张	14.5
字　　数	365 千字
版　　次	2023 年 11 月第 1 版
印　　次	2023 年 11 月第 1 次印刷
印　　数	1— 2000 册
书　　号	ISBN 978-7-5504-5850-5
定　　价	42.80 元

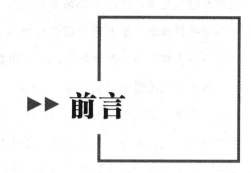

▶▶ 前言

习近平总书记在党的二十大报告中指出："高质量发展是全面建设社会主义现代化国家的首要任务。"改革开放四十余年，我国的经济实力跃居世界第二位，国内社会经济矛盾和国际政治经济格局变化，对统计学提出了新的需求和挑战，我们应该牢牢把握统计的话语权、自主权。互联网、物联网和云计算技术使得我们拥有了更为强大的技术支持和数据支持，从而可以探求中国社会经济现象的规律，并在此基础上进行理论和方法的创新，这是统计学发展的方向和立足之本。

统计学是经管专业的核心课程之一，统计学知识对于经济管理学习和工作有着基础性的作用。只要有数据的地方就会用到统计方法。可以说，在信息社会，几乎所有的工作领域都要用到统计方法。作为一种通用的数据处理方法，统计学已经成为人们学习、生活和工作的必备工具。

本教材力求既全面介绍统计学的基本思想和方法，又做到简明扼要，以便为学生在后续各个方向上进一步学习打下坚实的基础。具体来说，本教材的主要特点为：

（1）注重知识体系的完整性。本教材作为一本入门教材，首要的就是遵循统计研究基本规律，因此我们对统计调查、统计数据、统计分析等基本的统计知识都安排专门章节进行介绍。学习统计，一方面是要了解并掌握一些基本的统计理论和方法，另一方面是要培养从统计学角度去发现问题、分析问题和解决问题的意识。我们本着"建优质教材、创优质课程、育优质人才"的宗旨，组织相关教师编写了本教材。

（2）注重应用性。理论和实践是需要紧密结合的，本教材安排了大量的案例进行阐释，以使学生更为直观地理解有关知识。本教材课前、课中和课后也都有相关案例，帮助学生对统计学相关理论进行掌握。

本教材共分十章，具体为：第一章为总论，第二章介绍统计调查，第三章介绍数据的整理与显示，第四章介绍总量指标与相对指标，第五章介绍变量数列分析，第六章介绍抽样推断，第七章介绍假设检验，第八章介绍相关与回归分析，第九章介绍时间序列分析与预测，第十章介绍统计指数。

本教材从逻辑上讲由三部分构成，第一部分即第一章，主要介绍统计学的含义、产生与发展；第二部分为第二~七章，主要讲解统计研究各个阶段及各种研究方法，即统计设计、统计调查、统计整理、描述分析和推断分析的有关内容；第三部分为第八~十章，介绍了几种常见的统计分析方法，即相关与回归分析、时间序列分析、统计指数分析。

本教材由张林凤、胡燕、丁希祥任主编。各章的编写分工如下：张林凤撰写第一、二、三、四章，丁希祥撰写第五、六章，胡燕撰写第七、八、九、十章。张林凤最后统稿和定稿。本教材的编写和出版得到了西南财经大学出版社的支持。在编写过程中，编者参考了很多国内外的相关教材和专著，列于参考文献中，在此一并对这些文献作者表示感谢。

由于编者水平有限，加之时间紧迫，教材中的不足之处在所难免，恳请使用本教材的广大师生和统计工作者不吝批评指正。

编者

2023 年夏

▶▶ 目录

第一章

总论

■**学习目标**

1. 了解统计与统计学的区别，正确理解统计的含义；
2. 了解统计学的演变过程及其类型；
3. 从整体上把握统计学的基本框架，掌握其基本概念，如总体、总体单位、个体与样本、标志指标与指标体系等；
4. 理解统计研究对象的特点；
5. 培养应用统计基本理论解决实际问题的能力；
6. 认识基本的统计分析方法。

党的二十大报告指出："从现在起，中国共产党的中心任务就是团结带领全国各族人民全面建成社会主义现代化强国、实现第二个百年奋斗目标，以中国式现代化全面推进中华民族伟大复兴。"全面建设社会主义现代化国家需要我们每一个统计人矢志不渝听党话、跟党走，把思想认识统一到党的二十大精神上来，把智慧和力量凝聚到实现党的二十大确定的目标任务上来，全面打牢统计基层基础、全面提升统计服务水平、全面规范数据生产流程。同时，统计部门要紧紧围绕高质量发展目标，加快推进统计法治化建设，为社会经济高质量发展提供优质高效的统计服务，以实际行动推动党的二十大决策部署落地生根。

【导入案例】

统计在许多领域都有应用。在日常生活中，我们也会经常接触到各种统计数据，比如，媒体报道中使用的一些统计数据、图表等。下面就是统计研究得到的一些结论：吸烟对健康是有害的；身材高的父亲，其子女的身材也较高；学生在听莫扎特钢琴曲10分钟后做的推理测试会比他们听10分钟娱乐节目或其他曲目后做得更好。这些结论是正确的吗？你相信这些结论吗？要正确阅读并理解这些数据，就需要具备一些统计学知识。

理解并掌握一些统计学知识对普通大众是有必要的。每天我们都会关心生活中的一些事情，其中就包含统计知识。比如，在外出旅游时，需要关心一段时间内的天气预报；在投资股票时，需要了解股票市场价格的信息，了解某只特定股票的有关财务信息；在观看世界杯足球赛时，需要了解各支球队的技术统计等。

理解和掌握一些统计知识，对政治家或制定政策的人来说更为重要，他们在做决策时，如果不懂统计可能会闹出笑话。

比如有个笑话：健康部门的一位官员看到一个统计学者提供的报告，报告中提到去年由于某种疾病，平均 1000 人中死亡 3.2 人，这位官员对这个数字产生了兴趣。他问他的私人秘书："3.2 人是如何死法？"他的秘书说："先生，当一个统计学家说死了 3.2 人时，意味着三个人已经死了，两个人正要死。"这当然是个笑话，但是反映了不懂统计会导致的问题。

（资料来源：贾俊平，何晓群，金勇进. 统计学 [M]. 8 版. 北京：中国人民大学出版社，2021.）

第一节　统计与统计学

一、统计的内涵

在日常生活中，我们经常会接触到"统计"这一术语。统计作为一种社会实践活动，已有悠久的历史，可以说，自从有了国家就有了统计实践活动。最初，统计只是一种计数活动，人们通过统计以弄清国家的人力、物力和财力的实际情况，从而作为国家管理的依据。然而在今天，"统计"一词在不同的场合、不同的语言环境中已有许多种不同的解释。一般来说，统计包含三种含义，即统计工作、统计资料和统计学。

（一）统计工作

统计工作是统计一词最基本的含义，是指搜集、整理、分析、展示和编制统计数据资料的实践工作，比如我国进行人口普查时要经过方案设计、入户登记、数据汇总、分析总结和资料公布等一系列过程，这些都是统计工作。在我国，各级政府机构基本上都有统计部门，如统计局，它们的职能主要是从事统计数据的搜集、整理和分析工作。随着社会的发展，统计工作逐渐发展和完善起来，使统计成为国家、部门、公司、科研单位和个人认识和改造客观世界和主观世界的一种有力工具。

一般而言，任何统计工作都要经过统计设计、统计调查、统计整理和统计分析四个阶段。

1. 统计设计

统计设计是指根据研究对象、内容和目的对统计工作实际展开前的各个环节和各个方面所做的通盘考虑和合理安排，这是统计工作的第一阶段。统计设计包括确定调查对象，设计指标体系，编制分类目录，制订调查、整理和分析方案等环节。统计设计是科学、有效地组织统计活动的前提，一般要由专业的统计人员进行。统计设计的结果是各种设计方案。在实际中，我们应该在各种可行的方案中选出最优方案，良好的开端是成功的一半。

因此设计出好的方案是十分重要的工作，一项统计工作能否顺利进行，与统计设计阶段的工作是否全面、周密有很大的关系。

2. 统计调查

统计调查就是根据研究目的和统计设计方案的要求，借助科学的调查方法，有计划、有组织地搜集社会经济现象实际资料的过程。从统计工作的全过程来看，统计调查是第二个阶段，是搜集资料获得感性认识的阶段，它既是认识客观经济现象的起点，也是统计整理和统计分析的基础环节。统计调查充分反映了统计工作的特点，是深入实际进行调查研究的重要环节。统计调查与其他调查活动的不同点在于精心设计的统计调查方法的应用更能够保障调查活动达到事半功倍的效果。统计调查方法分为统计报表和专门调查两大类。统计报表是指按照一定的表式和要求，自上而下统一布置，自下而上逐级提供统计资料的一种定期的调查方式。专门调查是指为了研究某些专门问题而组织的调查，大多属于一次性调查。专门调查又分为普查、抽样调查、重点调查、典型调查四种，这四种方法各有特点。统计调查将在第二章介绍。

3. 统计整理

统计整理是指对调查搜集到的大量统计资料加工整理、汇总、列表的过程。通过统计调查取得的原始资料以及搜集到的二手资料只能反映总体单位的个别情况，比较零碎分散，而且真伪混杂，不能揭示出总体的特征。因此，要全面把握总体的情况，需要对这些资料进行去粗取精、去伪存真的加工整理，以便对总体做出概括性的说明。统计整理后的结果就是我们通常看到的各种统计数据了。统计整理在统计工作过程中处于中间环节，起着承前启后的作用。统计整理将在第三章介绍。

4. 统计分析

统计分析是指对整理好的统计资料进行综合分析，采用各种科学的分析方法，揭示社会经济现象的本质及其发展变化的规律和趋势，并以此对未来的发展前景进行科学的预测。人们通过统计分析，对社会经济现象的认识由感性认识上升到理性认识。这一阶段是统计学的精华。统计分析将在第四章以及之后的各章节介绍。

统计工作的四个阶段并不是孤立存在的，而是一个紧密联系的整体，其中各个阶段常常是交叉进行的。例如，小规模的调查常把调查和整理结合起来，在统计调查过程中就有对事物的初步分析，在整理和分析过程中仍须进一步调查。

（二）统计资料

统计工作的结果形成一系列的数字资料，用以反映客观事物的规模、水平、发展速度等多方面特征，这就是统计资料，也称作统计数据。统计资料和前面讲的统计工作是紧密相连的，是统计工作的直接成果，是统计提供数据信息的基本表现形式，是进行社会经济管理和科学研究的重要依据。统计资料的表现形式有统计表、统计图、统计分析报告、统计公报和统计年鉴等。

按照获取的途径不同，统计资料分为原始资料（也称初级资料）和次级资料。原始资料是反映被调查对象原始状况的资料，一般源于直接的调查或实验，也称作第一手资料，例如企业各车间的统计台账、人口普查时初次登记的资料就是原始资料。次级资料是经过别人加工整理过的资料，一般源于别人调查或实验的数据，也称作第二手资料。收集次级资料的过程实际上是一个阅读、查询的过程，例如统计公报、调查分析报告等现实和历史资料就是次级资料。利用次级资料对使用者来说既经济又方便，但在引用次级资料时要注明数据的来源，以尊重别人的劳动成果。

（三）统计学

统计一词，英语为 statistics，用作复数名词时意思是统计数据，作单数名词时指的是统计学。统计一词最早出现于中世纪拉丁语的 status，意思指各种现象的状态和状况，由这一词根组成意大利语 stato，表示"国家"的概念，也含有国家结构和国情知识的意思。根据这一词根，最早作为学名使用的"统计"，是在 18 世纪德国政治学教授戈特弗里德·阿亨瓦尔于 1749 年所著《近代欧洲各国国势学纲要》的绪言中，把"国家学"定为"statistika"（统计），原意是指"国家显著事项的比较和记述"或"国势学"，认为统计是关于国家应注意事项的学问。此后，各国相继沿用"statistika"这个词，并把这个词译成各国的文字。1880 年，日本在太政官中设立了统计院，才确定 statistika 为"统计"二字。1903 年，钮永建、林卓南等翻译了横山雅南所著《统计讲义录》，首次把"统计"这个词从日本引入我国。1907 年，彭祖植编写的《统计学》在日本出版，同时在国内发行，这是我国最早的一本统计学图书。随后，统计学在我国发展起来。

统计学，是搜集、整理、显示和分析统计数据的科学，以揭示总体的特征和规律性。统计学是阐述统计工作基本理论和基本方法的科学，是对统计工作实践的理论概括和经验总结，它以现象总体的数量方面为研究对象阐明统计设计、统计调查、统计整理和统计分析的理论与方法，是一门方法论科学。

（四）三者之间的关系

统计工作、统计资料、统计学是对统计理解的三个方面，三者之间具有紧密的联系，缺一不可，只有把三者统一起来，才能得出关于统计的完整的概念，即统计是统计工作、统计资料、统计学的统一体。统计资料是统计工作的成果，它是否能够客观反映社会经济现象的状况和变动过程，取决于统计工作的好坏。统计工作的好坏又直接影响着统计资料的数量的多少和质量的高低。统计学起源并发展于统计实践活动，是对统计工作的经验总结和理论概括，只有当统计工作发展到一定程度，才可能形成独立的统计学；科学的统计工作离不开统计学所阐述的理论、原则和方法的指导，统计学的研究大大提高了统计工作水平，统计工作的现代化和统计学的进步是分不开的。统计工作、统计资料、统计学三者的关系如图 1.1 所示。

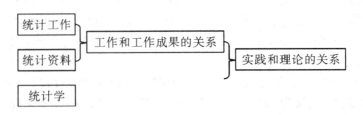

图 1.1　统计工作、统计资料、统计学三者的关系

二、社会经济统计学的研究对象

社会经济统计学是运用统计理论和方法研究社会经济现象的科学，由于我们未来面对的更多的是来自社会经济领域的问题，故此处主要介绍社会经济统计学的研究对象。

社会经济统计学的研究对象是社会经济现象的数量方面，包括数量特征和数量关系等。人们通过对社会经济现象在一定时间、地点和条件下的数量方面的研究，揭示社会经济现象的规模、水平、结构、速度、趋势、各种比例关系和依存关系，从而更加深入地认识社会经济现象的本质特征和规律性。

社会经济统计学研究对象的特点有如下几点：

1. 数量性

任何事物都是质和量的统一。事物的质即本质，它决定了某一事物与其他事物的区别；事物的量表现为数量的多少、水平的高低以及数量关系。量变积累到一定程度就会发生质变，量变到质变是事物变化的普遍规律。社会经济统计学通过各种统计方法描述和推断事物总体的数量特征、数量关系、量变到质变的数量界限，揭示事物在数量方面显示出来的规律。数量性是社会经济统计学研究对象的基本特点，这一特点是统计学（定量分析学科）与其他定性分析学科的分界线。

2. 具体性

数学研究的数字是抽象的数以及它们的运算规律，而社会经济统计学研究现象的数量方面，不同于数学上研究的纯数。它不是抽象的数量，它是以现象质的规定性为基础的，是带有一定具体内容的数量。例如，2019年12月某企业利润额为5000万元，数值5000反映了企业利润额的内容，以价值量"万元"为单位，并且是某企业2019年12月的利润额（在后期，我们还会知道它是怎么计算出来的）。5000这个数字在数学中是有意义的，但在统计学中是没有意义的，同样，5000万元、利润额5000、利润额5000万元、某企业利润额5000万元、2019年12月利润额5000万元等都是没有意义的。因此，具体性是指除数字外，还要有说明该数字所表示的内容、所指的时间或时点、所指的空间以及计量单位和计算方法，这就是后面要介绍的统计指标的构成要素，只有在时间、地点、条件等方面有着明确规定的统计数字才有意义。

3. 总体性

总体性又称大量性或综合性。社会经济统计学研究的是大量社会经济现象总体——而不是少量或个别现象，通过对个别现象进行大量观察、分析综合，来反映现象总体的数量特征，揭示现象的本质和规律性。社会经济统计学虽然也研究个别现象，但研究个体是为了综合个体从而认识总体，是手段而不是目的，其最终目的是要认识总体。比如，要调查某个企业职工工资水平，指的是认识该企业全部职工这一总体的工资总水平或者平均水平，而不是指认识该企业中某一个职工或者某些职工的工资水平或平均水平。在实际中，总体性体现为把研究对象或者认识对象作为一个整体来描述，揭示或推断它的数量特征。

4. 变异性

变异性又称差异性。构成社会经济统计研究对象的总体各单位，除了在某一方面必须是同质的以外，在其他特征方面要有差异，而且这些差异并不是由某种特定的原因事先给定的；否则，就没有必要进行统计分析研究。

5. 广泛性

统计学研究的数量方面非常广泛，涉及整个社会，它既研究生产关系，也研究生产力，以及生产关系和生产力之间的关系；既研究经济基础，也研究上层建筑，以及经济基础和上层建筑之间的关系。此外，它还研究生产、流通、分配、消费等社会再生产的全过程及社会、政治、经济、军事、法律、文化、教育等全部社会现象的数量方面。

三、统计学的研究方法

统计研究的具体方法主要有大量观察法、统计分组法、综合指标法和统计推断法。

（一）大量观察法

大量观察法是统计学所特有的研究方法。大量观察法就是对研究总体的全部或足够多的单位进行调查并进行综合分析，以期认识具有规律性的总体数量特征。为了达到认识客观现象总体数量特征的目的，必须对现象总体包含的足够多的单位进行调查。在现象总体中，个别单位往往受偶然因素的影响，如果只对其中之一或很少个体观察，其结果不足以代表总体的特征，只有运用大量观察法观察全部单位或足够多的单位并加以综合，使次要的、偶然的因素作用相互抵消，现象普遍的、决定性的规律和一般特征才能显现出来。比如，要了解一个地区某一时期出生婴儿的性别比例。如果只对一两户或很少几户的家庭观察，可能得出女婴占很大比例或男婴占很大比例的结论，只有对该地区的所有居民户或足够多的居民户进行调查，才能比较真实地反映出生婴儿的性别比例。统计调查中的许多方法，如统计报表、普查、抽样调查、重点调查等，都是对大量单位进行观察研究，来了解社会经济现象及其发展情况的。

（二）统计分组法

认识复杂现象及其内在的差异是统计学的一项重要内容。由于所研究现象本身的复杂性、差异性及多层次性，我们需要对所研究现象进行分组或分类研究，以期在同质的基础上探求不同组或类之间的差异性。统计分组法是研究内部差异的重要方法，根据统计研究的任务和事物内在的特点，将被研究的社会经济现象划分为性质不同的几个部分，可以研究总体中不同类型的性质以及它们的分布情况。对于同一个总体来说，分组不是唯一的，而应根据研究的内容和目的的不同来确定：所做的分组与总体内在差异一致，就有利于揭示总体数量特征，否则就不利于甚至错误地揭示它的数量特征。在一次分组的基础上，如果需要的话，可以进行二次分组。

（三）综合指标法

综合指标法是应用十分广泛的一种统计分析方法，是指对大量观察所获得的资料，运用各种综合指标的方法，以反映总体一般的数量特征，并对综合指标进行分解和对比分析，以研究总体的差异和数量关系。综合指标法要求对大量原始数据进行整理汇总，计算各种综合指标，以显示出现象在具体时间、地点以及各种因素共同作用下所表现的规模、水平、集中趋势和离中趋势等，概括地描述总体的综合特征和变动趋势。常用的综合指标有总量指标、相对指标、平均指标等。

（四）统计推断法

在统计认识活动中，由于时间、经费、人员等因素的限制，我们所观察的往往只是所研究现象总体中的一部分单位，掌握的只是具有随机性的样本观察数据，而认识总体数量特征是统计研究的目的，这就需要我们根据概率论和样本分布理论，运用参数估计或假设检验的方法，用样本观测数据来推断总体数量特征。这种由样本来推断总体的方法就叫统计推断法。比如要了解一批灯管的使用寿命是否达到规定的照明时数，我们只能从中抽出一部分检查，以检查的结果推断该批灯管的情况。在实践中，这是一种既有效又经济的方法，其应用范围很广，发展迅速。统计推断法已成为现代统计学的基本方法，既可以用于统计数量特征的估计，也可以用于总体假设的检验。

四、统计学的基本职能

（一）统计信息职能

统计信息职能是指统计具有信息服务的功能，也就是统计通过系统地搜集、整理和分析统计资料，提供大量有价值的、以数量描述为基本特征的统计信息，为社会服务。

（二）统计咨询职能

统计咨询职能是指统计具有提供咨询、建议和对策方案的服务功能，也就是指统计部门利用所掌握的大量的统计信息资源，经过进一步分析、综合、判断，为宏观和微观决策以及科学管理提供咨询、建议和对策方案。统计咨询应更多地走向市场。

（三）统计监督职能

统计监督职能是指统计具有揭示社会经济运行中的偏差，促使社会经济运行不偏离正常轨道的功能，也就是统计部门通过定量检查、经济监测、设置预警指标体系等手段，对社会经济实行有效调控，以保证其正常运行。

例如，2019 年以来，恒丰银行陆续推出了信贷工厂、消费金融、供应链金融等一系列网贷、平台贷业务，为不同行业、不同规模的客户提供了丰富的信贷类产品。业务规模快速发展的同时，如何快速全面识别、监测、防范客户信用风险，成了全行风险管理领域最为重要的工作之一。在完善已接入的内外部数据基础上，恒丰银行进一步接入统计局数据、海关进出口数据、金融市场数据，企业资质、评级、税务，个人学历、所拥有车辆等外部数据，打通与信贷系统、贷后系统、押品系统等的联动，构建完整的统计风险防控体系。

统计信息职能是统计最基本的职能，是统计咨询职能和统计监督职能能够发挥作用的保证；反过来，统计咨询职能和统计监督职能的强化又会促进统计信息职能的强化。

第二节　统计学的产生与发展

一般认为，统计学产生于 17 世纪中叶。回顾统计的渊源及其发展过程，对我们了解统计学的研究对象和性质，学习统计学的理论和方法，提高我们的统计实践和理论水平，都是十分必要的。

一、统计实践历史的追溯

统计作为一种人类认识自然、改造自然的实践活动，早在原始社会就已经产生。原始人发明了在洞穴石壁上画线、绳上打结等多种计数方法，这是最早的统计实践活动。我国的统计实践最早可以追溯到公元前 2000 多年大禹治水时期。大禹依据山川土质、人口、物产、贡赋的多寡，把全国分为九州，分别是冀州、兖州、青州、徐州、扬州、荆州、豫州、梁州、雍州，形成了统计的雏形。公元前 300 多年，在商鞅的调查研究思想中，已有了各种范围的人口调查登记制度——"四境之内，丈夫女子，皆有名于上，生者著，死者削"，同时将人口按年龄、职业进行分组以及通过各种数量进行对比分析。我国统计实践历史悠远，只是由于缺乏从事专门研究的学者，很长一段时期内统计学未能成为一门系统的科学。国外的统计实践始于古埃及建造金字塔时期，为了征集建筑费用，古埃及对全国的人口与财产进行了普查。现代统计发端于工业化、城市化迅速发展的 17 世纪的欧洲，工业化和城市化导致生产规模急剧扩张，城市人口规模越来越大，这些都使得对于社会、经济、人口等领域进行宏观定量分析和研究成为一门新兴科学。19 世纪中叶以后，统计得到了日益广泛的应用。

二、统计学的历史演变

按照历史演变的顺序，一般可将统计学的发展史分为三个阶段，具体如下：

（一）古典统计学时期

17 世纪中叶至 18 世纪中叶是古典统计学时期。在这一时期，统计学的学术派别初步形成，主要有国势学派和政治算术学派。

1. 国势学派

国势学派又称记述学派，产生于 17 世纪的德国。该学派主要以文字记述国家的显著事项，故称记述学派。其主要代表人物是海尔曼·康令（Hermann Conring，1606—1681）和戈特弗里德·阿亨瓦尔（Gottfried Achenwall，1719—1772）。康令于 1660 年把国势学从法学、史学和地理学等学科中独立出来，在大学中讲授实际政治家所必需的知识且用文字记述国家的地理、历史、政治组织、社会制度、商业和军事力量。阿亨瓦尔在哥廷根大学开设"国家学"课程，其主要著作是《近代欧洲各国国势学纲要》。阿亨瓦尔在此书中首次提出了"统计学"这个名词。国势学派只是对国情的记述，偏重事物性质的解释，未能进一步揭示社会经济现象的规律，也不研究事物的计量分析方法，不注重数量对比和数量计算，只是用比较级和最高级的词汇对事物的状态进行描述。因此有人认为国势学派有统计学之名而无统计学之实。

2. 政治算术学派

政治算术学派的创始人是威廉·配第（William Petty，1623—1687），其代表作是他于 1676 年完成的《政治算术》一书，这本书是经济学和统计学史上的重要著作。在这部书中，他利用实际资料，运用数字、重量和尺度等定量分析工具对英国、法国和荷兰三国的经济实力做了系统的数量对比分析，其所采用的方法是前所未有的，为统计学的形成和发展奠定了方法论基础。因此马克思说："威廉·配第——政治经济学之父，在某种程度上也是统计学的创始人。"政治算术学派的另一个代表人物是约翰·格朗特（John Graunt，1620—1674）。他以伦敦教会每周一次发表的"死亡公报"为研究资料，在1662年出版了《关于死亡公报的自然和政治观察》的论著。书中通过大量观察发现了人口各年龄组的死亡率、性别比例等重要的数量规律，并对伦敦市人口总数进行了较为科学的估计；并且第一次编制了"生命表"，对死亡率与人口寿命做了分析，从而引起了普遍的关注。因此，他可被认为是人口统计学的创始人。

（二）近代统计学时期

18世纪末至19世纪末是近代统计学时期。这一时期，各种学派的学术观点已经形成，并且产生了两个主要学派，即数理统计学派和社会统计学派。

1. 数理统计学派

在18世纪，概率理论日益成熟，为统计学的发展奠定了基础。19世纪中叶，概率论被引进统计学从而形成数理学派，其奠基人是比利时的阿道夫·凯特勒（Adolphe Quetelet，1796—1874），他在其《社会物理学》中将古典概率论引入统计学，使统计学进入一个新的发展阶段。他把概率论引入统计学，为数理统计学的形成与发展奠定了基础。

2. 社会统计学派

社会统计学派产生于19世纪后半叶，创始人是德国经济学家、统计学家卡尔·克尼斯（Karl Knies，1821—1898），主要代表人物有厄恩斯特·恩格尔（Christian Engel）、格奥尔格·冯·梅尔（Georg von Mayr，1841—1925）等人。他们融合了国势学派与政治算术学派的观点，沿着凯特勒的"基本统计理论"向前发展，但在学科性质上认为统计学是一门社会科学，是研究社会现象变动原因和规律性的实质性科学，以此同数理统计学派通用方法相对立。社会统计学派在研究对象上认为统计学是研究总体而不是个别现象，而且认为由于社会现象的复杂性和整体性，必须对总体进行大量观察和分析，研究其内在联系，才能揭示现象内在规律。这是社会统计学派的"实质性科学"的显著特点。

（三）现代统计学时期

20世纪初至今为现代统计学时期，这一时期的主要特征是描述统计学已转向推断统计学。1907年，英国人戈塞特（1876—1937）提出了小样本统计量理论，丰富了抽样分布理论，为统计推断奠定了基础。英国的罗纳德·费希尔（Ronald Fisher，1890—1962）提出了极大似然估计量的概念，迅速成为估计参数的重要方法，他还提出样本相关系数的分布、实验设计和方差分析等方法。英国科学家弗朗西斯·高尔顿（Francis Galton，1822—1911）提出了相关与回归思想，并给出计算相关系数的明确公式。而后科学家们陆续研究出卡方统计量及其极限分布、区间估计理论、假设理论、决策理论和序贯抽样方法等。美国化学家弗兰克·威尔科克松（Frank Wilcoxon，1892—1965）发展了一系列非参数统计方法，开辟了统计学的新领域。由马哈拉诺比斯（Mahalanobis，1893—1972）领导的印度统计研究所和20世纪30年代后期耶日·奈曼（Jerzy Neyman，1894—1981）发表的两篇论文，使抽样的数学理论在20世纪30年代得到了迅速发展。

从20世纪50年代以来，统计理论、方法和应用进入了一个全面发展的新阶段。统计学大致经过以上三个阶段发展到今天。统计学受计算机科学、信息论等现代科学技术的影响，理论统计学新的研究领域层出不穷。统计学的应用也日益扩展，涉及社会科学和自然科学的各个领域，形成了社会与人口统计学、经济统计学、管理统计学、生物统计学、医药卫生统计学、气象统计学等应用统计学科。统计学已经发展成为研究领域十分广泛的学科体系。

在这一阶段，科学技术迅猛发展，统计学的发展呈现出以下几个明显的趋势：第一，随着数学的发展，统计学依赖和吸收的数学方法越来越多；第二，统计学向其他学科领域渗透，或者说以统计学为基础的边缘学科不断形成；第三，随着统计学的应用日益广泛和深入，以及受计算机和新兴科学的影响，统计学越来越依赖于计算机技术，成为数量分析的方法论科学。

目前，统计学的内容十分丰富，研究与应用的领域非常广泛，已经发展成为由若干分支学科组成的学科体系。一般来说，统计学有两种基本的分类：描述统计学和推断统计学、理论统计学和应用统计学。

1. 描述统计学和推断统计学

按统计方法的特点，统计学可以分为描述统计学和推断统计学。

描述统计学是研究如何取得反映客观现象的数据，并通过图表形式对所搜集的数据进行加工处理和显示，进而通过综合概括与分析得出反映客观现象的规律性数量特征的一门学科。简单而言，描述统计学研究如何简缩数据并描述这些数据的方法，一般包括：统计分组、汇总、统计表、统计图、频数分配、统计指数、相关分析等。

推断统计学是研究如何根据样本数据去推断总体数量特征的方法，它是在对样本数据进行描述的基础上，对统计总体的未知数量特征做出以概率形式表述的推断。推断统计学研究如何在随机抽样的基础上推断有关总体数量特征的方法，一般包括：统计推断原理、实验设计、估计理论、抽样调查、复变数分析、序列分析、误差理论、假设检验等。

描述统计学和推断统计学是统计学不可或缺的两个组成部分。描述统计学是整个统计学的基础，推断统计学是现代统计学的主要内容。在研究问题时，如果是进行全面调查，搜集到的是总体数据，经过描述统计后就可以认识总体数量的规律性；如果没有进行全面调查，而是进行抽样调查，获取的是总体的一部分数据，要想找到总体的数量规律性，就必须运用推断统计，通过计算样本的统计量，应用推断统计的方法对总体的参数进行估计和检验。描述统计的目的是通过对客观事物的统计数据进行调查采集、加工整理、显示和概括，达到分析和研究其总体的数量规律性。推断统计的目的则是通过科学的方法从总体中抽取样本，应用科学的计算方法得到样本统计量，利用样本统计量及相应的统计分析方法来对统计总体参数及数量特征、统计规律性等进行估计和检验等。

描述统计学和推断统计学是相辅相成的，只有描述统计，没有推断统计，就不能解决现实生活中的一些只能得到样本数据，而得不到全面数据的客观事物的分析研究数量规律性的问题，就不能使统计学得到完善和发展；同样，没有描述统计，只有推断统计，推断统计就成了无本之木，没有了可靠的基础，没有了进行统计推断的样本数据，推断统计就成了一种纸上谈兵的游戏。随着历史的发展，现代统计学的内容会越来越完善和发展，推断统计的作用会越来越大。

2. 理论统计学和应用统计学

按统计研究和应用的范围，统计学可以分为理论统计学和应用统计学。

理论统计学是研究统计学的一般原理和统计方法的数学原理，它基于概率论的原理，还包括不属于传统概率论的一些内容，如随机化原则的理论、各种估计的原理、假设检验的原理以及一般决策的原理。理论统计学是为了适应对现实的客观数据进行统计分析研究的需要，完善、发展和创新统计理论和方法的学科。在统计实践中我们经常会遇到一些原有的统计方法不能适应的新问题，需要我们创造新的统计模型和统计分析方法，这就需要统计理论的研究与指导。理论统计学可以分为基础统计学（统计调查理论、统计描述理论、统计指数理论、数据库与网络等）、数理统计学（抽样调查、统计分析软件图形处理、统计模拟等）和模糊统计学等。

将统计学的基本原理应用于各个领域就形成各种应用统计学的分支。应用统计学针对现实客观事物，应用统计的方法，采集、整理、显示综合、分析、研究统计数据，揭示事物客观的固有规律性。它包括适用于各个领域的一般性的统计方法，如参数估计、假设检验、方差分析、回归分析等，还包括在某一领域中特定的分析方法，如经济统计中的时间序列分析和指数分析等。由于应用统计学与被研究现象的客观数据及其内在规律性有关，因此，研究人员不仅仅需要掌握统计学的一般原理及分析研究方法，还需要具备所研究现象、客观事物方面的专业知识和研究能力，这样才能应用统计方法解决实际问题。比如，要进行医药方面的分析研究，除了具备定量分析和定性分析两方面的统计知识外，还需要具备较好的医药专业知识，才能胜任医药分析的研究工作，取得好的研究成果。应用统计学侧重于阐明统计学的基本原理，并将理论统计学的成果作为工具应用于各领域，比如农业统计学、社会统计学、生物统计学、经济统计学、天文统计学、人口统计学、气象统计学、医学统计学等。

第三节　统计中的几个基本概念

在开始学习统计学之前，我们需要理解几个重要的概念，这些概念对于统计学的学习和理解至关重要，并且贯穿于全书的始终。

一、统计总体和样本

（一）统计总体

统计总体，是由客观存在的、具有某种共同性质又有差别的许多个别单位构成的整体，当这个整体作为统计研究对象时就成为统计总体，简称总体，而构成总体的这些个别事物称为总体单位。例如，要研究某地区工业企业的发展变化情况，则总体就是该地区所有的工业企业。总体单位是每一个工业企业，总体和总体单位不是固定不变的，随着统计研究目的及范围的变化，总体和总体单位可以相互转化。例如，要研究某地区工业企业的发展变化情况，每一个工业企业是总体单位，但为了要研究一个典型工业企业的内部问题时，被选作典型的某一工业企业又可作为一个总体。如果研究范围扩大了，则原来的统计总体即研究对象就变成了总体单位；反之，如果研究范围缩小了，则原来的总体单位就变成了统计总体。

总体和总体单位的确定，取决于统计研究的目的。形成统计总体的必要条件是总体必须具备三个性质：同质性、大量性和差异性。

1. 同质性

同质性是指组成统计总体的各个单位在某些性质上是相同的，大量的个体只有具有某种共性时才能被结合在一起，组成总体。同质性是构成总体的基础。例如，要研究某地区工业企业的发展变化情况，每一个工业企业都有自己的特性，但都具有从事工业生产活动的企业特征，这是它们共同的特点。当然，同质性的概念是相对的，它是根据一定的研究目的而确定的，目的不同，同质性的意义也就不同。例如，要研究某地区工业企业的发展变化情况，所有工业企业都是同质的，而研究民营工业企业生产状况时，那么，民营工业企业与国有工业企业就是异质的。

2. 大量性

大量性是指总体应该由足够多的总体单位构成，仅仅由个别单位或极少量的单位不足以构成总体，这是由统计的研究对象决定的。总体的大量性可使个别单位某些偶然因素的影响表现在数量上的偏高、偏低的差异相互抵消，从而显示出总体的本质和规律性。比如，要研究某省国有企业的生产经营情况，如果仅仅调查几家国有企业，它们可能都是生产经营情况极差、经济效益非常低的，也可能都是生产经营情况良好、经济效益非常高的，这些都不能说明某省国有企业生产经营的真实情况。如果对某省所有的国有企业或者相当多的国有企业进行调查、分析，就可以使效益高低相抵，显示出某省全部国有企业生产经营的真实情况，从而达到研究的目的。当然，大量性也是一个相对的概念，它与统计研究目的、客观现象的现存规模以及总体各单位之间的差异程度等都有关系。

3. 差异性

差异性是指各个总体单位除了具有某种或某些共同的性质以外，在其他很多方面要具有不同的特征。例如，要研究某地区工业企业的发展变化情况，每一个工业企业在产值、利润、成本、资产总额、职工人数、职工工资等方面都有差异，这样才构成社会经济统计研究的内容。正因为差异是普遍存在的，才有必要进行统计研究，差异性是统计的前提条件，是认识和推断总体的基础，因此，总体可以被描述成一个矛盾对立的统一体。

这三个条件缺一不可，必须同时具备，才能形成统计总体。

如果一个统计总体中包括的单位数是有限的，称为有限总体（如在特定时点上的人口总数、工业企业总数等）。如果总体中包括的单位数是无限的，称为无限总体（例如，连续大量生产的某种零件，如果生产不间断，其总产量是无限的，构成一个无限总体）。总体不同，考察的方法也会存在差异。对于有限总体，既可以对所有的总体单位进行调查，也可以抽取一部分总体单位进行调查；而对于无限总体来说，只能抽取一部分总体单位进行调查，依据样本数据推断总体特征。

（二）样本

样本，又称样本总体，是指从总体中抽出的一部分个体，与样本相对应的统计总体是全及总体。由于样本是从总体中抽取出来并代表总体的，因此全及总体可以称为母体，样本称为子体。抽取样本的目的是推断总体，这就要求样本能够代表总体，同时，从总体中抽取样本时，必须排除主观因素的影响。样本总体必须具备四个性质：代表性、随机性、客观性、排他性。

1. 代表性

抽取样本总体，是用来推断全及总体的，这就必然要求样本总体能够代表全及总体。样本总体代表全及总体的程度越高，样本总体计算的抽样指标与全及总体指标的误差就越小。因此，抽样推断时，总是要求样本总体具有较高的代表性。

2. 随机性

一个全及总体可以抽取许多样本容量不同的样本总体，即使是样本容量相同，也能抽取出很多样本总体，至于到底抽取的样本总体是哪一个，完全取决于样本的随机性。

3. 客观性

从全及总体中抽取样本总体时，必须排除主观因素的影响。抽取样本总体可以用随机抽样的方法抽取，也可以用非随机抽样的方法抽取，但都必须保证取样的客观性，保证样本总体的中选或不中选不受调查者或被调查者的主观影响。

4. 排他性

样本单位必须抽取自全及总体内部，而不能抽取全及总体外部的单位，因为统计推断是利用样本总体作为全及总体的代表，用样本总体的数据来推断全及总体的数据。

二、标志

（一）标志的概念

每个总体单位都具有许多属性和特征，例如，就某地区工业企业这一总体来说，每个工业企业的产值、资产总额、职工人数、行业性质、产品产量等的特征，可以说明每个工业企业的具体情况，这些说明总体单位属性或特征的名称，称为标志。

标志在各总体单位上的具体体现称为标志表现。例如，研究某高校学生状况，其中某学生的性别是女，民族是汉族，年龄是 19 岁，这里的性别、民族和年龄是标志，女、汉族和 19 岁是标志表现。如果说标志是统计所要搜集、调查的项目，那么标志表现是搜集、调查所得的结果。

（二）标志的分类

1. 品质标志和数量标志

按性质不同，标志可以分为品质标志和数量标志。品质标志是表明总体单位属性特征的名称，不能用数字表示，只能用文字说明，例如，工人的性别、民族、文化程度、工种等，企业的经济类型、所在地区等。数量标志是表明总体单位数量特征的名称，只能用数字表示，例如，工人的年龄、工龄、工资等，企业的工人数、产量、产值、固定资产等。

2. 不变标志和可变标志

按变异情况，标志可以分为不变标志和可变标志。如果标志在各总体单位之间的具体表现完全相同，该标志就称为不变标志。如果标志在各总体单位的具体表现不完全相同，就称为可变标志。例如，研究某高校学生状况，所属学校就是不变标志，而年龄、身高、民族等标志，是随着每个学生的具体情况而变动的，这些标志就是可变标志。任何总体至少要有一个不变标志，这个不变标志就是构成总体同质性的基础；同时，一个总体必须具备可变标志，可变标志是构成总体差异性的基础，可以说，总体没有可变标志就没有统计研究的必要了。

三、指标和指标体系

（一）指标

1. 指标的概念

统计指标，简称"指标"，是说明总体数量特征的概念和数值。例如，2022 年重庆市实现生产总值 29129.03 亿元，其中，第一产业增加值 2012.05 亿元，第二产业增加值 11693.86 亿元，第三产业增加值 15423.12 亿元[①]。这些概念都是反映一定统计总体的数量特征。一个完整的统计指标是由指标名称和指标数值两个部分构成的。指标名称是统计所研究的社会经济现象的科学概念，表明社会经济现象的质的规定，反映某一社会现象内容所属的范围。指标数值则是统计所研究现象的具体数量综合的结果，对某一社会经济现象总体特征从数量上加以说明。具体来说，一个完整的统计指标包含着六部分要素：指标名称、指标数值、计量单位、时间限制、空间限制、计算方法。

2. 指标的特点

统计指标具有以下三个特点：

（1）数量性。统计指标反映的是各种现象总体的量，因此，必须用数字来表现，不能用数字表现的范畴是不能当作统计指标的。

（2）综合性。统计总体是由许多总体单位构成的，每个总体单位又有许多数量标志及其标志值，因此，统计指标既是统计总体大量个别单位的总计，又是大量个别单位标志值的差异综合。

（3）具体性。统计指标是客观存在的具体现象的数量反映，它不是抽象的概念和数字，也不是反映未来的现象数量表现。

3. 指标的分类

按其所反映数量特点不同，指标可以分为数量指标和质量指标。数量指标是指反映社会经济现象总规模、总水平和工作总量的指标，表示事物外延量大小，一般用绝对数表示，例如人口总数、企业总数、工业总产值和国内生产总值等。由于数量指标反映的是现象总体的绝对量，因此其指标数值大小随总体范围的大小而增减变动。质量指标是反映现象相对水平或工作质量的指标，表示事物的内涵量状况，一般用相对数和平均数表示，例如产品合格率、人均收入、人口密度、单位成本、劳动生产率等。由于质量指标反映的是现象总体内部的数量关系，因此其指标数值大小与总体范围大小没有直接的关系。数量指标和质量指标的关系表现在，数量指标是计算质量指标的基础，质量指标往往是相应的数量指标进行对比的结果。

按其作用、表现形式和计算方法不同，指标可以分为总量指标、相对指标和平均指标三种。相关的内容将在第四章中详细讨论。

---

① 数据来自《2022 年重庆市国民经济和社会发展统计公报》。

4. 指标和标志的关系

指标和标志是既有明显的区别，又有密切的联系的两个概念。

指标和标志的区别主要表现在以下四个方面：

（1）指标是说明总体特征的，而标志是说明总体单位特征的。

（2）指标都是用数值表示的，没有不用数值表示的指标；而标志可以分为不能用数值表示的品质标志与能用数值表示的数量标志。

（3）指标是由数量标志汇总得来的或者直接点数得到的；而标志中的数量标志可以直接取得，不一定经过汇总。

（4）一个完整的统计指标一定要有时间、地点、范围等六个要素，而标志一般不具备时间、地点等条件。

指标和标志的联系主要表现在以下两个方面：

（1）许多指标的数值是从总体单位的数量标志值汇总而来的。

（2）指标与数量标志之间存在着变换关系，由于研究目的不同，总体和总体单位也会不同，有的指标可能会变成标志，有的数量标志也可能变成指标。例如，当山东省16个地级市人口数构成总体时，则济南市的人口数是数量标志；而当济南市所有区（县）人口数构成总体时，济南市的人口数就是指标，因为它反映的是总体的数量特征。

（二）指标体系

1. 指标体系的概念

社会经济现象是一个复杂的总体，各类现象之间存在着相互依存和相互影响的关系。单个的统计指标只能反映总体某一个方面的特征，说明现象某一方面的情况，要反映客观事物的全貌，只有单个的指标是不够的，这就要求设立指标体系。指标体系，是指若干个反映总体数量特征的既相对独立又相互联系的指标所组成的有机整体，用以反映研究现象各方面相互依存和相互制约的关系，用以对客观事物的特征进行全面、综合和客观的描述。例如，一个工业企业把产品产量、净产值、劳动生产率、产品质量、成本、销售收入等指标联系起来就组成了指标体系，这便于全面、准确地评价该企业的生产经营情况。

指标体系的设置不但是客观现象的反映，也是人们对客观认识的结果。随着客观形势的发展变化及实践经验和理论研究的积累，指标体系也将不断改进更新，渐臻完善。

2. 指标体系的分类

统计指标体系按其所反映的内容不同，可以分为基本统计指标体系和专题统计指标体系。基本统计指标体系是经常系统地反映生产、分配、交换、消费的经济指标体系，反映文化、教育、卫生的社会指标体系，反映科学技术人员、投入和成果的科技指标体系等。专题指标体系是为对某一专门问题进行统计研究而设计的统计指标体系，如反映农村贫困状况的指标体系、反映地区可持续发展的指标体系等。

统计指标体系按其实施范围不同，可以分为国家统计指标体系、行业（或部门）统计指标体系、地方统计指标体系、基层单位的统计指标体系。

四、变异和变量

(一)变异和变量的概念

统计中的标志表现各不相同，这种差异称为变异。品质标志的不同表现用文字表述，比如"性别"的不同标志表现为"男、女"，"文化程度"的不同标志表现为"博士、硕士、本科、专科"等，"所有制"的不同标志表现为"国有、民营"等。数量标志的表现可用数值表示，称为标志值，比如"劳动生产率"的不同标志值表现为不同的生产水平，"年龄"的不同标志值表现为"18岁、19岁、20岁、21岁"等，"工资"的不同标志值表现为"3000元、4000元、5000元"等。显然，变异是普遍存在的，并且决定了总体的数量特征，是统计的前提条件。有变异才有统计，没有变异就用不着统计，人们正是通过认识总体的变异实现对总体数量特征的认识。

变量是刻画研究对象的某种特征和属性的，其特点是从一次观察到下一次观察，结果会呈现出差别或变化，如"商品销售额""顾客满意程度""产品的质量等级"等都是变量。变量的具体取值称为变量值，统计数据就是统计变量对应的某些取值，例如，工人的月工资，可具体表现为4840元、4780元等，则月工资是变量，4840元、4780元等就是变量值，即统计数据；某地区的生产总值为指标，即变量，其指标值200亿元为变量值，即统计数据。

(二)变量的分类

从不同的角度出发，可以对变量进行分类。

按取值的确定与否，变量分为确定型变量和随机型变量。确定型变量就是变量值在一定条件下取得必然的结果。例如，在单位成本为一定的条件下，某商品的总成本 Y 的变动完全由产量 X 确定，Y 就成为确定型变量。随机型变量是指在一定条件下，变量值的出现具有偶然性，事前无法确定。例如，除了某种正常的、起决定性的因素外，影响某企业产值波动的因素还有很多，产值的大小带有偶然性的波动，则企业产值就是随机变量。

按事物的类型不同，变量可以分为分类变量、顺序变量和数值变量。分类变量是说明事物类别的一个名称。例如，"性别"就是一个分类变量，其变量值表现为"男"或"女"；"合格状况"也就是一个分类变量，其变量值表现为"合格"或"不合格"。分类变量的变量值用文字表示，变量值顺序可以改变。顺序变量（次序变量）是说明事物有序类别的一个变量，顺序变量的值是有序的。例如，"受教育程度"是一个顺序变量，其变量值可以表现为"小学""初中""高中""大学"等；个人对某种事物的看法也可以是一个顺序变量，其变量值可以表现为"满意""较满意""不满意"等。数值变量是说明事物数量特征的一个名称，如"家庭人口数""国民生产总值""班级人数"等都是数值变量。数值变量有测量单位，可以说出一个值比另一个值大多少或小多少。我们可以把数值变量转换成分类变量或顺序变量，但反过来不行。例如，学生成绩可以转换成"不及格、及格、中等、良好和优秀"的顺序变量，但"不及格、及格、中等、良好和优秀"不能变成数值型的学生成绩。按变量值是否连续，数值变量分为离散型变量与连续型变量。离散型变量是只能取自然数的变量，变量值是通过逐个计数的方法得出的，不能表现为小数的，比如，企业数、职工人数、学生人数等都是离散型变量。连续型变量指它的数值是连续不断的，即在任意两个相邻数值之间可以取无限多个不同的数值，变量值既可用小数表示，也可用整数表示，比如，总产值、工资、体重等都是连续型变量。

五、参数和统计量

（一）参数

参数是用来描述总体特征的概括性数字度量，是人们想要了解的总体的某种特征值。我们关心的参数通常有总体平均数、总体标准差、总体比例等。总体参数习惯用希腊字母或大写英文字母表示，例如，总体平均数用 μ 表示，总体标准差用 σ 表示，总体比例用 P 表示，等等。由于总体数据通常是不知道的，所以参数往往是一个未知的常数，因此，需要进行抽样，并根据样本去估计总体参数。

（二）统计量

统计量是用来描述样本特征的概括性度量，它是根据样本数据计算加工出来的一个量，由于抽样是随机的，因此统计量是样本的一个函数，它不依赖于任何的未知参数。人们所关心的统计量主要有样本平均数、样本标准差、样本比例等。样本统计量通常用英文字母表示，例如，样本平均数用 $\bar{X}$ 表示，样本标准差用 s 表示，样本比例用 p 表示，等等。除样本均值、样本比例、样本方差这类统计量外，还有一些是为满足统计分析的需要而构造出来的统计量，比如用于统计检验的 z 统计量、t 统计量、χ 统计量、F 统计量，等等。它们的含义将在后面相关的章节中做介绍。

第四节　统计软件简介

由于计算机的广泛应用，统计学有了更大的发展，计算机为统计应用的普及提供了更好的条件。目前，处理统计数据的软件很多，比较常用的有 SPSS、Stata、SAS、EViews、Excel 等。

一、SPSS

SPSS 即社会科学统计软件包（statistical product and service solutions），是一种集成化的计算机数据处理应用软件。SPSS 是世界上最早的统计分析软件，由美国斯坦福大学的三位研究生于 1968 年研究开发成功，他们同时成立了 SPSS 公司，并于 1975 年成立法人组织，在芝加哥组建了 SPSS 总部。

随着 SPSS 产品服务领域的扩大和服务深度的增加，SPSS 公司于 2000 年正式将全称更改为"统计产品与服务解决方案"，这标志着 SPSS 的战略方向做出重大调整。2009 年 7 月 28 日，IBM 公司宣布将用 12 亿美元收购 SPSS。

迄今，SPSS 公司已有 50 余年的成长历史。由于其操作简单，SPSS 已经在我国的社会科学、自然科学的各个领域发挥了巨大作用，该软件还可以应用于经济学、数学、统计学、物流管理、生物学、心理学、地理学、医疗卫生、体育、农业、林业、商业等各个领域。

SPSS 软件具有以下特点：

（1）集数据录入、数据编辑、数据管理、统计分析、报表制作以及图形绘制为一体，功能强大，可针对整体的大型统计项目提供完善的解决方案。

（2）操作简便，界面非常友好，除了数据录入及部分命令程序等少数输入工作需要键盘键入外，大多数操作可通过鼠标拖曳、点击"菜单""按钮"和"对话框"来完成，菜单分类合理，并且可以灵活编辑菜单以及设置工具栏。

（3）编程方便，具有第四代语言的特点，告诉系统要做什么，无须告诉它怎样做。只要了解统计分析的原理，无须通晓统计方法的各种算法，即可得到需要的统计分析结果。对于常见的统计方法，SPSS 命令语句、子命令及选择项的选择绝大部分由"对话框"的操作完成，因此，使用者无须花大量时间记忆大量的命令、过程、选择项。

（4）具有完善的数据转换接口，可以方便地与 Windows 的其他应用程序进行数据共享和交换，既可以读取 Excel、FoxPro、Lotus 等电子表格和数据软件产生的数据文件，也可以读取 ASCⅡ 数据文件。

（5）具有完整的数据输入、编辑、统计分析、报表、图形制作等功能。SPSS 自带 11 种类型 136 个函数，提供了从简单的统计描述到复杂的多因素统计分析方法，比如数据的探索性分析、统计描述、列联表分析、二维相关、秩相关、偏相关、方差分析、非参数检验、多元回归、生存分析、协方差分析、判别分析、因子分析、聚类分析、非线性回归、Logistic 回归等。

二、Stata

Stata 是一个用于分析和管理数据的功能强大又小巧玲珑的实用统计分析软件，由美国计算机资源中心研制，1985 年研究开发成功，通过不断更新和扩充，内容日趋完善。它同时具有数据管理软件、统计分析软件、绘图软件、矩阵计算软件和程序语言的特点，又在许多方面别具一格。Stata 功能强大，操作灵活、简单，易学易用，越来越受到人们的重视和欢迎。Stata 的突出特点是只占用很少的磁盘空间，输出结果简洁，所选方法先进，内容较齐全，制作的图形十分精美，可被图形处理软件或文字处理软件（如 Word 等）直接调用。

Stata 软件具有以下特点：

（1）具有完整的数据管理能力，将分组变量转换成指示变量（哑变量），将字符串变量映射成数字代码，对数据文件进行横向和纵向链接，可以将行数据转为列数据，或反之；恢复、修改执行过的命令，利用数值函数或字符串函数产生新变量，从键盘或磁盘读入数据。

（2）具有强大的统计功能，除了传统的统计分析方法外，还收集了 Cox 比例风险回归、指数与 Weibull 回归、多类结果与有序结果的 Logistic 回归、Poisson 回归和负二项回归及广义负二项回归、随机效应模型等方法。

（3）具有完整的作图功能，提供了八种基本图形的制作：直方图、条形图、百分条图、百分圆图、散点图、散点图矩阵、星形图、分位数图。这些图形的巧妙应用，可以满足绝大多数用户的统计作图要求。在有些非绘图命令中，也提供了专门绘制某种图形的功能，如在生存分析中提供了绘制生存曲线图，回归分析中提供了残差图等。

（4）具有强大的矩阵运算功能。矩阵代数是多元统计分析的重要工具，Stata 提供了多元统计分析中所需的矩阵基本运算，如矩阵的和、积、逆、Cholesky 分解、Kronecker 内积等，还提供了一些高级运算，如特征根、特征向量、奇异值分解等；在执行完某些统计分析命令后，还提供了一些系统矩阵，如估计系数向量、估计系数的协方差矩阵等。

（5）具有强大的程序设计功能。Stata 具有很强的程序语言功能，这给我们提供了一个广阔的开发应用的天地，我们可以充分发挥自己的聪明才智，熟练应用各种技巧，真正做到随心所欲。事实上，Stata 的 ado 文件都是用 Stata 自己的语言编写的。

三、SAS

SAS 的全称为 statistics analysis system（统计分析系统），最早由北卡罗来纳大学的两位生物统计学研究生编制，并于 1976 年成立了 SAS 软件研究所，正式推出了 SAS 软件。

SAS 是用于决策支持的大型集成信息系统，但该软件系统最早的功能仅限于统计分析。目前，统计分析功能仍是它的重要组成部分和核心功能。SAS 广泛应用于金融、医药、卫生、生产、运输、通信、政府和教育科研等领域。

SAS 是一个组合软件系统，它由多个功能模块组合而成，其基本部分是 BASE SAS 模块，如 BASE SAS 的基础上，还增加了不同模块，如 SAS/STATA（统计分析模块）、SAS/GRAPH（绘图模块）、SAS/QC（质量控制模块）、SAS/ETS（经济计量学和时间序列分析模块）、SAS/OR（运筹学模块）、SAS/ML（交互式矩阵程序设计语言模块）、SAS/FAP（快速数据处理的交互式菜单系统模块）、SASIAF（交互式全屏幕软件应用系统模块），用以扩展不同的功能。

它采用 MDI（多文档界面），我们在 PGM 视窗中输入程序，分析结果以文本的形式在 OUTPUT 视窗中输出。使用程序方式我们可以完成所有需要做的工作，包括统计分析、预测、建模和模拟抽样等；但是，这使得初学者在使用 SAS 时必须学习 SAS 语言，入门比较困难。

四、EViews

EViews 的全称为 econometric views（计量经济学软件包），是专门用来处理计量经济分析的软件，由美国 QMS 有限责任公司在 1981 年研发。EViews 是以对象（object）为基础建立起来的，对象包括序列（series）、方程（equation）、模型（model）、系数（coefficient）和矩阵（matrix）等。在使用 EViews 时，这些对象以图标或窗口的形式出现在屏幕上，双击图标出现窗口，单击关闭，窗口缩小为图标，对象窗口给出对象的视图，大多数对象都有多种表现形式。例如，一个时间序列对象可以表示成数据表、折线图、条形图、直方图和相关图等，各种图形之间可以相互转换，所有对象都保存在工作文件（Workfile）中。因此使用 EViews 时，首先要建立一个新的工作文件或从存盘中调用一个已存在的工作文件；对象可以被命名，对象被命名后，其名称将出现在工作文件窗口的目录中，同时对象将作为工作文件的一部分被保存；当工作文件被保存时，对象也同时被保存，当关闭工作文件时，所有对象将被从计算机内存中清除。

EViews 主选单包括多种运行工作文件和对象的功能键以及一些控制 EViews 自身的功能。从 EViews 主选单上可以建立和管理工作文件、输入和输出数据、生成序列和图形、打印结果以及管理工作中的各种细节。

五、Excel

Excel 是办公自动化中非常重要的一款软件，可以方便地对数据进行排序、筛选等预处理，并对各种数据进行统计计算和分析，以丰富的图表方式显示数据及分析结果。Excel 被广泛地应用于日常统计工作中。

Excel 函数共有 11 类，分别是数据库函数、日期与时间函数、工程函数、财务函数、信息函数、逻辑函数、查询和引用函数、数学和三角函数、统计函数、文本函数以及自定义函数。统计函数是其中的一类，Excel 中所提供的函数其实就是一些定义的公式。使用一些称为参数的特定数值按特定的顺序或结构进行计算，我们可以直接用它们对某个区域内的数值进行一系列运算。统计函数就是一系列的统计模型或计算公式，我们选择或输入相关的参数，就可以进行统计计算，如计算均值、方差等。

虽然 Excel 不是单独开发的统计软件，但由于其具有一定的统计功能，操作界面简单，因此深受使用者欢迎。

【本章小结】

统计是统计工作、统计资料、统计学的统一体。统计工作包括统计设计、统计调查、统计整理和统计分析四个阶段。统计资料包括原始资料和次级资料。本书关注的统计学是社会经济统计学，社会经济统计学的研究对象是社会经济现象的数量方面，包括数量特征和数量关系等。

统计研究的具体方法主要有大量观察法、统计分组法、综合指标法和统计推断法。统计学的发展史分为三个阶段：古典统计学阶段（主要的学派有国势学派和政治算术学派）、近代统计学阶段（形成了数理统计学和社会统计学两大学派）、现代统计学阶段。

统计学中重要的概念包括总体和样本、标志和标志表现、指标和指标体系、变异和变量，这些概念对于统计学的学习和理解至关重要，并且贯穿于全书的始终。

【学习评估】

一、单选题

1. 统计最基本的职能是（　　）。
   A. 信息职能　　　　　　　　　　B. 咨询职能
   C. 反映职能　　　　　　　　　　D. 监督职能
2. "统计"一词的三种含义是（　　）。
   A. 统计活动、统计资料和统计学

B. 统计调查、统计整理和统计分析

C. 统计设计、统计分析和统计预测

D. 统计方法、统计分析和统计预测

3. 统计活动过程一般由四个环节构成，即（　　）。

   A. 统计调查、统计整理、统计分析和统计决策

   B. 统计调查、统计整理、统计分析和统计预测

   C. 统计设计、统计调查、统计审核和统计分析

   D. 统计设计、统计调查、统计整理和统计分析

4. 下列变量中哪一个属于分类变量（　　）。

   A. 年龄

   B. 工资

   C. 汽车产量

   D. 购买商品时的支付方式（现金、信用卡、支票）

5. 调查某大学 2000 名学生学习情况，则总体单位是（　　）。

   A. 2000 名学生　　　　　　　　　B. 2000 名学生的学习成绩

   C. 每一名学生　　　　　　　　　D. 每一名学生的学习成绩

6. 要了解某市国有工业企业生产设备情况，则统计总体是（　　）。

   A. 该市国有的全部工业企业

   B. 该市国有的每一个工业企业

   C. 该市国有的某一台设备

   D. 该市国有工业企业的全部生产设备

7. 下列属于品质标志的是（　　）。

   A. 工人年龄　　　　　　　　　　B. 工人性别

   C. 工人体重　　　　　　　　　　D. 工人工资

8. 下面属于连续变量的是（　　）。

   A. 职工人数　　　　　　　　　　B. 机器台数

   C. 工业总产值　　　　　　　　　D. 车间数

9. 某班 6 名学生统计学考试成绩分别为 67 分、78 分、56 分、90 分、91 分、43 分，这 6 个数字是（　　）。

   A. 变量值　　　　　　　　　　　B. 指标

   C. 指标值　　　　　　　　　　　D. 标志

10. 变异是指（　　）。

   A. 标志和指标各不相同　　　　　B. 标志和指标的具体表现各不相同

   C. 总体单位的标志各不相同　　　D. 总体的指标各不相同

11. 变量是指（　　）。

   A. 可变的数量标志

   B. 可变的数量标志或所有的统计指标

   C. 可变的数量指标

   D. 可变的品质标志

12. 下列统计指标中属于数量指标的是（　　　）。
　　A. 职工平均收入　　　　　　　　B. 单产量
　　C. 某国国民生产总值（GDP）　　D. 产品合格率
13. 数量指标反映（　　　）。
　　A. 总体单位数量的指标　　　　　　B. 总体的绝对数量
　　C. 总体内部数量关系的指标　　　　D. 总体的相对数量指标
14. 其数值不随总体范围的大小而增减的指标是（　　　）。
　　A. 质量指标　　　　　　　　　　B. 品质指标
　　C. 数量指标　　　　　　　　　　D. 总量指标

二、多选题

1. 统计总体的基本特点包括（　　　）。
　　A. 同质性　　　　　　　　　　　B. 大量性
　　C. 差异性　　　　　　　　　　　D. 数量性
　　E. 社会性
2. 下列标志中，属于数量标志的有（　　　）。
　　A. 劳动效率　　　　　　　　　　B. 经济类型
　　C. 职工工资　　　　　　　　　　D. 人均收入
　　E. 所属行业
3. 下列指标中，属于数量指标的有（　　　）。
　　A. 平均工资　　　　　　　　　　B. 工资总额
　　C. 职工人数　　　　　　　　　　D. 产品产量
　　E. 商品价格
4. 下列变量中，属于连续变量的有（　　　）。
　　A. 学生年龄　　　　　　　　　　B. 公路里程
　　C. 耕地面积　　　　　　　　　　D. 产品产量
　　E. 产品成本
5. 统计指标的特点包括（　　　）。
　　A. 同质性　　　　　　　　　　　B. 可量性
　　C. 综合性　　　　　　　　　　　D. 具体性
　　E. 总体性
6. 下列指标中，属于时期指标的有（　　　）。
　　A. 工业总产值　　　　　　　　　B. 商品库存额
　　C. 人口总数　　　　　　　　　　D. 人口出生数
　　E. 国内生产总值
7. 下列标志中，属于数量标志的有（　　　）。
　　A. 性别　　　　　　　　　　　　B. 年龄
　　C. 身高　　　　　　　　　　　　D. 民族
　　E. 文化程度

8. 下列标志中，属于品质标志的有（　　　）。

   A. 企业经济类型　　　　　　　　　B. 企业规模

   C. 成本利润率　　　　　　　　　　D. 单位产品成本

   E. 产品产量

9. 影响学生学习成绩高低的品质标志有（　　　）。

   A. 学习风气　　　　　　　　　　　B. 师资水平

   C. 出勤率　　　　　　　　　　　　D. 入学成绩

   E. 听课效果

10. 指标和数量标志的关系包括（　　　）。

   A. 指标可转化成数量标志

   B. 数量标志可转化为指标

   C. 在同一研究目的下，二者可相互转化

   D. 在不同研究目的下，二者可相互转化

   E. 在任何条件下，二者都可相互转化

11. 下列变量中，属于连续变量的有（　　　）。

   A. 产品产值　　　　　　　　　　　B. 设备台数

   C. 职工人数　　　　　　　　　　　D. 劳动生产率

   E. 单位产品成本

12. 在全国人口普查中（　　　）。

   A. 每个人是调查单位　　　　　　　B. 男性是品质标志

   C. 年龄是数量标志　　　　　　　　D. 人均寿命是质量指标

   E. 人口总数是数量指标

13. 统计指标按反映现象的时间特点不同分为（　　　）。

   A. 实体指标　　　　　　　　　　　B. 时期指标

   C. 客观指标　　　　　　　　　　　D. 价值指标

   E. 时点指标

14. 统计指标按其反映总体的性质不同分为（　　　）。

   A. 时期指标　　　　　　　　　　　B. 时点指标

   C. 数量指标　　　　　　　　　　　D. 质量指标

   E. 价值指标

15. 品质标志表示事物的质的特征，数量标志表示事物的量的特征，所以（　　　）。

   A. 数量标志可以用数值表示　　　　B. 品质标志可以用数值表示

   C. 数量标志不可以用数值表示　　　D. 品质标志不可以用数值表示

   E. 两者都可以用数值表示

16. 一个完整的统计工作过程包括的阶段有（　　　）。

   A. 统计设计　　　　　　　　　　　B. 统计分析

   C. 统计预测　　　　　　　　　　　D. 统计整理

   E. 统计调查

17. 统计学最基本的几种研究方法是（　　　）。

    A. 综合指标法　　　　　　　　B. 大量观察法

    C. 统计分组法　　　　　　　　D. 统计模型法

    E. 归纳推断法

三、判断题

1. 总体是由性质上完全相同的许多个体组成的整体。　　　　　　　　（　　　）

2. 总体和总体单位是一对相对概念。　　　　　　　　　　　　　　　（　　　）

3. 标志是说明总体特征的名称，而指标是说明总体单位的特征的概念。（　　　）

4. 所有统计指标和可变数量标志都是变量。　　　　　　　　　　　　（　　　）

5. 质量指标和品质指标的共同点是二者都不能用数值表示。　　　　　（　　　）

6. 可变标志与变异只是说法不一样，但其内涵完全一致。　　　　　　（　　　）

7. 统计学的研究对象是社会经济总体现象的质量方面。　　　　　　　（　　　）

四、简答题

1. 统计的含义是什么？

2. 统计研究的基本方法和基本过程有哪些？

3. 说说标志与指标的区别与联系。

4. 什么是参数和统计量？各有何特点？

第二章

统计调查

■**学习目标**

知识目标：

1. 掌握各种统计调查基本方式的运用条件；

2. 能独立设计简单的统计调查方案；

3. 了解各种统计调查方法。

能力目标：明确统计调查的意义，了解统计分组的作用，理解并掌握统计分组的基本方法，掌握变量数列的编制方法，了解常用的统计图和统计表的形式和应用。

素质目标：在统计调查的过程中，掌握相关的生活和生产信息，做出明智的决策和判断，树立起正确的人生奋斗目标。

统计部门应深入贯彻落实习近平总书记关于统计工作重要讲话指示批示精神，把依法统计、依法治统和不出假数作为统计部门的重大政治纪律和政治规矩，切实履行防范惩治统计造假、弄虚作假主体责任。

【导入案例】

一个反例的启示：《文学文摘》预测罗斯福竞选落败

在美国1936年的总统选举中，两位竞争者分别为民主党的罗斯福和共和党的兰登。一般民意测验认为罗斯福将获胜，例如盖洛普公司基于对5万选民的抽样调查，预测罗斯福的得票率为56%。但是美国著名杂志《文学文摘》宣布，根据他们对240万人的调查，兰登将获得57%的选票。最后的投票结果是，罗斯福赢得2770万张选票，而兰登只得到1600万张选票，罗斯福以绝对优势胜出。值得思考的问题是：为什么《文学文摘》调查的样本量如此之大，结果却那样离谱？细分析起来，他们预测失败的根本原因在于调查方案存在严重失误，违背了统计学规律，主要反映在以下两个方面：

（1）样本抽选有偏。兰登的支持者主要是富裕阶层、大资产阶级，而罗斯福的支持者主要是一般工薪阶层、中下层平民。《文学文摘》调查的对象集中在富人圈，因为《文学文摘》是通过电话簿和俱乐部进行调查的，而在1936年，美国约有1100万户家庭拥有电话，大多是富裕家庭，支持兰登。而俱乐部成员（如高尔夫球俱乐部等）则是更富裕的阶层，他们也支持兰登。美国当时有900多万失业人口，按《文学文摘》的调查方案，这些失业人口难以被纳入样本中，而这些人中的绝大多数都是支持罗斯福的。

（2）没有考虑缺失数据的影响。《文学文摘》在进行调查时发放了1000万份问卷，但只收回了近240万份。例如，他们当年对1/3的芝加哥选民进行调查，却只有20%的比较富裕的阶层给予回答，而那些忙于生计的一般家庭大多以拒绝回应。实际投票中，在芝加哥市罗斯福以压倒性多数票胜过兰登。这说明，当回答者和无回答者有显著差异时，忽略缺失数据进行推断一定会出错。

《文学文摘》的这次调查被称为美国历史上最失败的一次调查，作为数据收集失败的案例多次被写入各类调查图书。《文学文摘》最终也因此破产倒闭。

（资料来源：韦博成. 漫话信息时代的统计学 [M]. 北京：中国统计出版社，2011.）

人们购买住房是喜欢大户型还是喜欢小户型？对父母的孝敬程度与子女的性别有关系吗？国民在购买保险的时候，是选择国内的保险公司，还是选择国外的保险公司？这些都是我们感兴趣却又不知道答案的问题。为了回答这些问题，需要收集相关的数据进行分析。这就是说，当研究的问题确定之后，我们就要考虑为进行研究所需要的数据，这里包括：我们从哪里获得数据？如果需要调查，有那么多的潜在被调查者，我们应当向谁进行调查？选中被调查者以后，我们怎样实施调查？有些研究问题可能需要通过实验的方法获得数据，那么怎样使用实验方法获得数据呢？我们所得到的这些数据都很准确吗？如果不准确，误差是怎么产生的？应当怎样控制误差以便获得较高质量的数据？这些工作都是一项统计研究活动所不可缺少的环节。本章将对上述有关问题加以讨论。

第一节　统计调查概述

一、统计调查的含义

统计调查亦称"统计观察"，是有组织地搜集各种统计资料的工作。明确调查的目的、确定调查对象和调查表、规定调查时间和地点等，是统计资料整理和分析的前提。统计调查是根据统计研究的目的、要求和任务，运用科学的调查方法，有计划、有组织地向社会实际搜集各项资料的过程。统计调查和一般调查有如下区别：①调查的范围更广；②搜集资料以数字资料为主；③调查资料可用于推算估计。

二、统计调查的意义和要求

统计调查是我们开展统计工作的第一阶段，是按照统计研究的目的和要求，采用科学的调查方法，有组织、有计划、系统地向社会各界搜集某种客观事物实际资料的工作过程。例如，要研究国民经济的发展情况，就要搜集构成国民经济的各个行业、各个部门、各个要素的实际资料；要研究某个企业的生产情况，就要搜集反映该企业生产情况的有关实际资料。

搜集的实际资料包括原始资料和次级资料。所谓原始资料，是指那些反映总体单位特征的、尚未进行加工整理的资料。次级资料是指已经经过一定的加工整理，在一定的程度上，能够说明总体特征的统计资料。由于次级资料都是从原始资料整理而来的，所以，统计调查的基本任务，主要是准确、及时、全面、系统地搜集与统计研究任务有关的原始资料。而准确性、全面性和及时性又是对整个统计调查工作的基本要求。

统计调查之所以很重要，主要原因有以下三方面：

（一）统计调查是人们认识社会的基本方式

统计是认识社会的有力武器，而向社会做调查是正确认识社会的基本方式。人的认识是由社会存在决定的，离开社会实践，离开对实际情况的调查，人的认识也就成了无源之水、无本之木，很难得到正确的结论。例如，市场经济条件下的企业，各种经营活动均围绕市场进行。在企业向市场进军的过程中，统计凭借自己的功能优势开展调查，不但能研究企业自身的优势和弱点，还能从竞争需要出发，经常搜集竞争对手的发展态势，掌握竞争对手的威力，使企业既能"知己"，即知道自己企业运行机制产生的原因，又能"知彼"，即知道业内已经和可能产生的动态，以及自己企业在业内所处的地位和环境，进而不断修正自己的竞争策略。统计调查成了企业占有和扩大商品市场的重要渠道。

（二）统计调查是统计工作中的基础环节

统计调查是统计工作的基础环节，因为一切的统计整理和统计分析都是在原始资料搜集的基础上建立起来的。统计工作的各个环节是紧密衔接、相互依存的。统计调查搞得好，就能准确、及时、全面、系统地占有丰富的统计资料，有利于正确认识研究现象的本质及规律性；反之，如果统计调查搞得不好，所得到的资料不准确、不真实或不及时，即使经过科学整理和周密分析，也不能如实反映客观事物的真相，甚至得出相反的结论。因此，统计调查在整个统计研究过程中占有重要地位。第七次全国人口普查是中国特色社会主义进入新时代后开展的重大国情国力调查，力求全面查清中国人口数量、结构、分布、城乡住房等方面情况，为完善人口发展战略和政策体系，促进人口长期均衡发展，科学制定国民经济和社会发展规划，推动经济高质量发展，开启全面建设社会主义现代化国家新征程，向第二个百年奋斗目标进军，提供科学准确的统计信息支持。

（三）统计调查理论和方法在统计学原理中占有重要地位

统计调查理论和方法包括统计调查的意义、原则和要求，统计方案的制订，各类调查方法的特点、应用条件以及多种调查方法的综合运用等，这些构成统计学原理的基础部分，它是和整个统计理论观点相一致的。由于统计工作各个环节的衔接性，以及统计调查在统计工作中的重要作用，统计调查的理论和方法在统计学原理中也占有重要的地位。

为了更好地完成统计工作的任务，发挥统计调查的作用，统计调查工作必须达到如下基本要求：

（1）准确性。搜集的资料要符合客观实际情况，这是保证统计资料质量的首要环节，它是统计的第一生命。我们必须坚持唯物论、辩证法，坚持实事求是的原则。

（2）完整性。在计划时间内，我们应毫无遗漏地搜集资料。只有完整齐全的统计资料，才能形成对社会经济现象总体全貌正确的认识，便于做出准确的判断和科学决策。若统计资料残缺不全，则反映所研究对象是片面的以及难以正确认识社会经济现象总体的特征，难以得出正确的结论

（3）及时性。统计是具有时效性的。统计调查要求及时进行、及时反映、及时预报、及时上报各项统计资料以满足各种需要，把事后反映与事前预报结合起来。在统计资料准确可靠的前提下，我们还应注意统计调查的及时性和准确性是辩证统一、相辅相成的关系。过了时效期的统计资料是没有多大意义的。

（4）有效性。统计调查资料提供的信息必须是内容明确，结构合理，切合目的，有利于统理、分析和科学决策的有效信息。

（5）经济性。这是指以少量的投入获得所要求的统计资料，即统计调查也要讲究经济效益。

三、统计调查的种类

1. 按调查对象的范围不同，统计调查可分为全面调查和非全面调查

全面调查是对调查对象的所有单位一一进行登记或观察的一种调查方式。全面调查可以反映事物的全貌，有利于对事物的状况和发展趋势做出正确的判断。例如要掌握全国人口总数及构成情况，就需要进行人口普查。各种普查和多数定期统计报表都属于全面调查。全面调查需要耗费较多的人力、物力、财力和时间，因此通常只用来反映最基本最重要的社会经济现象资料。

非全面调查是指只对总体中的部分单位进行观察或登记的调查方式。重点调查、典型调查和随机抽样调查都是非全面调查。这种调查方式所涉及的调查单位少，可以用较少的人力、财力和时间调查较多的内容，搜集到较深入、细致的情况和资料。但由于它未包括总体范围内的全部单位，因此常常需要与全面调查结合起来运用。

2. 按调查登记时间是否有连续性，可分为经常性调查和一次性调查

经常性调查亦称"连续调查"，是对时期现象进行的调查，是随着被研究现象的发展变化连续地进行的登记调查。它的主要任务是了解事物在一定时期内发生、发展的全过程及其结果的统计资料。经常性调查必须以健全的、系统的原始资料为基础，既可以按日、按旬、按月地取得经常需要的资料，也可以按季度、年度取得资料。如统计报表中产品产量指标、主要原材料、动力、燃料消耗调查。

一次性调查是一种不连续的调查，主要是对时点现象的调查，指对调查对象在某一时刻的状况进行一次性登记以反映事物在一定时点上的发展水平（状态）。如人口

数、学校数、企业数、职工人数、固定资产总值、生产设备数量调查等。一次性调查可以根据调查的间隔时间是否相等，分为定期调查和不定期调查。

3. 按组织方式不同，统计调查可分为统计报表和专门调查

（1）统计报表。

统计报表是指各级企事业、行政单位按国家统一规定的表格形式、内容、时间要求报送程序，定期地自下而上地向国家和上级主管部门报送统计资料的一种统计调查形式。它是我国取得国民经济和社会发展情况基本统计资料的一种重要手段。

统计调查的
组织形式

①按调查范围，统计报表可分为全面统计报表和非全面统计报表。全面统计报表要求调查对象中的每一个单位都要填报调查资料。非全面统计报表只要求调查对象的一部分单位填报调查资料。

②按填报单位不同，统计报表分为基层统计报表和综合统计报表。基层统计报表是由基层企事业单位填报的报表。综合统计报表是由主管部门或各部门根据基层报表逐级汇总填报的报表。综合统计报表主要用于搜集全面的基本情况，此外，也常为重点调查等非全面调查所采用。

③按报表内容和实施范围不同，统计报表分为国家统计报表、部门统计报表和地方统计报表。国家统计报表——国民经济基本统计报表，由国家统计部门统一制发，用以搜集全国性的经济和社会基本情况，包括农业、工业、基建、物资、商业、外贸、劳动工资、财政等方面最基本的统计资料。部门统计报表——为了适应各部门业务管理需要而制定的专业技术报表。地方统计报表——针对地区特点而补充制定的地区性统计报表，是为本地区的计划和管理服务的。

④按报送周期长短不同，统计报表分为日报、周报、旬报、月报、季报、半年报和年报。周期短的，要求资料上报迅速，填报的项目比较少；周期长的，内容要求全面一些。年报具有年末总结的性质，反映当年中央政府的方针、政策和计划贯彻执行情况，内容要求更全面和详尽。日报、周报和旬报称为进度报表，主要用来反映生产、工作的进展情况。月报、季报和半年报主要用来掌握国民经济发展的基本情况，检查各月、季、半年的生产工作情况。年报是每年上报一次，主要用来全面总结全年经济活动的成果，检查年度国民经济计划的执行情况等。

（2）专门调查。

专门调查是指为研究某些专门问题，由调查单位专门组织进行的一种调查方式。这种调查灵活多样，适应性强，既可以针对某专项内容进行，又可以补充统计报表的不足。它主要包括：普查、重点调查、抽样调查和典型调查四种。

①普查。

普查是为一特定目的而对所有考察对象所做的全面调查。其中被考察对象的全体叫作总体，组成总体的每一个被考察对象称为个体。它常用来搞清重要的国情、国力，如人口普查。

②重点调查。

重点调查是一种非全面调查，它是在调查对象中，选择一部分重点单位作为样本进行调查。重点调查主要适用于那些反映主要情况或基本趋势的调查，如在对全市百

户亏损企业进行的专项调查基础上，选择其中 10 户由亏转盈的企业进行重点调查等。重点调查的主要特点是：投入少、调查速度快、所反映的主要情况或基本趋势比较准确。重点调查的主要作用在于反映调查总体的主要情况或基本趋势。因此，重点调查通常用于不定期的一次性调查，但有时也用于经常性的连续调查。

③抽样调查。

抽样调查是从总体中抽取部分个体进行调查。其中从总体抽取的一部分个体叫作总体的一个样本。它只考察总体的一部分个体，因此它的优点是调查范围小，节省时间、人力、物力和财力，但其调查结果往往不如普查得到的结果准确。为了获得较为准确的调查结果，抽样时要注意样本的代表性和广泛性。

④典型调查。

典型调查是从调查对象中选择具有代表性的单位作为典型，并通过对典型的调查来认识同类社会现象的本质和发展规律方法。它是调查者有目的、有意识选择调查对象的调查，是直接调查，是系统、深入的调查，是定性调查。比如说调查全班的数学成绩，这个班大部分人的数学成绩都在 80 分左右，这时就可以选择 80 分左右的人作为代表。它的标志值在总体中不一定占很大比例。

四、统计调查的方法

统计调查方法是指搜集统计资料的具体方法。统计调查的方法应当根据调查对象、调查单位的特点和调查内容的不同要求来确定。常用的调查方法有以下几种：

（一）直接观察法

直接观察法亦称现场观察法，是指调查机关派出调查人员到调查所涉及事物所在的场所进行现场观察、点数、计算或用仪器测量和记录现场情况的调查方法。简言之，直接观察法是调查人员亲自到现场点数、计量的方法。如农产量抽样调查中的实割实测、商品库存盘点、大牲畜普查、车辆流量调查、旅客流量调查、读者流量调查、工业设备普查等，都用直接观察法。

直接观察法因由调查人员亲自参加计量、点数和了解有关情况，故可以提高统计资料的准确性，也有利于开展统计分析。但直接观察法需要花费较多的人力、物力、财力和时间，而且它无法了解生产者、转卖者、消费者等各类人员的心理活动，也无法用于对历史情况的研究。因此，直接观察法主要用于非全面调查，收集表象资料，了解现实情况。

（二）报告法

报告法是指被调查者按调查机关统一颁发的调查方案（表格、指标及有关规定）按时向上级报告有关资料的调查方法。定期统计报表和某些一次性调查表都用这种方法。报告法具有如下特点：

（1）报告法具有强制性。下级必须按规定准确、及时地向上级提供统计报告。对违反规定弄虚作假和迟报、拒报者，上级主管部门有权按统计纪律和统计法给予惩处。

（2）它一般是针对机关团体和企事业单位，而不是对个人。

（3）相对直接观察法而言，无论是在人力、物力、财力方面，还是在时间方面，报告法都要节省得多。

报告法是我国统计调查中最常用的一种方法。由于报告法是通过颁发调查提纲来收集资料的，因此，调查方案必须简明准确、通俗易懂，以防止由于被调查者对调查提纲的理解错误而影响统计质量。

（三）采访法

采访法是指由调查机关派出调查人员向被调查者收集资料的方法。采访法分个别采访和集体采访（调查会）两种形式。它可以通过口头询问收集资料或分发调查表格由被调查者自填而后收回。

采访法的优点是调查人员和被调查者直接交谈。调查人员可向被调查者说明调查的目的和要求，打消被调查者不必要的顾虑，也可以当场解答被调查者的各种疑问。如果是集体采访，还可互相讨论、相互启发和互相补充。因此，采访法可收集到比较准确的信息和丰富的资料，也有利于调查人员把收集统计资料和有关情况结合起来。但采访法也要花费较多的人力、财力和时间。

电话调查是采访法的一种特殊形式，比派员采访节省人力、财力和时间，成本较低。但这种方法往往不易获得对方的配合，而且不便询问比较复杂的问题。要搞好采访调查，必须有事先准备的详细提纲、虚心求教的态度、实事求是的精神、随机应变的能力和循循善诱的技巧。因而，采访调查对调查人员的素质提出了更高的要求。

（四）通信法

通信法是指调查机关用通信方式向被调查人收集资料的方法，即调查机关将调查提纲或调查表格邮寄（或通过电子邮箱发送）给被调查人，由被调查者按要求做出答复并将结果寄回（或发回）调查机关。

通信法也有节省人力、财力和时间的优点。但这种方法一般用于对个人的调查，并且以自愿提供资料为前提，需要取得被调查人的支持和合作，没有强制性，故发出的调查提纲或调查表的回收率往往较低。而且，由于无人回答被调查人的疑难问题，调查者也常常会得到错误的答案。因此，调查提纲中必须向被调查者明确解释调查的目的和意义，声明为被调查者严守秘密，并对调查中可能引起疑问的项目做出准确而又通俗易懂的解释。

（五）实验调查法

实验调查法是指通过某种实践活动的验证去收集有关资料的一种调查方法。

此法起源于自然科学的实验求证，类似自然科学中通过实验来取得有关数据，引出正确的结论，故名实验调查法。

实验调查法是以社会为"实验室"、以社会实践为基础的一种调查方法。例如，为了了解某种新产品的质量和提高产品质量应采取的措施，可免费将新产品赠送给用户或消费者个人试用，以便征求用户或消费者个人的意见；为了解某种新产品的销路和顾客对产品质量与价格的意见，可举办新产品展销会；为了进行某种改革或推行某种新的政策，可先在小范围内进行试验，以了解这种改革或新政策的社会效应，然后再决定这种改革或新政策可否推广，是否需要进行调整或修改。这些做法都是实验调查法。

实验调查法以社会实践为基础，可以取得较准确的信息和丰富的资料，便于人们做出正确的决策，避免不应有的损失，从而可提高社会经济活动的效益。但实验调查法也需要花费较多的人力、物力、财力和时间。

总之，各种调查方法各有利弊，各有其应用的条件，应当根据不同的情况，因时因事制宜。

第二节　调查方案设计

一、调查方案的意义

统计调查是按照统计研究的目的有组织、有计划地收集统计资料的活动，是一项复杂细致的工作。一项大型的统计调查，往往涉及千家万户，要数以万计的人协作才能完成。为了使统计调查能有条不紊地进行，按照统一的内容、方法、步调和期限顺利完成，收集到合乎要求的统计资料，必须预先制订一个周密的统计调查的工作计划。这个关于统计调查的目的、对象、内容、方法、步骤、时间、经费和组织领导等的工作计划就是统计调查方案，它是指导统计调查的纲领性文件。

二、调查方案的基本内容

统计调查方案的基本内容包括以下几个方面：

（一）统计调查的目的

制订统计调查方案，首先必须明确规定统计调查的目的。统计调查是为了收集社会经济现象的数量表现、数量关系、数量变化及有关情况。但是，社会经济现象纷繁复杂，它们的数量表现、数量关系和数量变化也是多种多样的，可以根据不同的目的，从不同的方面去收集。目的不同，调查的对象、范围、内容、方法就不同。目的不明确就无法确定向谁调查、调查什么、用什么方式方法取得资料，其结果必然会引起调查的混乱，甚至会使调查无法进行，从而贻误调查工作。所以，确定调查目的，是组织统计调查首先要解决的问题。

（二）调查对象、调查单位和报告单位

统计调查的目的确定之后，接着就是确定为达到这一目的应向谁调查，也就是明确调查对象、调查单位和报告单位。

调查对象和调查单位分别是统计调查中的总体和总体单位，它们都是与统计调查的目的直接相关的。例如，如果是全面了解工业生产情况的工业普查，那么由所有从事工业生产活动的单位组成的"工业企业"就是调查对象，其中的每一个工业企业就是调查单位。如果调查目的是了解国有工业企业设备的状况，那么"国有工业企业设备"就是调查对象，国有工业企业的每一台设备就是调查单位。调查对象是由许多调查单位组成的整体，调查单位是调查项目的承担者。在前例中，每一个工业企业就是工业普查中经济类型、行业性质、职工人数、产量、产值、设备数量和价值等调查项目的承担者；国有工业企业的每一台设备，就是设备名称、种类、能力、完好程度、工作时间、购买时间及技术水平等调查项目的承担者。

报告单位又叫填报单位，是指按照调查方案的要求负责向调查者报送调查结果的

单位。报告单位和调查单位是不同的，报告单位只能是某类机构（机关、团体、学校、企事业单位等）和人；调查单位则既可以是人或某类机构，也可能是某种物（如：设备）。所以，在有些场合，报告单位和调查单位两者相同，如在工业普查中，报告单位和调查单位都是某一个工业企业；但在某些场合，报告单位和调查单位则不同，如在国有工业设备普查中，调查单位是国有工业企业的每一台设备，但报告单位则是每一个国有工业企业。确定调查单位，是为了明确向谁做调查；确定报告单位，是为了明确由谁提供统计资料，防止调查单位的遗漏和重复，保证统计资料的准确性和调查工作的顺利进行。

（三）调查项目和调查表

调查项目是指作为调查内容规定下来的调查单位的特征（标志）。例如，工业普查中工业企业的经济类型、行业性质、职工人数、产量、产值，设备普查中设备的名称、种类、能力、完好程度、工作时间等，如果作为调查内容规定下来就成为调查项目。

调查表则是合理而有序地排列调查项目的表格。其格式有两种：凡只能填报一个调查单位的调查表称之为单一表；可以同时填写若干个调查单位的调查表则称为一览表。使用单一表还是一览表应视调查内容的多寡和是否便于登记而定。当调查项目较多而调查单位比较分散时，宜用单一表；若调查项目较少，调查单位又较集中时，则可使用一览表。

（四）调查时间、调查期限和调查地点

调查时间是指调查资料所属的时间范围（时点或时期），调查期限是指某种统计调查工作的起讫期限。规定这两种时间都十分必要，前者是为了保证统计资料准确、可比和顺利汇总；后者则是为了保证各地各单位能在同一期限内完成某种调查任务，以便能够按时整理汇总和开展分析。

调查地点是指调查对象所在的地点，即统计资料所属的空间范围。明确规定统计资料的空间范围，也是防止统计调查资料发生错漏的必要前提。

（五）调查的方式方法

统计调查的方式方法有多种，各有长短，适用于不同的条件。某次统计调查到底采用何种方式方法，应当根据该次统计调查的内容和特点，并结合各种调查方式方法的优缺点来考虑，在权衡利弊之后做出取舍，并在调查方案中加以明确的规定。调查者可以只用某种方法，也可以若干方法结合运用，应视具体情况而定。

（六）调查工作的组织实施计划

除了以上各项内容外，调查方案中还应当对本次调查的组织实施问题做出妥善安排。这些问题包括调查的组织领导机构、宣传教育、人员培训、文件印刷、经费的筹措与开支办法、调查资料的报送程序与报送方式、调查结果公布的时间等。

第三节　问卷设计

一、调查问卷的定义

调查问卷又称调查表，或问卷表。它既是一种收集数据的结构化技术，又是实施

各种市场调查方法必备的工具，即由调查机构根据调查目的设计各类调查问卷采取抽样的方式（随机抽样或整群抽样）确定调查样本，通过调查者对样本的访问完成事先设计的调查项目然后由统计分析得出调查结果的一种方式。

二、调查问卷的设计

1. 调查问卷的设计程序

明确调查目标的资料范围→决定问卷类型→决定问卷内容→决定问题形式→决定布局→预先编码→问题排序→初稿→预试→修订定稿→印刷。

2. 调查问卷的结构

（1）问卷标题：表明调查的主题。

（2）问卷说明：通过说明调查的目的、功用、调查单位以及完成调查后对社会或对被调查者的价值等，引起被调查者的重视，争取他们的合作与帮助。

（3）调查主体内容：用来调查所需收集的信息，由一系列问题和相应的答案组成。

设置题目的注意事项：避免应答者可能不明白的缩写、俗语、生僻的用语，确保问题易于回答，不要过多假设，注意避免双重问题和相反观点的问题，预先测试。

（4）编码：为了便于统计，在问卷设计时就要对问卷本身和问题的基本资料和可能收集的资料进行预先编号。

（5）必要的注明。

（6）作业证明记录：用以登记调查访问工作的执行和完成情况，包括调查时间、地点、调查者的姓名、被调查者的姓名或名称。

（7）结束语。

3. 调查问卷的回答模式

我们可以把问卷的回答方式分为三种：

（1）封闭式：指制定问题的同时，提供与该问题相应的若干答案（一般为 4 个），并限定回答的方向和数量，由调查对象选择他认为合适的答案。

封闭式问题有以下几种常见的情况：

①选择式：提供问题的答案若干项，调查对象根据自己的情况进行选择。

②是否式：答案只有肯定和否定两种。

③排序式：提供问题的答案若干项，但不做选择，而是要求调查对象按照某种标准，重新排列所有答案的顺序，可称为全面排序式；有时还要求调查对象先选择部分答案再排序，即限定了排序的数量，可称为部分排序式。

（2）开放式：指只制定问题，不提供任何答案，由被调查者自拟答案。这种方式便于了解调查对象的各种心理活动和真实想法，收集到的信息资料多。

（3）半开放半封闭式：这种回答方式往往是在封闭式问题的基础上进行适当的改进或说明，给调查对象一定的回答自由。

问卷设计一般是封闭式问题为多数，半开放半封闭式问题为少数，而开放式问题为个别。

4. 调查问卷的测试和修改

调查问卷测试的内容：

（1）各项问句在提问方式上是否满足搜集预期信息的要求？要搜集定量信息，问句就必须有特殊的规定。

（2）各项问句是否能够被回答者准确理解？这是指问句的用词设计是否明确。

（3）问卷的结构设计是否更有利于回答者准确思考并回答？

（4）问卷收集的信息是否能够满足预期数据分析方法的需要？

调研问卷修改的主要内容：

（1）对问句在提问方式和选择词语上进行修改。

（2）对问卷在结构上进行修改。

（3）根据需要增加问句或删除问句。

5. 调查问卷修改的注意事项

（1）一致性：检查在问卷中所提出的问题是否都与确定的调研目标相关，避免无关问题的出现。

（2）逻辑性：将搜集相关信息的问句尽量安排在一起，这样既便于回答又便于审核回答者是否敷衍地回答。"逻辑性"问题是一个较为复杂的问题，有时设计者为深入研究而提出一些有关联关系的问句，但又不希望被回答者察觉。

（3）准确性：不同的回答者对某一问题持有相同意见和观点，调查结果应该是一样的。但是，因各种原因而在回答（表达）时出现差异，这种差异可能会被调研人员误作为不同意见。设计者应该给定两种不同观点的"显著差异"的界限。

（4）格式问题：问句的序号、答案的序号设计都应该有利于"编码"工作的顺利开展。

6. 调查问卷的优缺点

（1）优点。

问卷调查法不受时空限制，它既可以通过与被调查者见面的现场应答方式，也可以通过网络或电话、邮寄等与被调查者不见面的方式对远距离的被调查者进行调查，有很强的灵活性。

问卷调查法的成本很低，基本费用只有问卷印制费、双向邮寄费等，因此，它为大样本调查的实施创造了有利的条件。很多时候问卷调查法无须被调查者署名，因此，被调查者应答时没有顾虑，容易获得比较客观、真实的信息。与其他调查研究方法相比，问卷调查法是一种在获取大量客观信息的同时，又能节省时间和研究经费的经济实惠的研究方法。它可以实现以下功能：

①设计良好的调查问卷重点突出，不但能使被调查者乐于参与其中，还能正确反映研究的问题或调查目的；

②能如实记录被调查者的应答情况，提供研究所需的正确信息；

③统一的问卷格式有利于资料的统计和整理，便于定量化分析。

（2）缺点。

问卷调查法成功与否，关键在于问卷设计质量的高低。而问卷设计并不轻松，首先它很麻烦，要经过很多环节及多次修改才能完成。问卷设计会直接影响获取信息的质量。例如，对一些特殊问题的提问方式，如果不经深思熟虑，随意给出，则可能出现被调查者故意回避事实的应答，从而影响信息的准确性；此外，太厚的问卷会使被调查者产生厌烦情绪，导致问卷有去无回，降低问卷的回收率。

7. 调查问卷设计的原则

（1）必要性原则：在做调查问卷之前，应先做研究计划，对论文或研究报告中所要涉及的各项论题有一个全面的了解，抓住重点，做到有的放矢。

（2）总量控制原则：必须严格控制问卷中问题的数量（不宜多），时间尽可能控制在 30 分钟以内。

（3）礼貌性原则：问卷的指导语中要用敬语，对被调查者的配合表示诚挚的谢意。在调查问卷中，要尽量避免涉及个人隐私或不太可能了解到真实情况的问题。

（4）简便性原则：调查问卷中题目的形式要尽量方便被调查者应答，因此，问题的形式应尽可能以选择题为主。

（5）用词适宜原则：调查问卷中问题的表达风格和用词应与被调查者的身份一致。因此，在题目编制之前，研究者要考虑到被调查者群体的实际情况。如果被调查者的身份具有多样性，则问题的用词要尽量大众化；如被调查者是专家学者，则用词要科学准确，适当用一些专业术语。

（6）印证可靠性原则：一次成功的问卷调查已不容易，不要指望再重复一次同样的问卷调查。因此，变通的做法是，在问卷中设计一两道较为隐蔽的反向题穿插其中，这样可为分析问卷的可靠性做准备。

（7）可行性原则：调查问卷中的问题必须符合被调查者能自愿真实应答的设计原则。

8. 问题表述的原则

（1）单一性原则：一个题项只询问一个问题，不能兼问。

（2）通俗性原则：问题的表述力求简单明了，避免使用模糊的或专业技术性很强的术语，避免应答者可能不明白的俗语或生僻的用语。

（3）准确性原则：措辞要准确、完整，不要模棱两可。

（4）中立性原则：调查者要尽量运用中性词，避免使用导向性或暗示性语言，用语必须保持中立。

（5）简明性原则：调查问卷中每个问题都应力求简洁而不繁杂、具体而不含糊，文字通俗易懂，不使用生涩字眼，以免超出被调查者的理解能力，要尽量使用简短的句子。

（6）定量准确原则：如果要收集数量信息，则应要求被调查者答出准确的数量，不要使用通过运算才能得到数量的概念（如平均数）。

（7）非否定性原则：非否定性原则指要避免使用否定句形式表述问题。

9. 问题顺序编排技巧

（1）问题顺序编排不当可能造成误差，造成无回答或中途中止访问。

（2）问题顺序编排的技巧：运用过滤性问题甄别合格的问答者先问感兴趣的问题、一般性问题，先易后难将需要考虑的问题放在问卷的中间，在关键点插入提示，敏感性、开放型问题放在最后。

10. 注意敏感性问题的问卷设计

敏感性问题是指所要调查的问题涉及被调查者的隐私或被调查者不愿公开如实回

答的问题。

敏感性问题的措辞：

（1）释疑法，即在敏感性问题的前面写上一段功能性文字，或在问卷引言中写明严格替被调查者保密，并说明将采取的保密措施，以消除被调查者疑虑。

（2）假定法，即用一个假定性条件句作为问题的前提，然后再询问被调查者的看法。

（3）转移法，即让被调查者不以第一人称，而是以第三人称来回答这类问题。

11. 选项设计原则

（1）相关性原则：设计的答案与询问的问题必须具有相关关系，不能张冠李戴。

（2）同层性原则：设计的答案必须具有相同层次的关系。

（3）选项互斥性原则：选项之间不能出现相互重合、相互包含或配合、交叉的情况，即对同一个问题，只能有一个选项适合被调查者。

（4）选项穷尽原则：题目中提供的选项，在逻辑上应是排他的，在可能性上应是穷尽的。因此，所列出的选项应包括所有可能的情况，不能有遗漏，不至于出现部分被调查者因为所列答案中没有合适的选项而放弃应答的情况。

（5）对称性原则：在提供带有对比性的选项时，要全面考虑，避免片面化，否则设计出的问卷无法客观反映被调查者的观点和态度。特别是在遇到有对比意义的选项时，设计的选项数目要对称，应为奇数，这样可防止误导。

（6）非诱导性原则：非诱导性原则指问题答案选项要设置在中性位置、没有提示语，答案选项的用词不会影响被调查者独立、客观地进行应答。

（7）可能性原则：设计的答案选项必须是被调查者能够应答且愿意应答的。

（8）梯度性原则：在问卷中涉及渐进性的问题时，应该设计若干具有梯度的选项，而且梯度间距应该合理。

三、问卷的统计和分析

对问卷的结果进行统计和分析是进行深入研究的必要手段。对问卷中的所有问题要进行数据统计，以比较准确地了解到自己需要的信息，并根据问题的内容和数据进行合理、具体的分析，最后通过反思和小结理清自己下一步的研究思路，从而制订详细的有针对性的研究计划。其实，问卷调查法作为一种科研方法，对调查问卷的分析一般称为调查报告，不仅有规范的格式要求，还有比较科学、严格的统计分析要求。比如，对调查资料的整理应按项目分类、编号；要做回收率和有效率的统计；对问卷中所有问题的回答进行分类统计；统计结果出来之后，还要对它进行定量和定性分析。

四、调查技术

（一）调查技术的概念

调查技术是指获得准确可信的答案的调查技巧，也是问卷设计中要注意的重要问题之一。为了获得准确可信的答案，在问卷设计中常常采用以下调查技术：问卷的设计技术、市场调查的提问技术和调查对象的选择技术。

（二）问卷调查技术的特点

问卷调查技术是调查人员运用设计的问卷，了解市场信息、搜集市场资料的方法。问卷调查技术的特点有：真实性、间接性、统一性、文字性。

（三）问卷设计常用调查方法

1. 自由回答法

自由回答法可简化问卷，使答问者不受约束，有利于获得更多的信息。其缺点是答问者可能一时想不出适当的答案而拒绝回答，也会受答问者表达能力水平的限制（答问者词不达意，影响答案的准确性和可信度）；此外，会增加对信息进行统计处理的难度。自由回答法的问题如"喜欢哪一种食物？""喜欢哪一部动画片？"。

2. 二项选择法

二项选择法是指对问卷中的设问项目给出非此即彼的两个答案，即强制二选一。这种方法可使答问者态度明确，获得明确的答案，而且便于事后的统计处理。但它不能反映答问者意愿的强弱程度，也不宜用于有多种答案的问题。

3. 多项选择法

多项选择法是指对问卷中的问题同时给出多种答案，由答问者从中选择一项或数项。这是二项选择法的发展，具有二项选择法的优缺点，但灵活性比二项选择法大。例如："你认为食堂的饭菜口味如何？"给出的答案是"偏甜、偏酸、偏辣"，回答者自然只会从 3 个答案中选择 1 个。如果问题是"一般喜欢去学校周围的哪些饭馆吃饭？"那么答案就应当允许不选，或选 1 种，或选 2 种，或选 2 种以上。

4. 赋值评价法

赋值评价法是指用打分或定等级来评价事物好坏或优劣的方法。打分时，一般用百分制或十分制，等级一般定 1～5 级或 1～10 级。这种方法简便易行，评价的活动余地较大，而且便于统计处理和比较。缺点是分数的多少或等级的高低不易掌握分寸，而且往往因人而异，差别较大。因此，采用这种方法时，应当对打分或定等级的标准做出统一的规定，以便答问者有所参考。如："对学生的课堂表现打分"应根据学生的活跃程度、专注程度、课堂作业等方面来综合评定。

（四）问卷调查技术的类型

按照调查问卷的填写人不同，问卷调查技术可以分为自填式问卷调查与访问式问卷。按照调查问卷的发放方式不同，问卷调查技术可以分为邮寄问卷调查、报刊问卷调查、留置问卷调查、面访问卷调查、电话访问问卷调查、网上问卷调查等。

1. 按问卷的填写人分类

自填式问卷调查：通过面访或邮寄，将问卷交给被调查者，由被调查者填写答案。

访问式问卷调查：由调查者将问卷内容读给被访者，并根据被访者的回答填写。

2. 按问卷的发放方式分类

邮寄问卷调查：调查者通过邮局向被调查者发送问卷。

报刊问卷调查：将调查问卷刊登在报纸杂志上，随报刊发行传递到被调查者手中。

留置问卷调查：调查者将问卷发送给被调查者，被调查者填写答案后，再由调查者取回问卷。

面访问卷调查：由调查者按照事先设计好的调查问卷对被调查者当面提问并填写答案。

电话访问问卷调查：通过电话来对被调查者进行调查访问，由调查者根据被调查者的回答填写问卷答案。

网上问卷调查：在互联网上发布问卷，通过互联网进行调查。

第四节 调查误差

调查误差是指在取得样本数据资料过程中产生的误差。这部分误差通常与调查者、回答者、资料搜集方式和问卷等因素有关，它们会使得调查所得的统计数据与调查对象的实际数据之间存在差异，进而形成系统性误差。

一、调查误差的分类

（一）调查人员误差和被调查人员误差

调查误差从涉及的人员来划分主要包括调查人员误差和被调查人员误差两种。

（1）调查人员误差是由于调查工作过失和故意舞弊造成的误差。调查工作过失如调查者自身的素质不高、调查方案不佳、工作粗糙、计量器具不准、计量单位折算和数据汇总有误、登录马虎等。故意舞弊是指调查者是为了自己省事，根本没有按照调查方案的规定进行调查，而是随意编造甚至篡改调查资料。

（2）被调查人员误差的产生，有的是由于被调查者对问题的理解有差错；有的是由于调查的问题涉及被调查者的利益，导致他们提供了虚假信息；有的是由于调查的问题涉及一些敏感性的问题或是提问方式不当而使被调查者拒绝回答。

其中被调查人员误差按被调查者是否回答，又可分为无回答误差和回答误差两种。前者包括调查单位的无回答和调查项目的无回答。调查单位的无回答是指未能从抽选样本中的一部分单位取得调查资料。调查项目的无回答是指在抽样调查中对调查方案中的个别项目未能得到回答。

无回答误差产生的原因可归纳为以下两种：一是由随机抽样所确定的被调查单位在具体调查时未能接触到，致使被调查单位没有接受调查；二是虽然接触到了被调查者，但是由于调查涉及个人隐私、商业秘密等敏感性问题而使被调查者不愿意回答，要么是调查问卷中所列的调查项目超出了被调查者的实际能力和条件或调查项目复杂而使被调查者无法回答。

（二）抽样误差和非抽样误差

调查误差从调查结果与总体真实数据之间的误差是否由抽样造成，可分为抽样误差以及非抽样误差。

1. 抽样误差

（1）抽样误差的概念。

抽样误差源于非全面调查。按随机原则，从调查对象中抽取部分单位进行调查，样本调查结果与使用相同程序进行普查的结果之间的差异称为抽样误差。换言之，抽样误差是指仅根据对目标总体的一部分而不是全部进行的调查来估计总体特征所引起的误差。

（2）抽样误差的原因。

①抽取样本时没有遵循随机原则。

②样本结构与总体结构存在差异。

③样本容量不足。

（3）抽样调查的适用范围。

①对于那些带有破坏性的实验或测量，宜采用抽样调查。

②对于那些在理论上可以进行全面调查但没有必要，或者实际中办不到的现象调查，宜采用抽样调查。

③与全面调查相比，抽样调查能节省人力、费用和时间，且更为灵活。

④准确度高，在有些情况下，抽样调查的结果比全面调查要准确。

⑤利用抽样调查资料可修正和补充全面调查资料。

⑥抽样调查方法可用于工业生产过程中的质量控制。

⑦利用抽样推断的方法可对某种总体进行假设检验，来判断这种假设的真伪，从而为决策提供可靠依据。

2. 非抽样误差

（1）非抽样误差的概念。

非抽样误差是指除抽样误差以外的，由于各种原因引起的误差。在概率抽样、非概率抽样、其他全面调查和非全面调查以及普查中，非抽样误差都有可能存在。

（2）非抽样误差的分类。

非抽样误差根据其来源、性质等，可分为以下三类：

①抽样框误差：由不完善的抽样框引起的误差。

②无回答误差：由于种种原因没有从被调查单元获得调查结果，造成调查数据缺失而产生的误差。

③计量误差：所获得的调查数据与其真值之间不一致造成的误差。

（3）非抽样误差的来源。

非抽样误差就是由抽样误差以外因素引起的，因样本观察数据非同质，或残缺，或不真实而产生的误差。为了使非抽样误差问题简单化，我们可以按照抽样调查的过程来考察其来源。

在非抽样方案设计阶段，非抽样误差的来源：①抽样框的编制与准备不够充分完善；②问卷设计不够科学合理。

在数据收集阶段，非抽样误差的来源：①调查数据的残缺；②调查数据的错误。

在数据处理阶段，非抽样误差存在于对调查资料的整理、分组、计算、编码和计算机录入等过程中，是一种工作上的过失。

（4）非抽样误差的特点。

①非特有性：为非抽样调查所特有。

②非一致性：使抽样估计结果产生偏差，并且样本越大产生偏差的可能性越大。

③难测定性：有些非抽样误差难以识别、难以对其进展描述和测定，具有很强的隐蔽性，如抽样框是不完善的，而调查设计人员并没有意识到。

④难评价性：非抽样误差的存在使得对抽样效果的评价与衡量复杂化。

⑤全过程性：存在于抽样调查的所有阶段。

⑥复杂性：有些非抽样误差成因复杂，对其研究不够，因此，在很多时候，非抽样误差比抽样误差造成的影响更严重，对此必须高度重视。

二、控制并减少调查误差

在调查前的准备阶段，应正确、周密地制定统计调查方案。统计调查方案是统计调查的纲领性文件，涉及统计调查的各个方面，无论是内容还是文字描述都要准确周密，调查者可编写调查手册。调查前要明确规定调查对象和调查单位，界定统计范围；要有一套科学的调查提纲和调查表，以完整地体现统计调查的内容。调查表的设计要在具有科学性的同时具有吸引力，要注意考虑可信度、有效性和可接受性，要准确、简明地解释调查项目的含义、范围和计算方法等，以防止因误解而产生的错误。调查前也要统一规定调查的方式方法，以避免因调查的方式方法的不同而产生的误差。

在现场准备方面，调查者在收集数据之前，需要做好准备工作：充分利用调查组织单位的权威性和影响力招募足够多的调查对象；注意调查员的挑选以及调查员的培训，以提高调查员的素质（包括政治素质和业务素质两方面）。在调查设计方面，调查问卷设计出来后，调查者应组织有关人员对问卷进行讨论。一份问卷初稿设计好后，要反复进行审核，剔除不合适的问题以及可要可不要的问题，仔细推内容结构、措辞表达、答案设计等方面是否存有问题，问卷编排顺序及指导语设计是否恰当，等等。如果是大型调查活动，还要在正式调查之前进行预调查，在实践中对问卷进行检验，以便减少调查误差。

原始记录是业务核算、会计核算和统计核算的基础，定期统计报表和许多重要的专门调查，资料都来自原始记录。没有健全的原始记录，经济核算就无法进行。统计台账是统计工作的一种特有的记录，编制统计报表和提供其他统计资料都少不了统计台账。只有建立健全原始记录、统计台账、班组核算等制度，对调查过程进行监控，使统计资料的来源准确可靠并且加强对数字填报质量的检查，然后完善统计台账，才能为统计工作打下坚实的基础，为减少误差和提高统计质量创造良好的条件。

统计调查从取得原始资料到汇总上报，中间要经过许多环节——登记、转录、编码、分类、汇总，可能还有计量单位的折算。每个环节都可能出现人为的差错，只要一个环节出现差错，就会产生调查误差。因此，一定要环环审核，层层把关。对数据进行分析时，应采用各种策略方法，比如分层分析、多因素分析等，对混杂因素进行控制。

在统计调查误差中，应加强统计司法，严惩弄虚作假行为。在实际情况中，因故意弄虚作假而造成的误差占有一定的比重。对于那些无视党纪国法，为了获取荣誉、地位和金钱或贪图方便而利用统计弄虚作假的人，必须根据《中华人民共和国统计法》给予应有的惩处，做到有法可依、有法必依，执法必严、违法必究，从根本上杜绝弄虚作假的违法犯罪行为。

【本章小结】

在第二章中，我们共同学习了统计调查的意义和要求、统计调查的种类、统计调查的方法。统计调查组织形式主要有统计报表和专门调查（普查、重点调查、抽样调查、典型调查）。我们还学习了调查问卷设计的程序、相关注意事项、设计和表述原则，以及常用的调查技术（自由问答法、二项选择法、多项选择法、赋值评价法）。调查技术按填写人和发放方式进行分类。调查误差产生的原因按涉及的人员，分为调查人员误差和被调查人员误差；按是否由抽样造成，分为抽样调查和非抽样调查。调查误差是难以消除的，但可以运用科学合理的方式控制并减少调查误差，以此得出较为正确的结果。

【学习评估】

一、单选题

1. 统计调查的基本要求是（　　）。
   A. 准确性、及时性、完整性　　　　　B. 准确性、整体性、及时性
   C. 全面性、及时性、完整性　　　　　D. 全面性、准确性、完整性

2. 在统计调查中，填报单位是（　　）。
   A. 调查项目的承担者　　　　　　　　B. 构成调查对象的每一个单位
   C. 负责向上报告调查内容的单位　　　D. 构成统计总体的每一个单位

3. 在统计调查中，调查单位和填报单位之间（　　）。
   A. 是一致的　　　　　　　　　　　　B. 是无区别的
   C. 是无关联的两个概念　　　　　　　D. 一般是有区别的，但有时也一致

4. 某地区对小学学生情况进行普查，则每所小学是（　　）。
   A. 调查对象　　　　　　　　　　　　B. 调查单位
   C. 填报单位　　　　　　　　　　　　D. 调查项目

5. 对百货商店工作人员进行普查，调查对象是（　　）。
   A. 各百货商店　　　　　　　　　　　B. 各百货商店的全体工作人员
   C. 一个百货商店　　　　　　　　　　D. 每位工作人员

6. 对某停车场上的汽车进行一次性登记，调查单位是（　　）。
   A. 全部汽车　　　　　　　　　　　　B. 每辆汽车
   C. 一个停车场　　　　　　　　　　　D. 所有停车场

7. 对国有工业企业设备进行普查时，每个国有工业企业是（　　）。
   A. 调查单位　　　　　　　　　　　　B. 填报单位
   C. 既是调查单位又是填报单位　　　　D. 既不是调查单位又不是填报单位

8. 对工业企业生产设备进行普查，调查单位是（　　）。
   A. 所有工业企业　　　　　　　　　　B. 工业企业的所有生产设备

C. 每个工业企业　　　　　　　D. 工业企业的每台生产设备

9. 在统计调查阶段，对有限总体（　　）。

　　A. 只能进行全面调查

　　B. 只能进行非全面调查

　　C. 既能进行全面调查，也能进行非全面调查

　　D. 以上答案都对

10. 统计调查按调查对象的范围不同，可分为（　　）。

　　A. 定期调查和不定期调查　　　B. 经常性调查和一次性调查

　　C. 统计报表和专门调查　　　　D. 全面调查和非全面调查

11. 经常性调查与一次性调查的划分（　　）。

　　A. 是以调查组织规模大小来划分的

　　B. 是以最后取得的资料是否全面来划分的

　　C. 是以调查对象所包括的单位是否完全来划分的

　　D. 是以调查登记的时间是否连续来划分的

12. 统计报表大多属于（　　）。

　　A. 一次性全面调查　　　　　　B. 经常性全面调查

　　C. 经常性非全面调查　　　　　D. 一次性非全面调查

13. 为了了解某商业企业的期末库存量，调查人员亲自盘点库存，这种方法是（　　）。

　　A. 大量观察法　　　　　　　　B. 采访法

　　C. 直接观察法　　　　　　　　D. 报告法

14. 问卷法属于（　　）。

　　A. 直接观察法　　　　　　　　B. 询问法

　　C. 报告法　　　　　　　　　　D. 一次性调查法

15. 区别重点调查和典型调查的标志是（　　）。

　　A. 调查单位数目不同　　　　　B. 搜集资料方法不同

　　C. 确定调查单位标准不同　　　D. 确定调查单位目的不同

16. 重点调查的重点单位是指（　　）。

　　A. 标志值很大的单位

　　B. 这些单位的单位总量占总体全部单位总量的绝大比重

　　C. 这些单位的标志总量占总体标志总量的绝大比重

　　D. 经济发展战略中的重点部门

17. 某城市拟对占全市储蓄额五分之四的几个大储蓄所进行调查，以了解全市储蓄的基本情况，则这种调查方式是（　　）。

　　A. 普查　　　　　　　　　　　B. 典型调查

　　C. 抽样调查　　　　　　　　　D. 重点调查

18. 有意识地选择三个农村点调查农民收入情况，这种调查方式属于（　　）。

　　A. 重点调查　　　　　　　　　B. 普查

　　C. 抽样调查　　　　　　　　　D. 典型调查

19. 调查几个主要铁路枢纽，就可以了解我国铁路货运量的基本情况，这种调查方式属于（　　）。

    A. 典型调查　　　　　　　　　　B. 重点调查

    C. 普查　　　　　　　　　　　　D. 抽样调查

20. 为了了解全国钢铁企业生产的基本情况，可对首钢、宝钢、武钢、鞍钢等几个大型钢铁企业进行调查，这种调查方式是（　　）。

    A. 非全面调查　　　　　　　　　B. 典型调查

    C. 重点调查　　　　　　　　　　D. 抽样调查

二、判断题

1. 统计调查的任务是搜集总体的原始资料。（　　）

2. 统计调查方案的首要问题是确定调查任务与目的，其核心是调查表。（　　）

3. 在统计调查方案中，调查时间是指调查资料所属的时间，调查期限是指调查工作的期限。（　　）

4. 调查单位是调查项目的承担者。（　　）

5. 确定调查对象和调查单位，是为了回答向谁调查、由谁来具体提供统计资料的问题。（　　）

6. 统计调查中，调查单位和填报单位在任何情况下都不可能一致。（　　）

7. 普查可以得到全面、详细的资料，但需花费大量的人力、物力和财力及时间。因此，在统计调查中不宜频繁组织普查。（　　）

8. 普查是专门组织的一次性全面调查，所以其调查结果不可能存在误差。（　　）

9. 在工业企业生产设备状况的普查中，调查单位是工业企业的每台生产设备，报告单位是每个工业企业。（　　）

10. 抽样调查不可避免地会产生代表性误差，还有可能产生登记性误差，所以它的误差要比全面调查的误差大。（　　）

11. 重点调查的结果，不仅可以反映总体的基本情况，而且还能用于说明总体的全貌。（　　）

三、填空题

1. 按调查对象包括的范围不同，统计调查可分为＿＿＿＿＿和＿＿＿＿＿；按组织方式不同，可分为＿＿＿＿＿和＿＿＿＿＿；按登记时间的连续性划分，可分为＿＿＿＿＿和＿＿＿＿＿；按搜集资料的方法不同，可分为＿＿＿＿＿、＿＿＿＿＿、＿＿＿＿＿、＿＿＿＿＿和＿＿＿＿＿。

2. 一个完整的统计调查方案，应包括的主要内容有＿＿＿＿＿、＿＿＿＿＿、＿＿＿＿＿、＿＿＿＿＿和＿＿＿＿＿

3. 对连续大量生产的某种小件产品进行质量检验，最合适的调查方式方法是＿＿＿＿＿。

四、简答题

1. 完整的统计调查方案包括哪些内容?
2. 重点调查、典型调查、抽样调查有什么相同点和不同点?
3. 为什么说抽样调查是所有非全面调查中最科学的调查方式?

第三章

统计数据的整理与显示

■ **学习目标**

1. 深刻理解统计分组的作用，并且能够对不同的社会经济现象进行统计分组；
2. 运用分配数列对原始数据进行系统整理；
3. 制作统计表，运用计算机绘制统计图。

坚持依法治统兴统。习近平总书记在党的二十大报告中对坚持全面依法治国、推进法治中国建设指明方向路径、做出战略部署。我们将提高政治站位，深入学习贯彻习近平法治思想，牢固树立依法统计、依法治统的法治意识，自觉增强法治思维能力，真正做到"学法、懂法、用法、守法"，运用法治手段捍卫统计数据质量生命线。

【导入案例】

某零售店铺的不同促销方式会影响当日的营业收入。我们用三种方式描述统计研究的结果。

第 1 种方式是用文字来描述。比如，打折促销会使营业收入增加 3000 元，派送代金券会使营业收入增加 2000 元，附送赠品会使营业收入增加 1300 元，发放宣传单会使营业收入增加 740 元，工作人员穿玩偶服推销会使营业收入增加 1900 元，门口放海报宣传会使营业收入增加 80 元……

第 2 种方式是用表格来描述不同促销方式对当日营业收入的影响，结果如表 3.1 所示。

表 3.1　不同促销方式对当日营业收入的影响

促销方式	日营业收入增长额/元
打折促销	3000
派送代金券	2000

表3.1(续)

促销方式	日营业收入增长额/元
附送赠品	1300
发放宣传单	740
工作人员穿玩偶服推销	1900
门口放海报宣传	80

第 3 种方式是用图形来描述这些结果。这里使用两种图形：一种是柱形图（见图 3.1），一种是帕累托图（见图 3.2）。

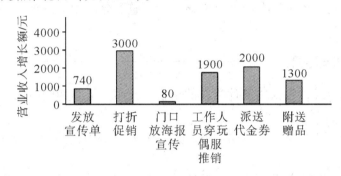

图 3.1　不同促销方式对当日营业收入的影响柱形图

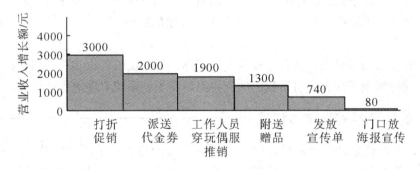

图 3.2　不同促销方式对当日营业收入的影响帕累托图

比较上述三种方式，你认为哪种方式更好？

第一节　统计整理

一、统计整理的意义

统计整理是统计工作的第三个阶段，它是指根据统计研究的目的和要求，对统计调查所取得的各项资料进行科学的分组和汇总的工作过程。对已整理过的资料（包括历史资料）进行再加工也属于统计整理。

通过统计调查可以取得第一手资料，但这只是反映总体各单位的具体情况，是分散、零碎、表面的资料。要说明总体情况，揭示出总体的内在特征，就还需要对这些资料进行去粗取精、去伪存真、由此及彼、由表及里的加工整理，使之系统化，以便通过综合指标对总体做出概括性的说明。

统计整理是整个统计工作的中间环节，是从现象到本质，从感性认识到理性认识的过渡阶段，是从对社会经济现象的个体量的观察到总体量的认识的连接点，起着承前启后的作用。统计整理既是统计调查的继续，又是统计分析的基础。统计整理工作的质量直接影响统计资料的科学价值和统计分析的结论。

另外，统计整理还是积累历史资料的必要手段。统计研究中经常要用到动态分析，这就需要有长期积累的历史资料，而根据积累资料的要求，对已有的统计资料进行甄选，以及按历史的口径对现有的统计资料重新调整、分类和汇总等，都必须通过统计整理工作来完成。

二、统计整理的程序

统计整理的全过程包括对统计资料的审核、分组、汇总和编表几个环节，需要按以下步骤进行：

（1）对搜集到的资料进行全面审核，以确保统计资料符合统计研究的目的和要求，资料准确无误。

（2）根据研究的目的和要求，以及统计分析的需要，选择适当的分组标志，并进行划类分组。统计分组是统计整理的核心内容，只有正确地分组才能整理出有科学价值的统计资料；通过对资料的分析，才能得出有用的综合指标，才能借助这些指标来揭示现象的本质与规律。

（3）在分组的基础上，将各项资料进行汇总，得出反映各组和总体的各种指标。

（4）通过编制统计表，将整理出的资料简洁明了、系统有序地表现出来。

三、统计资料的审核和订正

统计调查所搜集的统计资料，往往由于统计口径和统计方法上的差异以及人为因素和客观条件限制，难以完全满足统计研究的目的和需要。为此，我们必须对统计资料进行审核和订正。其具体内容包括：

（一）审核资料的完整性及及时性

审核资料的完整性，就是检查调查单位或填报单位是否齐全、规定的项目是否都有答案、应报资料的份数是否符合规定。审核资料的及时性，则是检查填报单位是否按时报送了有关资料，如有不报、漏报或迟报的现象都要及时查清。

（二）审核资料的正确性

审核资料的正确性，是检查所填报的资料是否准确可靠。常用的审核方法有两种：

一是逻辑检查，首先是从理论上或常识上检查资料是否有悖常理，有无不切实际或不符合逻辑的地方。例如，一张调查表中，年龄是 11 岁，职业是医生，则其中有一个是错误的。又如，若在某劳动密集型行业的报表中，企业规模填大型，而职工人数仅有 90 人，这其中也必有一错。其次是检查各项目之间有无相互矛盾的地方。例如，企业的净产值大于同期总产值就是明显的逻辑错误。

二是计算检查，就是检查各项指标的计算口径、计算单位是否符合规定，并通过各种计算方法来检查各项指标间的数字是否相互衔接。

（三）历史资料的审核

在利用历史资料（或其他间接资料）时，应审核资料的可靠程度、指标含义、所属时间与空间范围、计算方法和分组条件等与规定的要求是否一致。这种审核一般可以从调查资料的历史背景、调查者搜集资料的目的以及资料来源等来判断资料的可靠程度，也可以从指标间的相互关系以及指标的变动趋势来检查它的正确性。对不能满足现在要求、缺漏或有疑问的资料，要进行有科学根据的推算、弥补、订正和调整；对于原有资料的分组不科学或不能满足目前要求的，要重新进行分组。

（四）资料审核后的订正

通过上述审核，如发现有缺报、缺份和缺项等情况，应及时催报、补报；如有不正确之处，则应分不同情况做如下处理：

（1）对于可以确定的一般错误，应及时代为更正，并通知原报单位。

（2）对于可疑之处或无法代为更正的错误，应要求原单位复查更正。

（3）如果所发现的差错在其他单位也可能发生时，应将错误情况通报所有填报单位，以免发生类似错误。

（4）对于严重的错误，应发还重新填报，并查明发生错误的原因，若属于违法行为，则应依法严肃处理。

四、统计资料整理的组织形式

统计资料整理的组织形式基本有两种。一种是逐级整理，它是按照一定的统计管理体制，自下而上地逐级进行调查资料的整理。我国的定期统计报表一般是采用这种组织形式。这种整理组织形式有利于为各级党政领导机关提供统计资料，也便于就地审查核对调查资料。另一种是集中整理，即将全部调查资料集中到中央统计机关直接进行整理，它的特点在于迅速，可以大大缩减整理资料的时间。

此外，也可以将两者结合，称为综合汇总，即一方面对一些最基本的统计指标实行逐级汇总，另一方面又将全部调查资料实行集中汇总。如我国 1982 年第三次全国人口普查就采取了这种方法进行汇总，即几个主要分组和指标采用逐级汇总方式，以尽快得出汇总结果以供各方面使用，同时对全部资料则采用各省级单位集中汇总的方法，然后由中央再一次汇总。这既保证了必要的人口资料的及时使用，又保证了对人口情况进行深入分析研究的需要。

我国许多部门对统计资料整理还采取了会审汇编的办法，即由所属单位的统计人员自带报表和有关资料集中到综合单位，分工协作，共同审核，并且汇总和编表，这有利于提高资料整理的准确性和及时性，也有利于互相交流经验，提高统计人员的业务水平。

第二节 统计分组

一、统计分组的意义

根据统计研究任务的要求，把统计总体按照某一标志划分为若干性质不同而又有联系的若干部分的过程，称为统计分组。

统计总体的特点表明，总体的同质性是相对的。总体内各个单位许多变异标志正是人们把总体进一步区分为性质不同的若干部分的客观依据。统计分组是在统计总体内进行的一种定性分类，它把总体划为一个个性质不同的、范围更小的总体。例如，把所有具有我国国籍的人组成我国人口总体，再把我国人口总体按性别、年龄、民族、文化程度等标志划分为各种各样的组。统计分组从总体来看是"分"，即将总体中的各个个体按照它们的差异性区分为若干部分；从个体来看则是"合"，即将性质相同的个体组合起来。统计分组使同一组内各单位性质相同，而不同组之间性质不同，有利于深入研究总体现象内部各部分间的相互联系及其变化的规律性。可以说，没有科学的统计分组，便不能进行科学的统计研究。

具体来说，统计分组的重要意义可从以下三方面来阐述：

（一）划分社会经济现象的类型

任何统计分组都是把总体划分为各种类型的。其中经济类型的划分直接反映生产关系各种类型所具有的重要意义。例如，2022年某地区社会消费品零售总额分组如表3.2所示。

表3.2 2022年某地区社会消费品零售额分组

经济类型	零售额/亿元	比重/%
国有经济	114.8	31.28
集体经济	73.3	19.97
私营经济	80.1	21.83
联营经济	75.2	20.49
其他经济	23.6	6.43
合计	367.0	100.00

这种按经济类型划分的社会消费品零售总额，表明该地商业系统多种经济成分并存的格局基本形成。

（二）研究社会现象的内部结构

对现象总体进行统计分组之后，可以从数量上计算各部分在总体中所占的比重，说明总体内部的结构特征和类型，反映总体中各部分所处的地位和所发挥的作用，以及部分与整体的关系，并可根据总体内部结构在时间上的变化，分析总体质的变化，研究总体发展变化的趋势和规律性。

例如，表 3.2 中所展示的 2022 年某地区社会消费品零售总额构成情况表明：社会消费品零售总额中，国有经济和集体经济占据半壁江山，各种其他经济也占据半壁江山，而且私营经济也占有相当比重。

（三）分析社会现象之间的依存关系

运用统计分组来研究现象之间的依存关系，是统计分析的一种重要方法。例如，密植和农产量之间、工人劳动生产率和产品产量之间、商品销售额和流通费水平之间所存在的依存关系，都可以利用分组法来查明影响因素对结果因素的作用程度。例如，2022 年某地区企业商品销售额与商品销售费用率水平情况如表 3.3 所示。

表 3.3　2022 年某地区企业商品销售额与商品销售费用率水平情况表

商品销售额/万元	企业数/个	商品销售费用率/%
<600	5	13.2
600~800	12	11.4
800~1000	20	10.9
1000~1200	28	9.7
1200~1400	27	8.9
≥1400	8	7.1
合计	100	—

注：商品销售额分组遵守"上限不在内"的原则。（本书的数据分组，若无特殊说明，均照此原则。）

表 3.3 中的资料表明，商品销售费用率与商品销售额之间的依存关系为：商品销售费用率随商品销售规模的扩大而降低。

从统计分组的以上作用可以看出它在统计研究中占有的重要地位。它是一切统计研究的基础，应用于统计工作的全过程，是统计研究的基本方法之一。

二、分组标志的选择

统计分组的关键在于分组标志的选择。分组标志就是进行统计分组的标准或根据。分组标志选择的正确与否，关系到能否正确地反映总体的性质特征、实现统计研究的目的任务。分组标志一经选定，必然突出了总体在此标志下的性质差异，而掩盖了总体在其他标志下的差异。缺乏科学根据的分组不但无法显示现象的根本特征，甚至会把不同性质的事物混淆在一起，歪曲社会经济的实际情况。为了正确选择分组标志，必须遵循以下原则：

（一）要符合统计研究的目的和要求

统计分组是为统计研究服务的，统计研究的目的不同，选择的分组标志也应有所不同。例如，同是以工业部门为研究对象，当研究的目的是分析部门中各种规模的企业的生产情况时，应该选择产品数量或生产能力为分组标志；当研究目的在于确定工业内部比例及平衡关系时，应该以行业为分组标志，将部门划分为重工业与轻工业或冶金、电力、化工、机械、纺织、煤炭等工业行业。

（二）必须选择最主要的、能反映总体本质特征的标志作为分组依据

社会经济现象纷繁复杂，研究某一问题可能涉及许多标志，科学的统计分组则应

从中选择与统计研究的目的、与有关事物的性质或类型关系最密切的标志，即以最主要或本质的标志作为统计分组的依据。例如，根据统计调查资料，研究人民生活水平变动情况时，可供选择的分组标志有：家庭人口数、每户就业人数、每一个就业者供养人数、家庭总收入、平均每人月生活费收入等。而其中最能反映人民生活水平变动的标志是平均每人月生活费收入，故应选择这一标志作为分组标志。

（三）要考虑社会经济现象所处的具体历史条件

客观事物的特点和内部联系随着条件的变化而不同，因此，选择分组标志时，还应考虑社会经济现象所处的具体历史条件。研究某种经济现象，采用某种标志进行分组，过去适用但现在不一定适用，此处适用的彼处不一定适用。所以要具体情况具体分析，根据事物的不同条件来选择分组标志。例如，同是划分企业规模，在劳动密集型行业或地区，可采用职工人数作为分组标志；而在技术密集型行业或地区，则应选择固定资产价值或生产能力作为分组标志。

三、统计分组的种类

（一）按分组标志的性质不同，分为按品质标志分组和按数量标志分组

按品质标志性质分组就是按反映事物属性差异的品质标志进行分组。按品质标志分组，有的比较简单，即品质标志所表现出的差异比较明确，容易划分，如人口按性别、民族分组，土地按地形分组等；有的则比较复杂，即区分的界限不很明确，如人口按城乡分组，农产品按经济用途分组等。按复杂的品质标志分组称为分类。在实际工作中，为了保证分类的统一性和完整性，便于各部门掌握和使用，对这些比较复杂的分组常根据分析任务的要求，规定统一的划分标准或分类目录，如国家统计局制定的农作物分类目录、工业产品目录等。

按数量标志分组就是按反映事物数量差异的数量标志进行分组。例如，人口按年龄分组、农民按年收入分组等。

（二）按分组标志的多少不同，分为简单分组、复合分组和并列分组

简单分组就是对被研究对象只用一个标志进行分组。例如，将人口按文化程度这个标志分组。简单分组只能从某一方面说明一定的问题。

复合分组是用两个或两个以上标志按顺序层叠进行的分组，即先按一个标志进行分组，再按另一个标志将已分好的各个组又划分为若干小组。例如，人口按民族、性别、学历的分组，如图3.3所示。

这样划分的结果就形成几层错综重叠的组别。随着分组标志的增加，分出的组数也成倍增加，而各组包括的单位数随之减少，反而不利于分析问题。因此，复合分组的标志不宜过多，一般以不超过3个为宜。

并列分组是同时用两个或两个以上的标志分别从不同的角度进行平行分组。如职工先按性别分成两组，另按年龄分成若干组；社会消费品零售总额按商品销售去向分成市销售额、县销售额及县以下销售额，另按销售者的所有制性质分成国有经济、集体经济、私营经济、联营经济及各种其他经济的销售额。其特点是两种或多种分组独立而不重叠，既可从不同方面反映事物的多种结构，又不至于使分组过于烦琐，故被广泛采用。

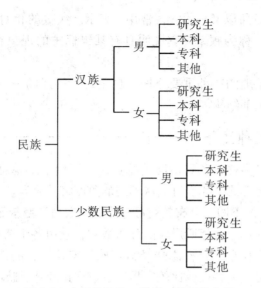

图 3.3　人口按民族、性别、学历的分组

第三节　分布数列

一、分布数列的意义

分布数列是在统计分组的基础上，将总体所有单位按组归类，并把所有的组及其单位数按一定顺序排列而成的反映总体单位在各组分布状况的数列。分布数列反映了总体单位在各组的分布状况，因此也被称为次数分布或次数分配。例如，为了了解现代城市家庭的人口结构，将抽样调查所得某县 60 户家庭的人口数从小到大排列，并统计出每组的家庭数，就形成一个分布数列（如表 3.4 所示）。

表 3.4　2022 年某地区调查户人口数分布表

人口数/个	户数/户	比重/%
1	1	1.67
2	6	10.00
3	33	55.00
4	15	25.00
5	4	6.67
6	1	1.67
合计	60	100.00

分布数列包括 2 个要素：一是组的名称，即按一定标志划分出来的各个组，其中按数量标志分组表现为各组的变量值（标志值），常用 x 表示；另一个是各组次数，即各组所对应的总体单位数。由于各组次数实际上表现了具有各组标志的现象在总体中

出现的"频繁"程度，所以又称频数，常用 f 表示。次数的相对数形式即各组次数占总体单位总数的比重，称为频率，它说明具有某组标志的现象在总体中出现的程度，反映总体的构成。

分布数列是统计整理的一种重要方法，也是统计描述的一种重要方法，它可以表明总体的分布特征和内部结构。

二、分布数列的种类

社会经济现象多种多样，各具不同的特点，因而用来反映总体分布特征及内部结构的分布数列也有多种形式，我们可以从不同的角度将其分类。

（一）按分组标志的不同，分布数列可分为品质数列和变量数列

品质数列是按品质标志分组所形成的分布数列，它由各组名称和各组单位数构成。就编制品质数列而言，如果分组标志选择得正确，统计研究的任务具体明了，分组问题就较易解决，事物分布的特征也比较容易通过数列正确地反映出来。

变量数列是按数量标志分组所形成的分布数列，由变量和次数两个要素组成。相对而言，变量数列的编制比较困难，因为事物性质的差异在数量上往往表现得不甚明确，而且决定事物性质的数量界限也会因人的主观认识而异，因此按同一数量标志分组时有可能出现多种分布数列。为了使变量数列能更准确地反映总体的分布特征，既要遵循按数量标志分组的有关原则，又要掌握编制变量数列的方法。

（二）按分组形式的不同，分布数列可分为单项式数列和组距式数列

单项式数列是指各组都由一个具体的变量值（单项）来表示的数列。它一般适用于变量的变动范围不大、总体单位较少的情况。

组距式数列则是指各组都有两个变量值界定的变量区间（组距）来表示的数列，它又根据各组组距是否相等进一步分为等距数列和不等距数列。当变量变动的幅度较大，总体单位数又较多时，就需要编制组距式数列。由于变量有连续型变量和离散型变量，对于连续型变量，因其数值不能一一列举，只能编制组距式数列，不能编制单项式数列；而对离散型变量，视变量的变动范围大小和变量值的个数，既可编制单项式数列，又可编制组距式数列。编制组距式数列时，要解决以下几个问题：

（1）全距。它是指全部变量值中最大值与最小值之差，用以说明变量值在什么范围内变动，一般用 R 表示。如表 3.4 中，60 户调查户人口中，全距为 5（即 6-1）人。掌握了全距，就可以将其作为分组数量和组距大小的参考。

（2）组距和组数。组距是每个组的最大值和最小值之差，一般用 d 表示。如表 3.3 中，第 2 组的组距为 200（即 800-600）万元。组数指将总体现象划分为几个组。组数多少与组距大小密切相关，在全距一定时，组数越多，组距就越小；反之，组距就越大。组距、组数和全距三者之间的关系是：组距＝全距÷组数。组数过少、组距过大，将会掩盖事物质的差异，把不同质的单位划归在一组；组数过多、组距过小，又容易将同质的单位划归在不同的组中。这两者都不符合分组的要求。一般的，当变量值个数不多时可分 5~7 个组，变量值个数较多时可分 7~13 个组，甚至更多。具体可以参考美国学者斯特杰斯（Sturges）创用的经验公式：

$$K = 1 + 3.3 \lg N$$

式中，K 为组数，N 为总体单位数或数据的个数；对结果用四舍五入法取整数，即组数。

一般来说，组数应尽可能以单数为宜，这有利于消除分组带来变量计算上的偏差，更好地体现变量值的分布特征和规律。确定组距，应以能够确切地反映事物质的差别为标准。组距可以相等，也可以不等，组距相等的分组称为等距分组；组距不等的分组称为不等距分组。一般在资料分布比较均匀时，采用等距分组，否则就采用不等距分组。

（3）组限和组中值。组限是指每个组两端的数值。它有上限和下限两种。上限是每组的终点数值，如表 3.3 中第 2 组的 800、第 3 组的 1000、第 4 组的 1200 等。下限是每组的起点数值，如表 3.3 中第 2 组的 600、第 3 组的 800、第 4 组的 1000 等。由于变量有连续型变量和离散型变量，对这两种变量，确定组限的办法不同：确定连续型变量的组限，相邻的组限必须重叠。如表 3.3 中，第 2 组的上限等于第 3 组的下限，均为 800。为了使变量分组不至于发生混乱，一般应遵守"上限不在内"的原则。如表 3.3 中，商品销售额为 800 万元的企业应计入第 3 组，商品销售额为 1000 万元的企业则应统计到第 4 组。而确定离散型变量的组限时，相邻组的组限必须是不同的，如表 3.5 所示的分组。

表 3.5　某单位具有高级职称人员年龄分布数列

按年龄分组/岁	人数
31~35	2
36~50	45
51~60	120
≥61	38
合计	205

在编制组距数列时，还要明确什么是开口组和闭口组。开口组是指组距数列第 1 组只有上限而没有下限，最后一组只有下限而没有上限，如表 3.3 中第 1 组和第 6 所示；闭口组是指组距数列的第一组和最后一组既有下限也有上限。通常，在总体单位数量标志没有异常值的情况下，采用闭口组；反之，则采用开口组。

组中值是上限和下限之间的中点数值。它是每组标志值的一般水平，具有平均数性质。其计算公式为

$$组中值 = \frac{上限 + 下限}{2}$$

根据上述公式，对闭口组来说，组中值的计算比较容易，但对开口组来说，组中值的计算则须用以下两个公式：

$$缺上限的开口组中值 = 下限 + \frac{相邻组组距}{2}$$

$$缺下限的开口组中值 = 上限 - \frac{相邻组组距}{2}$$

如表 3.3 所示，第 1 组的组中值为

$$600 - 200 \div 2 = 600 - 100 = 500 \text{（万元）}$$

最后一组的组中值为

$$1400 + 200 \div 2 = 1400 + 100 = 1500 \text{（万元）}$$

三、分布数列的编制

次数分布有简单次数分布和累计次数分布之分，它们的表现形式分为次数分布表和次数分布图。

（一）次数分布表的编制

次数分布表的编制是编制分布数列的主要内容。由于品质数列和单项式变量数列的次数分布表比较简单，所以我们着重讨论组距式数列次数分布表的编制方法和步骤。

组距式数列次数分布表的编制步骤如下：

（1）将变量值由小到大排序。

（2）计算变量值的全距，确定组距和组数。组距与组数的确定要反映变量值分布的特征。

（3）确定组限。要考虑变量的性质是连续型变量还是离散型变量，是用开口组还是闭口组，且注意最小组的下限略小于最小变量值，最大组的上限略大于最大变量值。

（4）编列次数分布表。

【例3-1】2022年对某地区职工家庭的生活情况进行抽样调查，得到60户职工家庭月人均生活费支出（单位：元）资料如下：

1960 2160 2380 2570 3200 1870 2340 2520 2770 1600
1900 2150 2260 2740 1720 3100 2040 2380 2510 4200
2220 1850 2110 2470 2880 2200 2080 2190 2360 4750
1640 1920 2340 2450 2300 1920 2130 2530 2670 1040
1880 1610 2150 2390 2680 2260 2000 2290 2430 2680
1790 2660 2370 2920 2100 2550 2860 1670 2840 1850

按组距式数列次数分布表的编列步骤，先将这些数据由小到大排序如下：

1040 1600 1610 1640 1670 1720 1790 1850 1850 1870
1880 1900 1920 1920 1960 2000 2010 2080 2100 2110
2130 2150 2150 2160 2190 2200 2220 2260 2260 2290
2300 2340 2340 2350 2370 2380 2380 2390 2430 2450
2470 2510 2520 2530 2550 2570 2640 2660 2670 2680
2680 2740 2770 2860 2880 2920 3100 3200 4200 4750

再依次确定全距、组数、组距和组限。要注意反映这些数据的分布规律，并剔除异常值的影响。根据上述初步整理可以看出，职工家庭人均月支出大多在2100～2600元之间，且低于2100元的家庭略多于高于2600元的家庭，资料中有1040、4200、4750三个异常值，最大值为4750元，最低值为1040元，全距为3710（即4750-1040），剔除异常值之后全距为1600（即3200-1600）。根据资料情况，可编开口组1650元以下和3150元以上，组距取300为宜（若组距取100或150，则组数太多，影响数据的分布规律），可分为5组（即组数=1600÷300≈5），再加上2个开口组，组数共为 7 组。另外，也可以用斯特杰斯经验公式 $K=1+3.3\lg N$ 来确定组数，$1+3.3\lg60\approx$ 7，即组数为 7。由于人均月支出是连续型变量，相邻组的上下限可以重叠，据此将资料做进一步整理，得次数分布表如表 3.6 所示。

表 3.6　2022 年某地区职工家庭月人均生活费支出分布表

月人均支出 /元	家庭数 /户	频率 /%	向上累计		向下累计	
			次数	频率/%	次数	频率/%
<1650	4	6.67	4	6.67	60	100.00
1650~1950	10	16.67	14	23.34	56	93.33
1950~2250	13	21.67	27	45.01	46	76.66
2250~2550	17	28.33	44	73.34	33	54.99
2550~2850	9	15.00	53	88.34	16	26.66
2850~3150	4	6.66	57	95.00	7	11.66
≥3150	3	5.00	60	100.00	3	5.00
合计	60	100.00	60	100.00	60	100.00

（二）次数分布图的绘制

分布数列所表示的次数分布状况，还可通过次数分布图来反映。次数分布图的绘制因单项式数列和组距式数列而有所不同，组距式数列又因等距数列和不等距数列而异。

单项式数列次数分布图的绘制比较简率，它是以变量为横轴，以次数为纵轴，在坐标上描出各组的变量值和相应的分配次数所对应的坐标点，并用折线连接各坐标点，即得分布曲线（折线）图。

组距式数列次数分布图有直方图和曲线图两种，而且曲线图是在直方图的基础上绘制的。具体绘制步骤是：

（1）以横轴代表变量，并在上面标出各组组限值所在位置。这样各位置之间的距离就是各组组距，在等距分组的条件下它们是相等的。以纵轴代表次数，并按需要标出各组次数所在位置。

（2）以各组组距为宽，以各组出现的次数为高，绘出各组所对应的直方图。这样各组直方图面积的大小就表示各组分配次数的多少，且各个矩形图并在一起所形成的"图案"就表明了总体次数分布的特征，即所绘制的直方图。

（3）将各矩形图上端的中点（即各组组中值与各组次数的交点）连成一条折线，就形成次数分布曲线（折线）图。从面积的角度讲，折线与横轴所包括的面积与直方图的面积是相等的，故它们所容纳的总体单位数是一样的。由表 3.6 中职工家庭人均生活费支出资料所绘制的次数分布图如图 3.4 所示。

图 3.4 绘制的是等距数列的次数分布图。对不等距数列，其分布图的绘制稍为复杂些，不能直接按照不等距数列的资料绘制分布图，因为不等距数列的次数分布，受变量值和组距两个因素影响，不经过加工整理而直接绘制的图形，不能正确反映次数分布特征。

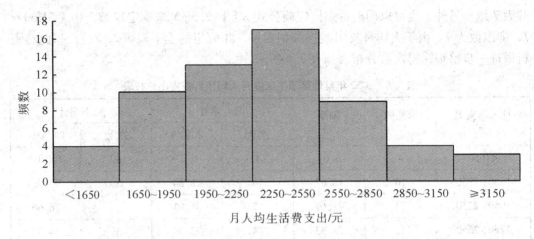

图 3.4　某地区职工家庭月人均生活费支出（等距分组）次数分布图

（三）累计次数分布

简单次数分布数列可以表示每组变量出现的次数，以及在整个数列中次数分布的规律。如果我们想知道分布数列中各组的次数以及总体单位数的分布特征，只从简单次数分布表中一眼就可以看出来。但如果要知道截至某一组变量值以下或以上所对应的分配次数是多少，以及事物发展进程等情况，则需要将有关组的分配次数进行累加后才能说明问题。所以，要全面深入地分析分布数列，还应研究累计次数分布。

累计次数分布需要计算累计次数和累计频率，它们又有两种计算方法：一种是向上累计，即从低组到高组累计，此时每组的累计次数或累计频率表示该组上限以下的次数或频率共有多少；另一种是向下累计，即从高组到低组累计，此时每组的累计次数或累计频率表示该组下限以上的次数或频率共有多少。其形式如表 3.6 最后 4 列所示。

根据累计次数分布表的资料，可以绘制累计次数分布图，如图 3.5 所示。图 3.5 中由左下角至右上角的曲线为向上累计曲线，由左上角至右下角的曲线为向下累计曲线。

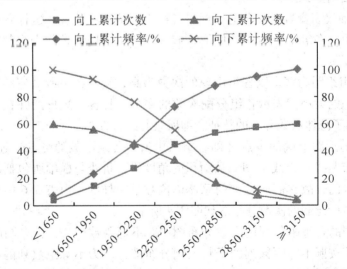

图 3.5　某地区职工家庭月人均生活费支出累计次数（频率）分布图

累计次数分布在经济分析中的作用具体表现在以下三个方面：

（1）可表明各组变量在该组上限值以下或下限值以上的次数或频率共有多少。如本例中，家庭人均月生活费支出在 1950 元以下的有 14 户，占家庭总数的 23.33%，同时说明只有 76.67% 的家庭人均月生活费支出在 1950 元以上；人均月生活费支出 3150 元以上的只有 3 户，仅占家庭总数的 5.00%，同时说明 95.00% 以上的家庭人均月生活费支出都在 3150 元以下。

（2）在图上可直观地看到中位数等数值的近似值。如本例中，从向下累计和向上累计的两条曲线的交点所对应的坐标可知，中位数是 2300 元左右。

（3）借助各组标志总量占总体标志总量的比重累计数，还可以图示集中曲线，表示社会经济现象的集中水平。集中曲线是指以变量数列中各组累计频率为横轴，以各组标志总量占总体标志总量比重的累计数为纵轴描绘出来的曲线。通过集中曲线与绝对公平线（与横轴、纵轴都成 45°角的直线）相离的距离可以说明某种社会经济现象的集中状况。例如，著名的洛伦兹曲线图，就是在累计次数分布的基础上绘制的，常用来研究财富、土地和收入的分配是否公平，以及劳动者和产值的集中状况。

必须指出的是，次数分布的类型主要取决于社会经济现象本身的性质。编制的次数分配和图形虽因统计总体所处的客观条件不同而有不同表现，但次数分配和图形的形态仍应符合该社会经济现象的分布特征。如不符合，则或是说明现象总体发生了异常的变化，或是统计分组违背了现象的内在规律，应加以检查纠正。

第四节　统计表和统计图

一、统计表

（一）统计表的意义及其结构

统计表是集中而有序地表现统计资料的表格，它是表现统计资料和积累统计资料的基本手段。统计表不仅可以简明扼要地反映社会经济现象的状况，而且可以深刻地揭示社会经济现象的性质及其发展规律，可以避免冗长的文字和烦琐的叙述。因此，在统计工作和社会经济问题的分析研究中，统计表被广泛采用。

统计表的结构，从组成因素看，由总标题、横行与纵栏标题、指标数值 3 部分组成。总标题即表的名称，概括地说明表的内容，放在表的上端中央；横行与纵栏标题说明横行与纵栏的内容，它们分别写在表的左方（横标目）和上方（纵标目）。指标数值就是表中的各项具体指标值。

从统计表的内容上看，它由主词和宾词两部分构成。主词就是统计表所要说明的对象，也就是所要研究的总体及其各个组成部分，通常列在表的左侧；宾词就是用来说明主词的各个统计指标，通常排在表的右侧。当然，根据需要两者的位置有时亦可互换。

（二）统计表的种类

统计表从不同的角度可做不同的分类，主要有两种分类。

1. 按用途不同，统计表可分为调查表、汇总表和分析表

（1）调查表。它是指在统计调查阶段使用的，登记调查单位原始资料的统计表。严格地讲，调查表不应视为统计表，因为统计表是记载大量单位数量特征的综合结果。但从另一方面看，登记调查表确实也是统计过程的一部分，而且有些统计表就是许多调查表的汇总，因此，也可把调查表视为一种统计表。

（2）汇总表。这是标准的统计表，用于统计资料的整理，记载统计整理的综合结果。它为社会提供系统的统计资料，也为进一步的统计分析提供资料。

（3）分析表。它是指统计分析过程中所使用的统计表。为了揭示事物在各方面的数量特征，反映事物之间的关系和事物运动的过程，分析表除了要列出一些基本指标外，常常需要计算多种分析指标，有时还要写出各指标间的计算关系，以反映事物的水平、速度、结构和比例关系，以便人们对事物做出正确的判断。

2. 按主词的分组情况不同，统计表可分为简单表、分组表和复合表

（1）简单表。它是指对表的主词不做任何分组的统计表。有两种表现形式：

①按总体单位排列，用以说明、比较、分析总体各单位具体情况的统计表，其表式如表 3.7 所示。②按时间顺序排列，用以分析现象动态变化的统计表，其表式如表 3.8 所示。

表 3.7　2022 年某地区在校中学生人数

学校	在校学生人数/人
一中	1380
二中	1788
三中	896
四中	1052
合计	5116

表 3.8　某高校近五年毕业生人数

年份	毕业生人数/人
2018	4680
2019	5130
2020	6600
2021	6980
2022	10180
合计	23390

（2）分组表。它是指对表的主词做了简单分组和并列分组的统计表。它可以说明现象的类型、揭示现象的内部结构和分析现象之间的依存关系。

（3）复合表。它是指对表的主词按两个或两个以上的标志进行复合分组的统计表。复合表可以揭示事物之间的多重关系和事物内部比较复杂的构成，如表 3.9 所示。

表 3.9　社会商品零售额统计表

项目	2021 年		2022 年	
	绝对额/万元	比重/%	绝对额/万元	比重/%
社会商品零售总额				
1. 城镇零售总额				
（1）居民消费品零售总额				
（2）社会集团的消费品零售总额				
2. 乡村零售额				
（1）居民的消费品零售额				
（2）社会集团的消费品零售额				

（三）宾词指标的设计

宾词是用来说明主词的统计指标。统计表中宾词的设计不同，则其说明主词的角度和深度也不同。宾词的设计分为平行设计和叠列设计两种。

平行设计的宾词又有两种：一种是对宾词不做任何分组，仅将各宾词指标按顺序排列；另一种是尽管对宾词指标进行分组，但各种分组之间是相互独立、平行地排列的，如表 3.10 所示。

表 3.10　宾词指标进行分组的平行设计表式

指标	地区	总人口	城乡		性别	
			城镇	农村	男	女

叠列设计的宾词是将宾词指标进行复合分组，层叠排列，即在对宾词指标进行某种分组的基础上，再按另一种（或多种）标志进行分组，如表 3.11 所示。

表 3.11　宾词指标叠列设计的表式

在业总人口	文化程度										
	文盲、半文盲		小学		初中		高中/中专		大专		大学本科及以上	
	城镇	农村	城镇	农村	城镇	农村	城镇	农村	城镇	农村	城镇	农村

叠列设计的宾词可以将多种指标结合起来运用，更深入具体地说明总体的数量特征。但如果叠列的层次太多，不仅使统计表的栏数成倍增加，统计表显得臃肿庞杂，而且会使数据分散，令人看了不得要领，反而不能清楚地说明问题；因此，不可滥用叠列设计的宾词。

（四）统计表的编制原则

统计表的编制必须目的明确，内容鲜明。为使统计表能够清晰地反映所研究现象的数量特征，在编制统计表时，应遵循如下原则：

（1）统计表的各种标题要力求简明、确切和概括地反映出资料的主要内容以及所属的时间和地点。

（2）表的内容要简明扼要，不要过于庞杂。分组层次和宾词指标不宜过多，一般分组不超过 2~3 个标志。

（3）如统计表栏数较多，通常要加编号，并要说明其相互关系。在主词和计量单位等栏常用甲、乙、丙等文字表明，在宾词各栏常用 1、2、3 等数字编号。

（4）表中数字要填写整齐，位数对准，同栏数字的单位、小数位要一致。如有相同数字应全部填写，不得写"同上"字样。

（5）表中数字统一用一种计量单位时，可在表上端表明。如计量单位不统一，横行的计量单位可设计量单位栏，纵栏的计量单位可与纵标目写在一起。

（6）统计表的表式一般是"敞开"式的，即表的左右两端开口，不画纵线。除表的上下端基线要画粗线或双线，表内如有两个以上的不同内容，也应用粗线或双线隔开。

（7）统计表中的文字、数字要书写工整、清晰。4 位数字以上，从个位起每 3 位应空半个字符位置。

（8）统计表的右上方应有表号、制表机关。在表的下方要注明制表单位、单位负责人、审表人、制表人和编写日期等。统计表如有注释，一般也写在表的下端。

二、统计图

（一）统计图的概念

统计图是利用几何图形或具体形象表现统计资料的一种形式，用统计图表现统计资料，具有鲜明醒目、富于表现、易于理解的特点，因而绘制统计图是统计整理的重要内容之一。

统计图可以表明现象的规模、水平、结构、对比关系、依存关系、发展趋势和分布状况，有利于进行统计分析和研究，目前主要利用 Excel 绘制统计图。

（二）统计图的种类

不论用途怎样，统计图显示数据的基本方式都是以下四种形式，即点、线、面和形状，由这四种形式演化开来，形成了多种统计图。在此我们只介绍几种基本的常用统计图。

1. 条形图

条形图是用宽度相同的条形的高度或长度来表示数据变动的图形。条形图可以横放或纵置，纵置时也称为柱形图。条形图有单式和复式等形式，主要用来显示定类数据的分布。条形图如图 3.6 所示。

条形图的特点：

（1）能够使人们一眼看出各个数据的大小。

（2）易于比较数据之间的差别。

（3）能清楚地表示出数量的多少。

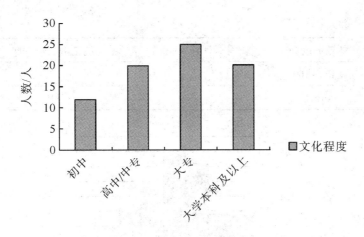

图 3.6　某工厂工人学历分布条形图

2. 直方图

直方图又称质量分布图，是用矩形的宽度和高度来表示频数分布的图形。在平面直角坐标系中，横轴表示数据分组，纵轴表示频数或频率，这样各组与相应的频数就形成了一个矩形，即直方图。

对于等距分组的数据，矩形的高度直接表示频数的分布，矩形的宽度代表组距，宽度是相等的；而不等距分组的数据，由于各组组距不相等，频数的差异就不能直接表明变量的分布特征，用矩形的高度来表示各组频数的分布就不再适用。这时，要先计算出各组的频数密度①，然后以组距为宽，频数密度为高画直方图，用矩形的面积来表示各组的频数分布，这样就可以准确地表示各组数据的分布特征。

实际上，无论是等距分组数据还是不等距分组数据，用矩形的面积或频数密度来表示各组的频数分布都更为合适。因为这样可使直方图下的总面积等于1。比如在等距分组中，矩形的高度与各个组的频数成比例，如果取矩形的宽度（各组组距）为一个单位，高度表示比例（即频率），则直方图下的总面积等于1。在直方图中，实际上是用矩形的面积来表示各组的频数分布。

等距分组见表3.12树苗高度的次数分布，其对应的直方图见图3.7。

表 3.12　树苗高度的次数分布表

树苗高度/cm	树苗数（f）/棵
80～90	8
90～100	9
100～110	26
110～120	30
120～130	18
130～140	12
140～150	5

① 频数密度＝频数/组距。

表3.12(续)

树苗高度/cm	树苗数（f）/棵
150~160	2
合计	110

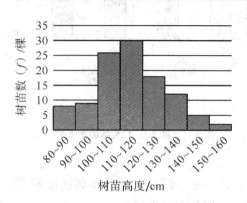

图 3.7　树苗高度分布的直方图

以某工厂完成定额的不等距数列资料为例，各组频数密度见表 3.13，直方图见图 3.8。

表 3.13　某厂职工完成生产定额统计

按完成定额分组	组距	频数（工人数）	频数密度
85%~95%	10	80	8
95%~110%	15	250	16.67
110%~130%	20	200	10
130%~145%	15	300	20
145%~170%	25	240	9.6
170%~200%	30	100	3.33
合计	—	1170	—

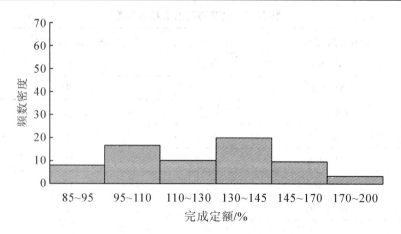

图 3.8　某厂职工完成生产定额的直方图

直方图与条形图的区别：

（1）描述的数据类型不同。条形图用来描述分类数据和顺序数据，而直方图主要用来描述数值型数据。

（2）表示数据多少的方式不同。条形图用直条的长短或高低表示数据的多少和大小，而直方图用面积的大小表示数据的多少。直方图的总面积与总次数相等。

（3）条形图是分开排列，直方图是连续排列。

3. 扇形图

以一个圆的面积表示事物的总体。以扇形面积表示占总体的百分数的统计图，叫作扇形统计图，也叫作百分数比较图。扇形统计图可以比较清楚地反映出部分与部分、部分与整体之间的数量关系。其图形见图 3.9。

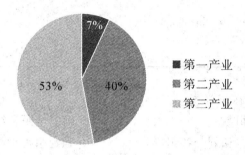

图 3.9　某地区产业结构扇形图

4. 折线图

以折线的上升或下降来表示统计数量的增减变化的统计图，叫作折线统计图。与条形统计图比较，折线统计图不仅可以表示数量的多少，而且可以反映同一事物在不同时间里的发展变化的情况。折线图在生活中运用得非常普遍，虽然它不直接给出精确的数据，但只要掌握了一定的技巧，熟练运用"坐标法"也可以很快地确定某个具体的数据。

5. 茎叶图

茎叶图又称"枝叶图"。它把每个数据分成茎和叶两部分，同茎的数排成一行，然后按茎和叶的大小排列成图，一般取数据的最后一个数字为叶（假定每个数据同样为多位数），以该组数据的高位数值作为树茎。例如，某企业 40 名工人日产量数据的茎叶图如图 3.10 所示。

树茎	树叶	频数
7	5　7	2
8	0　3　3　3	4
8	5　6　7　7	4
9	0　0　0　0　0　1　1　2　2　2　3　4　4	15
9	5　5　6　6　7　7　8	7
10	0　0　1	1
10	7	3

图 3.10　某企业 40 名工人日产量数据的茎叶图

【本章小结】

统计整理是根据统计研究的目的，把统计调查所收集的原始资料进行科学的加工，使之系统化、条理化、科学化，从而得出能够反映事物总体特征的资料。它在整个统计工作中起着承前启后的作用。

本章主要阐述三个问题：第一，统计分组的意义、分组标志的选择；第二，分布数列的种类、分布数列的编制、累计次数（频率）的计算；第三，统计表的设计和统计图的绘制。

【学习评估】

一、单选题

1. 统计分组的关键在于（   ）。

   A. 确定组距和组数   B. 确定全距和组数

   C. 确定分组标志和划分各组界限   D. 确定组距和组中值

2. 将统计总体按某一标志分组的结果表现为（   ）。

   A. 组内同质性，组间差异性   B. 组内差异性，组间差异性

   C. 组内差异性，组间同质性   D. 组内同质性，组间同质性

3. 区分简单分组和复合分组的根据是（   ）。

   A. 分组对象的复杂程度   B. 采用分组标志的多少不同

   C. 分组的数目多少不同   D. 研究的总体变化如何

4. 次数分配数列是指（   ）。

   A. 各组组别依次排成的数列   B. 各组次数依次排成的数列

   C. 各组组别与次数依次排列而成的数列D. 各组频率依次排成的数列

5. 变量数列中各组频率的总和应该（   ）。

   A. 小于1   B. 等于1

   C. 大于1   D. 不等于1

6. 划分连续型变量的组限时，相邻两组的组限必须（   ）。

   A. 不等   B. 重叠

   C. 间断   D. 没有严格要求

7. 划分离散型变量的组限时，相邻两组的组限（   ）。

   A. 不等   B. 重叠

   C. 间断   D. 没有严格要求

8. 有12名工人分别看管机器台数资料如下：2、5、4、4、3、4、3、4、4、2、2、4。按以上资料编制变量数列，应采用（   ）。

   A. 单项式分组   B. 等距分组

   C. 不等距分组   D. 以上几种分组均可

9. 一般情况下，按年龄分组的人口死亡率表现为（　　　）。

    A. 钟形分布　　　　　　　　　　B. 正分布

    C. U 形分布　　　　　　　　　　D. 对称分布

10. 在分组时，若有某单位的变量值正好等于相邻组的上下限时，一般应将其归在（　　　）。

    A. 上限所在组　　　　　　　　　B. 下限所在组

    C. 任意一组均可　　　　　　　　D. 另设新组

11. 工业企业按经济类型分组和工业企业按职工人数分组，两个统计分组是（　　　）。

    A. 按数量标志分组

    B. 前者按数量标志分组，后者按品质标志分组

    C. 按品质标志分组

    D. 前者按品质标志分组，后者按数量标志分组

12. 某企业职工按工资水平分为 4 组：500 元以下、500~600 元、600~700 元、700 元以上。第一组和第四组的组中值分别是（　　　）。

    A. 450 元和 750 元　　　　　　　B. 500 元和 700 元

    C. 400 元和 800 元　　　　　　　D. 500 元和 750 元

13. 连续变量数列，其末组为开口组，下限为 500，又知其邻组组中值为 480，则末组组中值为（　　　）。

    A. 520　　　　　　　　　　　　　B. 510

    C. 500　　　　　　　　　　　　　D. 490

14. 等距数列中，组距的大小与组数的多少成（　　　）。

    A. 正比　　　　　　　　　　　　B. 等比

    C. 反比　　　　　　　　　　　　D. 不成比例

15. 在组距数列中，向下累计到某组的次数是 100，这表示总体单位中（　　　）。

    A. 大于该组下限的累计次数是 100　　　B. 小于该组下限的累计次数是 100

    C. 大于该组上限的累计次数是 100　　　D. 小于该组上限的累计次数是 100

二、判断题

1. 能够对统计总体进行分组，是由统计总体中的各个单位所具有的"同质性"特点决定的。　　　　　　　　　　　　　　　　　　　　　　　　（　　　）

2. 按数量标志分组，各组的变量值能准确地反映客观现象性质上的区别。（　　　）

3. 统计分组的关键问题是确定分组标志和划分各组界限。　　　　　　（　　　）

4. 按品质标志分组的结果形成变量数列。　　　　　　　　　　　　　（　　　）

5. 离散型变量可以做单项式或组距式分组，而连续型变量只能做组距式分组，组限表示方法只能是重叠的。　　　　　　　　　　　　　　　　　　　（　　　）

6. 异距分组中，为消除组距不等对次数实际分布的影响，一般需计算次数密度。
　　　　　　　　　　　　　　　　　　　　　　　　　　　　　　　（　　　）

7. 进行组距分组时，当标志值刚好等于相邻两组上下限数值时，一般把此值归并列为下限的那一组。 （ ）

8. 组中值的假定性是指假定各单位标志值在本组范围内均匀分布。 （ ）

9. 组中值可以近似地表示各组变量值的平均水平。 （ ）

10. 登记性误差在全面调查和非全面调查中都会产生。 （ ）

11. 由于离散型变量不能用小数表示，因此只能以单项数列来表现资料。 （ ）

12. 按一个标志分组的就是简单分组，按两个或两个以上标志分组的就是复合分组。 （ ）

三、简答题

统计分组的作用是什么？如何选择分组标志？

四、计算题

1. 某班 40 名学生统计学考试成绩分别为：

66 89 88 84 86 87 75 73 72 68

75 82 97 58 81 54 79 76 95 76

71 60 90 65 76 72 76 85 89 92

64 57 83 81 78 77 72 61 70 81

学校规定：60 分以下为不及格，60~70 分为及格，70~80 分为中，80~90 分为良，90~100 分为优。要求：

（1）将该班学生分为不及格、及格、中、良、优五组，编制一张次数分布表；

（2）指出分组标志及类型，指出分组方法的类型，分析本班学生考试情况。

2. 某企业某班组工人日产量资料如表 3.14 所示。

表 3.14　某企业某班组工人日产量

日产量分组/件	工人数/人
50~60	6
60~70	12
70~80	18
80~90	10
90~100	7
合计	53

根据表 3.14 指出：

（1）该数列属于哪种类型的变量数列；

（2）上表中的变量、变量值、上限、下限、次数；

（3）计算组距、组中值、频率。

3. 某百货公司连续 40 天的商品销售额如下（单位：万元）：

41 25 29 47 38 34 30 38 43 40

46 36 45 37 37 36 45 43 33 44
35 28 46 34 30 37 44 26 38 44
42 36 37 37 49 39 42 32 36 35

要求：根据数据分组，编制频数分布表，并绘制直方图和折线图。

第四章

总量指标与相对指标

■学习目标

1. 了解总量指标的概念及其种类。
2. 掌握相对指标的概念及其计算方法。
3. 掌握平均指标的概念、特点及其计算方法。
4. 掌握变异指标的概念及其计算方法。

　　坚持履职尽责担当。统计人应以党的二十大精神为引领，严格执行月（季）度经济运行分析会、预警监测等制度，持续提供优质统计产品，更好地满足社会各界对统计数据的需求；围绕重点项目及准规模企业入统存在的堵点难点，精准指导、靠前服务，应统尽统；重视数据质量管理，提高数据质量，建好"数库"，当好"智库"，在服务高质量发展新征途中践行使命、彰显担当。

【导入案例】

法人企业的增长

　　企业在国民经济中发挥着举足轻重的支柱作用，其健康稳定发展可谓事关大体。来自国家统计局发布的第四次全国经济普查相关公报显示，截至 2018 年末，全国共有从事第二产业和第三产业活动的法人单位 2178.9 万个，比 2013 年末增加 1093.2 万个，增长 100.7%；产业活动位 2455.0 万个，增加 1151.5 万个，增长 88.3%；个体经营户 6295.9 万个。

　　（资料来源：https://baijiahao.baidu.com/s?id=1650804917560310143.）

　　请说明：

　　（1）反映小微企业健康发展情况时具体使用哪些指标？还可以有哪些指标来补充说明？

（2）这些指标分别属于总量指标，还是相对指标？

（3）为什么将总量指标和相对指标结合起来使用？有什么优点？

第一节　总量指标

一、总量指标的概念和作用

总量指标是反映某种社会经济现象在一定时间、地点和条件下总体规模或水平的统计指标。该指标可以通过对统计资料进行汇总得到，因此它的表现形式是绝对数，常常也被称为绝对指标。

总量指标是经济统计中最常用、最基本的综合指标，它在统计分析中具有重要作用：

（1）总量指标是认识客观现象的起点。客观现象的基本情况首先都表现为一定的总量，如一个国家的国内生产总值、人口总数、土地面积、固定资产投资总量、财政收入与支出、外贸进出口总额等能反映该国的经济实力和生产水平，一个地区的商业零售额、零售商业机构数等能反映该地区的消费水平，一个企业的资金总额、职工总数、成本总额和利润总额等能反映该企业的实际生产能力和经营状况。要想了解一个国家、地区或企业等的基本状况，必须从认识总量指标开始。

（2）总量指标是进行经济分析和管理的重要依据。一切政策制定、计划编制和检查等工作，都必须从客观实际出发，以反映客观事物历史和现在相关的总量指标作为重要的参考依据。如制定粮食政策，首先要掌握粮食总产量、人口总量、工农业用粮数量、进出口用粮及粮食储备数等。因此，总量指标对于指导经济发展，进而科学管理具有重要的作用。

（3）相对指标和平均指标是两个有联系的总量指标对比计算出来的。相对指标如产品合格率是合格产品数和产品总数之间的对比，平均指标如某企业平均工人工资是工人总工资除以工人总数之商等。因此，相对指标和平均指标都是总量指标的派生形式，对现象进行深入认识是需要分析和计算这些派生指标的。

二、总量指标的类型

按照不同的标志，可将总量指标区分为不同类型。

1. 总体单位总量和总体标志总量

总量指标按其反映的内容不同，可分为总体单位总量和总体标志总量。总体单位总量表明总体中单位数的多少，说明总体的规模大小；总体标志总量是总体中各单位某一数量标志值的总和，说明总体在某一数量方面的总规模。例如，要研究某地区工业企业的产品销售收入和利润总额完成情况，该地区的工业企业总数是总体单位总量，全部工业企业的产品销售收入、利润总额是总体标志总量。

在区分总体单位总量和总体标志总量时，应注意两个问题：

（1）对一个特定研究总体而言，总体单位总量只有一个，而总体标志总量可以有若干个。例如，要研究某地区工业企业的经营规模情况，特定总体是该地区全部工业企业，这个地区的工业企业数是唯一的总体单位总量，而职工人数、产品销售收入、固定资产原值、利润总额等是总体标志总量。

（2）总体单位总量和总体标志总量的区分是相对于统计研究目的而言的，一个总量指标究竟是总体单位总量还是总体标志总量，要根据研究目的来确定。上例中研究某地区工业企业的规模问题，该地区工业企业数是总体单位总量，全部工业企业的职工人数、产品销售收入、固定资产原值等是总体标志总量；若要研究该地区工业企业的职工平均工资时，则工资总数为总体标志总量，而全部工业企业的职工人数则转变为总体单位总量。

如果要研究某企业职工工资情况，职工是总体，职工数是总体单位数，每个职工的工资是数量标志，工资的具体数值是标志值，所有职工的工资总额就是总体标志总量。

在一个特定总体内，总体单位总量只有一个，但可以同时并存若干个总体标志总量，从而产生一系列指标，见表4.1。

表 4.1　某地区企业发展情况

年份	企业数/个	职工数/人	工业增加值/万元	利润税金/万元	年末固定资产总值/万元
2020	120	65800	346700	14650	56870
2021	146	79680	457680	18960	59834
2022	168	87650	564320	20453	82649

总体单位总量　　　　　　　　　　　总体标志总量

一个总量指标究竟属于总体单位总量还是总体标志总量，应随着研究目的的不同和研究对象的变化而定。例如，学生人数这一总量指标，当学校作为总体时它是总体标志总量，当学生作为总体时它是总体单位总量。

2. 时期指标和时点指标

总量指标按反映的时间状况不同，可分为时期指标和时点指标。时期指标表明现象在某一时期内发展过程所形成的总数量（累加的结果），如企业的销售额、产值、利润总额均属于时期指标。时点指标表明现象在某一时点上状态的总量指标，如年初人口数、年末人口数、季末设备台数、月末商品库存量等。

时期指标和时点指标具有不同的特点，具体表现在三个方面：

（1）指标数值的可累加性：时期指标的指标值具有可累加性，如一年销售额等于该年各月销售额之和，月销售额等于该月每天的销售额之和；而时点指标的指标值不具有可累加性，直接相加无实际意义，如我们不能将某学校全年各月初或各月末的学生人数相加作为年底该校的全部学生人数以反映其规模。

（2）数据资料的取得方式：时期指标数据的获取需要进行连续不断的经常性统计；而时点指标数据只需要根据具体情况，选择某些特定时点进行间断性统计。

（3）指标数值大小与时期长度（时间间隔）的关系：时期指标的指标值大小与时期长度有着直接的关系。通常，时期越长，指标值越大，如一年的销售收入要大于该年内任一月或任一季度的销售收入。而时点指标的指标值大小与时间间隔长短无直接关系，如某企业某种物资的库存量年末数不一定大于该年第一季度末的数量，而第一季度末的数量也不一定大于当季第一个月月末的数量。

产品产量是时期指标，将 3 个月的产量相加就是一个季度的产量，将 4 个季度的产量相加就是一年的产量，一年的产量大于一个季度的产量，一个季度的产量大于一个月的产量。同时，月产量是对每天的产量累计得到的，年产量是将 12 个月的产量累计得到的。

而储蓄存款余额是时点指标，比如某储蓄所某年储蓄存款余额 1 月 1 日为 248 万元，4 月 1 日为 235 万元，12 月 31 日为 436 万元，1 月 1 日至 4 月 1 日间隔 3 个月，指标数值却减少了，而 4 月 1 日至 12 月 31 日间隔 9 个月，指标数值似乎大了，但这是现象发展变化差异的结果，而不是因为时点间隔长短的缘故，如果将各时点上的储蓄存款余额相加汇总，则没有实际意义。由此可见，时期指标和时点指标的主要区别就是指标数值的可加与否。

3. 实物指标、价值指标和劳动指标

总量指标具有一定的经济内容，一般都有相应的计量单位。根据所反映现象的性质不同，总量指标的计量单位一般有实物量单位、价值量单位和劳动量单位 3 种。因此，总量指标按其采用的计量单位不同，分为实物指标、价值指标和劳动指标。

（1）实物量单位和实物指标。

实物量单位是根据现象的自然属性和特点而采用的实物计量单位，按实物计量单位计算的总量指标称为实物指标。实物计量单位又可分为自然单位、度量衡单位、复合单位和标准实物计量单位。自然单位是根据被研究现象的自然属性来度量其数量的一种计量单位，如人口以"人"为单位、电冰箱以"台"为单位等。度量衡单位是依据统一的度量衡制度来度量被研究现象数量的一种计量单位，如钢铁产量以"吨"为单位，粮食以"千克"为单位等。复合单位是将两个或两个以上的单位结合在一起，表明被研究现象数量的一种计量单位，如货物周转量以"吨·千米"计量，发电量以"千瓦·时"为单位。

标准实物计量单位是按照统一的折算标准来度量被研究现象的一种计量单位。对于某些同类产品，由于品种、规格、能力或化学成分不同，其使用价值也就不同，因而产品混合量往往不能确切地反映生产成果，为此对这些产品要求按一定的折合标准，折算为标准规格或标准含量的产品。如化肥以 100% 含氮量为标准，棉纱以 20 支纱为标准单位折算。

按现象的实物单位进行统计的实物指标可以直接反映产品的使用价值及其具体内容。但不同性质、不同属性和不同计量单位的实物指标不能直接汇总，因此它不能反映非同类现象的总规模和总水平，往往需要借助于价值指标来进行补充。

（2）价值量单位和价值指标。

价值量单位是以货币来度量事物数量和规模的计量单位，按价值单位计算的总量指标称为价值指标，如国内生产总值、工农业总产值、商品销售额和利润总额等，价值指标具有最广泛的综合性。价值指标可以使用现行价格和不变价格来进行计算。前者是各时期的实际价格，后者是政府统计机构消除不同时期价格变动的影响所确定的固定价格。

但是，价值指标脱离了具体的物质内容，比较抽象，往往要将其和实物指标综合起来使用，才能全面认识事物。

（3）劳动量单位和劳动指标。

劳动量单位是用劳动时间表示的计量单位，如工时、工日、工月等。利用劳动量单位计算劳动总消耗量的总量指标称为劳动指标。该指标主要在企业范围内使用，可以作为评价劳动时间利用程度和计算劳动生产率的依据，也可以用来编制和检查基层企业的生产作业计划，如机械企业制定的定额工时产量。但不同类型、不同经营水平企业的劳动指标不能直接相加。

三、总量指标的计算

总量指标的计量形式都是有名数，即都有计量单位，所以总量指标的计算绝不是简单的加总，而是根据理论和实际问题来分析计算。首先，必须注意现象的同类性，即不同种类的实物总量指标的数值不能加总，只有同类现象才能计算总量。例如，计算工业产品产量时，不能简单地把原煤产量、石油产量、汽车产量和电视机产量等相加。又如，不能把粮食作物与经济作物混合加总。其次，必须明确每项总量指标的统计含义，例如，在计算工业总产值和增加值时，只有明确这些指标的社会经济范畴，然后才能正确计算这些总量指标。最后，必须做到计量单位一致，即同类现象的总量指标的数值，其计量单位必须一致才能加总，否则没有加总的意义。在统计汇总时，不同计量单位必须先换算成统一的计量单位才能进行数据处理。

确定和计算总量指标可以采用直接法和推算法。直接法是对所有的总体单位进行调查登记后，逐步汇总得到总量指标。推算法可以根据指标之间的关系推算总量指标，也可以根据非全面调查资料推算总量指标，主要推算方法有以下三种：

（1）平衡关系推算法。平衡关系推算法是指利用各相关指标之间的平衡关系推算未知指标值的方法。例如：期末库存量＝期初库存量＋本期生产量－本期销售量，采用上述平衡关系式来推算某产品的期末库存量。

（2）因素关系推算法。因素关系推算法是指通过指标之间的因果关系，由已知因素推算未知因素的数值的方法。例如：原材料费用额＝产量×单位产品原材料消耗量×原材料价格，则由产量、单位产品原材料消耗量和原材料价格可以推算出原材料费用额。

（3）比例关系推算法。比例关系推算法是指利用某一时期、某一空间的某种指标与其相关指标的比例关系资料，推算另一类似时期、类似空间的某项指标数值的方法。例如：根据某商场第一季度的销售费用占销售收入的比例（销售费用率）和第二季度的销售收入可以推算第二季度的销售费用额。

第二节 国民经济总量指标

国民经济的概念可以从两个方面来看：从横向来看，国民经济是由全社会各单位、各部门构成的有机整体；从纵向来看，上述各经济单位和部门所从事的各种各样的经济活动——生产、分配、流通和消费相互依存、彼此衔接和不断循环，从而形成国民经济的运行过程。总之，国民经济核算是对国民经济运行中的生产、分配、消费、积累及资本筹集等过程的统计描述和说明。

国民经济中使用的总量指标是综合性指标，一般用货币表示，即国民经济活动成果的总价值量，具体包括（总）增加值、财产收入、原始收入、经常性转移收支、可支配收入、最终消费支出、储蓄、资本转移收支、积累、国内生产总值、国民总收入等。本书列举其中几个来加以说明。

1. 国内生产总值

国内生产总值（gross domestic product，GDP），是指在一定时期内（一个季度或一年），一个国家（地区）的经济中所生产出的全部最终产品和劳务的价值，常被公认为衡量国家经济状况的最佳指标。它不但可反映一个国家的经济表现，更可以反映一国的国力与财富。

2. 国民生产总值

国民生产总值（gross national product，GNP），是指一个国家（地区）所有常住机构单位在一定时期内（年或季）收入初次分配的最终成果。

3. 固定资产折旧、生产税净额、劳动者报酬、营业盈余

（1）固定资产折旧。固定资产折旧是指在一定时期内，为弥补固定资产损耗计提的固定资产折旧。其中政府单位、非企业化管理的事业单位和居民自有住房等，按国民经济核算中统一规定的折旧率虚拟计算固定资产折旧。

（2）生产税净额。生产税净额是指各种生产单位向政府缴纳的生产税减去政府对企业的生产补贴以后的净值。生产税是政府对生产单位从事生产、销售和经营活动以及因为从事生产经营活动而使用生产要素所征收的各种税费。

（3）劳动者报酬。劳动者报酬是指劳动者因从事生产活动所获得的全部报酬，包括各种形式的工资、奖金和津贴，由单位支付的社会保险费等，以及劳动者自产自用的产品价值。

（4）营业盈余。营业盈余是指常住单位创造的增加值扣除劳动者报酬、生产税净额和固定资产折旧后的余额，它相当于企业的经营利润加上生产补贴，但要扣除从利润中开支的工资和福利。

现将国民经济核算中涉及的国民经济总量指标间复杂的数量平衡关系用框图形式联系起来，具体见图4.1。

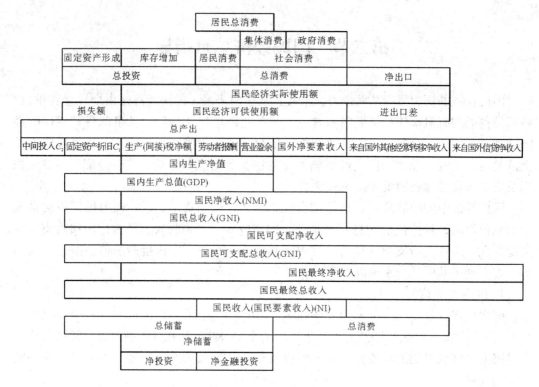

图 4.1　国民经济总量指标平衡关系图

（参考谢家发《国民经济总量指标数量关系的框图描述》，载于《统计教育》2000 年第 4 期。）

第三节　相对指标

一、相对指标的概念和作用

1. 相对指标的概念

如果离开了具体条件，仅仅说一个企业的利润总额为 100 万元，既不知道它的计划利润总额是多少，也不知道利润总额的过去情况怎样，那么就无法对这 100 万元的利润总额做出正确的评价。若比较甲、乙两家公司的经济效益，单纯分别从利润总额甲 600 万元和乙 6000 万元来说明显然论据不足，因为不了解其各自的资金占用情况。实际上，任何社会经济现象都是与具体的时间、地点、条件结合在一起的，现象之间是相互依存、紧密联系的，要研究现象之间的依存关系，必须通过对比的方法来解决。

相对指标是有联系的现象之间进行数量对比形成的指标，也称为统计相对数或相对数。例如，2022 年，我国国内生产总值 1210207 亿元，比上年增长 3.0%。其中，第一产业增加值 88345 亿元，比上年增长 4.1%；第二产业增加值 483164 亿元，比上年增长 3.8%；第三产业增加值 638698 亿元，比上年增长 2.3%。第一产业增加值占国内生产总值比重为 7.3%，第二产业增加值占国内生产总值比重为 39.9%，第三产业增加值占国内生产总值比重为 52.8%。其间数据分别表明我国 2022 年国内生产总值及其相关构成与上年的对比关系。

2. 相对指标的作用

（1）相对指标为我们深入认识现象内部结构的数量特征和事物发展程度提供客观依据。运用相对指标，可以帮助我们观察并认识现象发展的相对水平、普遍程度、内部结构和比例关系等，进而进行更深入的分析和说明。

（2）相对指标为不能直接对比的现象提供了可以对比的基础。由于不同时间、空间、条件下的总量指标代表着不同具体情况下的现象发展规模，因而不能直接对比。运用相对指标，使相关联的现象联系起来形成可比性指标，便于现象之间的对比分析。

（3）相对指标为国家或企业实行计划管理和考核其经济活动效果提供帮助。国家和企业在制定建设发展的各项规定时，可以运用相对指标进行检查和监督，同时可以进行动态对比。

二、相对指标的表现形式

相对指标主要有两种表现形式，即无名数和有名数。

1. 无名数

无名数是一种抽象的无量纲数值，如倍数、系数、成数、翻番数、百分点和百分数、千分点和千分数等。相对指标大多用无名数表示。

（1）倍数和系数：将 1 作为对比的基数。当两个指标对比时，其指标数值相差较大时可以使用倍数来表示，相差不大时可以使用系数来表示。

（2）成数：将 10 作为比对的基数。比如，2022 年，我国第一产业增加值占国内生产总值比重为 7.3%，第二产业增加值占国内生产总值比重为 39.9%，第三产业增加值占国内生产总值比重为 52.8%。若用成数来表示，则可以表述为第一产业占不到一成，第二产业约占四成，第三产业占比超过五成。

（3）翻番数：指两个相对比的数值中，一个数是另一个数的 2^n 倍，n 即翻番数。比如，某地区 2020 年工业增加值 1380 亿元，计划 2025 年翻一番，则该地区 2025 年的工业增加值应达到 2760 亿元；若计划翻两番，即 5520 亿元；翻三番即 11040 亿元。

（4）百分点：它与百分数不同，是百分比中相当于 1% 的单位。比如，某地区 2022 年的工业增加值率与计划任务多出 1 个百分点，并不是指其超额 1% 完成了计划，而是实际工业增加值率与计划工业增加值率之差是 1 个百分点。

2. 有名数

有名数是将相对指标分子和分母的计量单位结合使用，形成相对指标的计量单位，即复名数。有名数主要体现在强度相对指标上，如人口密度以"人/平方千米"表示，人均国内生产总值用"元/人"表示等。

三、各种相对指标的计算

根据研究目的和任务的不同、对比基础的不同，相对指标可以分为结构相对指标、比例相对指标、比较相对指标、强度相对指标、动态相对指标和计划完成程度相对指标。

1. 结构相对指标

结构相对指标又称结构相对数，是在统计分组的基础上，将总体区分为不同性质的各部分，用各组成部分的数值与总体数值对比所得的比重或比率。其计算公式为

$$结构相对指标 = \frac{各组总量指标}{总体总量指标} \times 100\% \tag{4.1}$$

结构相对指标的表现形式一般为百分数或倍数；计算时采用的总体数值可以是总体总量，也可以是标志总量。由于结构相对指标是总体部分数值与总体数值对比，所以各部分的结构相对指标可以直接相加，且总和为100%或1。

结构相对指标是统计分析中常用的指标，具有以下作用：①可以说明在一定时间、地点和条件下，总体结构的特征。②不同时期结构相对指标的变化，可以反映事物性质的发展趋势，分析经济结构的演变规律。③各构成部分所占比重，可以反映所研究现象总体的质量以及人、财、物的利用情况。④利用结构相对指标，有助于分清主次，确定工作重点。

2. 比例相对指标

比例相对指标又称比例相对数，是在统计分组的基础上，将总体中不同部分数值进行对比所形成的相对数。其计算公式为

$$比例相对指标 = \frac{总体一部分指标数值}{总体另一部分指标数值} \times 100\% \tag{4.2}$$

比例相对指标一般用百分比或比值表示。例如，某地2017年水产品产量6938万吨，其中，养殖水产品产量5281万吨，捕捞水产品产量1656万吨，则两者产量之比为5281∶1656。在具体计算时，也将其中某一部分数值抽象为1，即两者产量之比可化简为3.19∶1。当然，若总体内部由三个或三个以上部分构成，也可将其中某一部分数值抽象为1，这样各部分之间的比例相对数可表示为"$m \colon n \colon \cdots \colon 1$"的形式。另外，在计算过程中，比例相对指标的分子和分母部分可以互换。

【例4-1】某地有总人口13900人，其中城镇常住人口8134万人，乡村人口5766万人，则城镇常住人口与乡村人口的比例可表示为59∶41，也可以表示为1∶0.7。又如，人口总体中，男性人数与女性人数的比例；在科研机构中，研究人员、研制人员与辅助人员的比例。比例相对指标的分子分母是可以互换的。

比例相对指标常用来分析总体范围内部各部分的比例关系、协调平衡情况和发展规律等。计算比例相对指标，对认识客观事物的比例关系、判断其比例关系是否正常具有重要的作用；比例相对指标通常以总量指标进行对比，但依据分析任务和提供资料的情况，也可运用现象总体各部分的平均数、相对数进行对比。社会经济生活中的许多重大比例关系均可以用比例相对指标来反映，比如人口的性别比例关系，积累和消费的比例关系，我国全社会固定资产投资针对东部、中部和西部地区的投资比例关系等。

3. 比较相对指标

比较相对指标，又称比较相对数，是反映同类现象在同一时间、不同空间条件下所进行的静态对比的相对指标。它表明了同类事物在不同空间条件下的数量对比关系，一般用百分数或倍数表示，计算公式为

$$比较相对指标 = \frac{甲空间上某指标数值}{乙空间上同类指标数值} \times 100\% \qquad (4.3)$$

【例4-2】某年平均家庭户规模，上海为2.81人/户，西藏是4.89人/户，则西藏与上海平均家庭户规模的比较相对数为

4.89/2.81≈1.74

计算结果说明西藏的平均家庭户规模是上海的1.74倍或174%。

比较相对指标的子母项通常是可以互换的，如【例4-2】中，也可以说上海的平均家庭户规模是西藏的0.57倍。

【例4-3】甲、乙两商场2022年的销售额分别为4亿元和3.2亿元，则甲商场销售额是乙商场销售额的1.25倍。单纯地看这个1.25倍，给我们的概念是甲商场的销售额远高于乙商场，但甲、乙两商场的规模可能相差很大，所以单纯采用总量指标进行对比，往往要受到总体规模大小的影响，不能准确地说明甲、乙两商场销售水平的差异。

甲市场的某种蔬菜的价格为2.4元/千克，乙市场同种蔬菜的价格为2.0元/千克，则该种蔬菜在甲市场的价格是在乙市场的价格的1.2倍，或乙市场价格是甲市场价格的0.83。这种利用两个价格（即平均指标）之比来确定的比较相对指标，才能真实反映两个市场价格水平的变动差异。所以，计算比较相对指标，通常采用平均指标或相对指标进行对比，以准确反映现象发展的本质差异。

【例4-4】甲企业和乙企业同时生产一种性能相同的产品，甲企业工人的劳动生产率为1000元，乙企业工人的劳动生产率为2000元，则

$$甲、乙两企业的劳动生产率比较相对指标 = \frac{1000}{2000} \times 100\% = 50\%$$

计算结果说明，甲企业劳动生产率比乙企业低50%。

计算比较相对数时，作为比较基数的分母可取不同的对象，一般有以下两种情况：

（1）比较标准是一般对象。如【例4-4】中比较甲和乙两家企业的劳动生产率，分子与分母概括为甲、乙两个企业，这时，既可以用甲比乙，即劳动生产率之比为50%，也可以用乙比甲，即劳动生产率之比为200%（或乙是甲的2倍），即这种情况下的分子与分母的位置可以互换。

（2）比较标准（基数）典型化。例如，将本企业产品的质量、成本、单耗等各项技术指标都和国家规定的水平比较、和同行业的领军企业比较等，这时的分子和分母不能互换位置。

比较相对数可以用总量指标进行对比，也可以用相对指标或平均指标进行对比，但由于总量指标易受总体范围大小的影响；因而，计算比较相对数时，更多地采用相对指标或平均指标。在经济管理工作中，人们常运用比较相对指标进行同行业各单位的不同指标数值的比较，从而找出差距，为提高经营管理水平提供依据。

比较相对指标与比例相对指标的区别：比较相对指标与比例相对指标两者都是两个同类指标进行对比，但它们所反映的内容大不相同。比例相对指标是同一总体两个组成部分之间同类指标之间的对比关系，反映的是总体内部的结构和对比关系。这一比例关系有时是有客观标准的，因此比例相对指标通常用来分析判断某一事物内部关系是否协调的问题。而比较相对指标是不同总体之间同类指标的对比关系，它所反映

的是不同事物在某类现象上的差异程度，一般不存在比例正常或失调的问题。

4. 强度相对指标

强度相对指标又称强度相对数，是由同一时期（或时点上）具有一定联系但性质不同的两个总量指标对比所形成的相对指标，用来表明现象的强度、密度和普遍程度，例如人均国民生产总值、人口密度、每万人拥有的商业网点数等。其计算公式为

$$强度相对指标 = \frac{某一总量指标数值}{另一有联系而性质不同的总量指标数值} \tag{4.4}$$

强度相对数通常以有名数、百分数（%）和千分数（‰）等来表示。有名数的强度相对数，例如动力装备程度的单位是千瓦/人，人口密度的单位是人/平方千米，人均国民生产总值的单位是元/人；无名数的强度相对数，如流通费用率用百分数表示，人口出生率和死亡率用千分数表示等。

有些强度相对指标用作比较的两个总量指标，可以互为分子和分母，因此这些强度相对数就可以采用正、逆两种指标形式。

【例4-5】2022年某地的公共图书馆有2709个，同年的人口总数为129227万人，则用一对正逆指标可以反映该地公共图书馆的密度。

正指标：每万人拥有的公共图书馆数 = 2709÷129227 ≈ 0.021（个/万人）

逆指标：每个公共图书馆服务的人口数 = 129227÷2709 ≈ 47.7（万人/个）

每万人拥有的公共图书馆数越大，说明该地公共图书馆的分布密度越大，所以是正指标；反之，每个公共图书馆服务的人口数越多，表明该地公共图书馆分布的密度越小，所以是逆指标。

强度相对指标能够说明所研究现象的强弱程度，常用来表现一个国家、一个地区或一个单位的经济实力，并进行国家、地区、单位间的实力比较，确定发展的差距和不平衡程度。如按人口分摊的粮食产量指标，它反映该经济指标与人口的比例关系，数值越大，表明该区域的经济实力越强。强度相对指标能够反映现象的密度和普遍程度，如人口密度、万人拥有的公共图书馆数、万人拥有的商业网点数等。强度相对指标还可以反映经济活动的条件和效益，这类指标往往是各种技术经济指标，如劳动力的资金装备程度反映了经济活动的条件，各种利润率指标可以反映经济活动的效益。

5. 动态相对指标

动态相对指标又称动态相对数，是将同类指标在不同时间上的数值进行对比而形成的相对数，表明现象在不同时间的发展变化方向和速度。计算公式为

$$动态相对指标 = \frac{报告期指标数值}{基期指标数值} \times 100\% \tag{4.5}$$

"基期"是用作比较基础的时期，"报告期"是同基期对比的时期，如我国汽车保有量数据，2022年末为3.19亿辆，而2021年末为2.97亿辆，则我国汽车保有量2022年相对于2021年的动态相对数为107.41%，表明我国汽车保有量2022年比2021年增长7.41%。

在统计分析中，根据研究目的，选择合适时间的数据资料作为比较的基础相当重要。为了研究某一现象本期比上一期的变化程度，可用上一期数值作为对比基础；为了突出说明某一现象的发展变化程度，还可以选历史上重要时期的数值或历史最高水

平作为对比基础。

动态相对数在统计分析中的应用十分广泛。

6. 计划完成程度相对指标

计划完成程度相对指标又称计划完成程度相对数，是将现象的实际完成数与计划任务数对比，用来检查、监督计划执行情况的相对指标，常用百分数表示。其基本计算公式为

$$计划完成程度相对指标 = \frac{实际完成数}{计划任务数} \times 100\% \tag{4.6}$$

为了正确地应用计划完成程度相对指标，要注意以下问题：

（1）计划完成程度相对指标的分子是根据实际完成情况进行统计得到的数据，分母是下达的计划指标，所以要求分子分母的指标含义、计算口径、计算方法、计量单位、时间长度及空间范围等完全一致。

（2）由于计划任务数用于衡量计划完成情况的标准，所以计算计划完成程度相对指标时，分子和分母不得互换。

（3）评价指标值的计划完成情况时，要注意指标的性质：对于正指标，表现为数值越大，则效益越好，如产量、利润、商品销售额等，这类指标的计划完成程度相对数以大于100%为好，大于100%表示其超额完成任务，反之未完成；对于逆指标，表现为数值越大，则计划执行效果越差，如产品成本、商品流通费用等，这类指标的计划完成程度相对数以小于100%为好，小于100%表示其超额完成任务，反之未完成。

（4）要注意计划指标的形式。计划指标一般有总量指标、相对指标和平均指标三种形式。所以在具体计算时，要根据情况（如计划任务数以总量指标表现、计划任务数以相对指标表现、计划任务数以平均指标表现等）采用不同的方法。

计划完成程度相对指标的作用：①准确地说明各项计划指标的完成程度，为搞好经营管理提供依据。②反映计划执行进度，以便及时发现问题，提出措施，推动经济建设的良好发展。③反映经济计划执行中的薄弱环节，鼓励执行计划的落后者向先进者看齐，为组织新的平衡提供依据。

不同情况下计划完成程度相对指标的计算方法

四、应用相对指标的原则

为了准确合理地计算和应用相对指标，必须遵循以下原则：

1. 可比性原则

在计算相对指标时，用于对比的两个统计指标必须在含义、内容、范围、时间、空间、计量单位和计算方法等方面保持一致，即具有可比性。两个指标的可比性是计算相对指标的重要条件。例如：计算结构相对数时，如果工业管理人员数和工业职工总数不是来源于一个地区的资料，则计算出的工业管理人员占职工总数的比重就没有实际意义，这是由指标范围不同造成的不可比；西方国家的国民收入指标和我国国民收入指标不能直接对比，因为两者的经济内容和计算方法不同。又如评价计划完成情况时，如果实际完成数与计划任务数在指标内容上不相同，则必须进行调整，使其在

内容上保持可比。因此，指标的可比性是正确计算相对指标的前提。

2. 相对指标与总量指标结合运用原则

相对指标是反映相关指标之间数量对比关系的，却不能体现现象本身的总规模和总水平。因此要将相对指标和总量指标结合起来，既有相对水平又有绝对数量，才能克服认识上的片面性，便于对现象进行深入研究和统计分析。

当然，总量指标的应用也离不开相对指标。为了加深对某一总体的认识，经常需要进行总体之间的比较。采用总量指标来比较往往缺乏可比性，因为总量指标受到总体规模大小的影响。比如，两个不同国家的国内生产总值不能直接比较，而将国内生产总值除以人口数得到人均国内生产总值，就可以进行比较了。

3. 各种相对指标结合运用原则

为了从不同角度研究现象之间的数量对比关系，需要将各种相对指标结合起来应用，才能较全面地说明现象的情况及其发展规律。例如：对于一个企业某年度的利润指标，可以计算利润计划完成程度的相对数，从而反映利润计划的完成情况；可以计算利润动态相对数，从而反映本年度相对于上年度利润的增减变动情况；可以与同类型、同规模的企业进行比较计算，从而说明企业间利润完成的差距；还可以计算有关的利润率指标，从而反映企业利润完成的强度和经济效益。可见，只有将各种相对指标结合起来考察，才能较全面地说明该企业生产经营活动的情况。

【本章小结】

总量指标是反映现象在一定时间、地点和条件下所达到的总规模和总水平，通常表现为绝对数。总量指标按其说明的总体内容不同，可分为总体单位总量和总体标志总量；按其所反映的时间状况不同，可分为时期指标和时点指标；按其计量单位不同，可分为实物指标、价值指标和劳动指标等。

国民经济总量指标是用来对国民经济运行中的生产、分配、消费、积累及资本筹集等过程的总规模和总水平进行统计描述的。

相对指标是反映现象中相关指标之间的关系对比的指标，其表现形式为无名数（倍数、系数、成数、翻番数、百分数、千分数等）和有名数等。相对指标可分为结构相对指标、比例相对指标、比较相对指标、强度相对指标、动态相对指标和计划完成程度相对指标等6种。运用强度相对指标时注意有正指标和逆指标之分，且表现形式有有名数和无名数两种；分析计划完成程度相对指标时，要注意计划指标有绝对数、相对数和平均数3种情形，分析长期计划执行情况有累计法和水平法两种方法。

另外，要注意相对指标数值之间的可比性。分析具体问题时，可以将总量指标和其他相对指标结合起来使用。

【学习评估】

一、单选题

1. 某大学 10 个分院共有学生 5000 人、教师 300 人、设置专业 27 个。若以每个分院为调查单位，则总体单位总数是（　　）。

    A. 分院数   B. 教师数

    C. 学生数   D. 专业数

2. 数值可以直接相加总的指标是（　　）。

    A. 绝对数   B. 时期数

    C. 相对数   D. 时点数

3. 下面属于结构相对数的有（　　）。

    A. 产值利润率   B. 工农业产值比

    C. 恩格尔系数   D. 人口出生率

4. 某种产品单位成本计划规定比基期下降 3%，实际比基期下降 3.5%，则单位成本计划完成相对指标为（　　）。

    A. 116.7%   B. 100.5%

    C. 85.7%   D. 99.5%

5. 在出生婴儿中，男性占 53%，女性占 47%，这是（　　）。

    A. 比例相对指标   B. 强度相对指标

    C. 比较相对指标   D. 结构相对指标

6. 比较相对指标是（　　）。

    A. 同类现象在不同空间上对比   B. 同类现象在不同时间上对比

    C. 同一现象的部分与总体的对比   D. 有联系的不同现象的相互对比

7. 正确计算和应用相对指标的前提条件是（　　）。

    A. 正确选择对比基础   B. 严格保持分子、分母的可比性

    C. 相对指标应与总量指标结合应用   D. 分子、分母必须同类

8. 下面属于时期指标的是（　　）。

    A. 商品库存量   B. 设备台数

    C. 人口总数   D. 出生人数

9. 下述总量指标中属于时点指标的是（　　）。

    A. 商品总产值   B. 商品销售量

    C. 商品进货量   D. 商品库存量

10. 调查 2021 级统计系 72 名学生的学习成绩，获得部分信息，其中属于总体单位总量指标的是（　　）。

    A. 班级学生人数 72 人

    B. 全班"回归分析"平均成绩为 70.52 分

    C. 全班"大学英语"成绩总和为 5320 分

D. 全班同学的学习成绩

11. 某储蓄所 9 月末的储蓄存款余额是 8 月末的 105%，该指标是（　　　　）。

    A. 动态相对指标　　　　　　　　　B. 强度相对指标

    C. 比较相对指标　　　　　　　　　D. 结构相对指标

12. 下列属于比例相对指标的是（　　　　）。

    A. 合格率　　　　　　　　　　　　B. 人均粮食产量

    C. 积累与消费的比例　　　　　　　D. 出勤率

13. 用水平法检查长期计划完成程度，应规定（　　　　）。

    A. 计划期初应达到的水平　　　　　B. 计划期末应达到的水平

    C. 计划期中应达到的水平　　　　　D. 整个计划期应达到的水平

14. 某商场计划 4 月份销售利润比 3 月份提高 2%，实际却下降了 3%，则销售利润计划完成程度为（　　　　）。

    A. 66.7%　　　　　　　　　　　　B. 95.1%

    C. 105.1%　　　　　　　　　　　　D. 99.0%

15. 第七次人口普查结果，我国每 10 万人中具有大学程度的为 15467 人。该数字资料为（　　　　）。

    A. 绝对数　　　　　　　　　　　　B. 比较相对数

    C. 强度相对数　　　　　　　　　　D. 结构相对数

二、多选题

1. 下列指标中属于时期指标的有（　　　　）。

    A. 全年出生人数　　　　　　　　　B. 国民生产总值

    C. 粮食总产量　　　　　　　　　　D. 商品销售额

    E. 产品合格率

2. 下列指标中属于时点指标的有（　　　　）。

    A. 年末人口数　　　　　　　　　　B. 钢材库存量

    C. 粮食产量　　　　　　　　　　　D. 工业总产值

    E. 经济增长率

3. 总量指标的计量单位有（　　　　）。

    A. 货币单位　　　　　　　　　　　B. 劳动量单位

    C. 自然单位　　　　　　　　　　　D. 度量衡单位

    E. 标准实物单位

4. 相对指标中分子与分母可以互换位置的有（　　　　）。

    A. 计划完成程度相对指标　　　　　B. 结构相对指标

    C. 比较相对指标　　　　　　　　　D. 强度相对指标

    E. 动态相对指标

5. 总量指标与相对指标的关系表现为（　　　　）。

    A. 总量指标是计算相对指标的基础

    B. 相对指标能补充总量指标的不足

C. 相对指标可表明总量指标之间的关系

D. 相对指标要与总量指标结合应用

E. 总量指标和相对指标都是综合指标

6. 相对指标的计量形式可以是（　　　）。

    A. 系数   B. 倍数

    C. 成数   D. 百分数

    E. 复名数

7. 相对指标中分子与分母不可以互换位置的有（　　　）。

    A. 计划完成程度相对指标   B. 结构相对指标

    C. 比较相对指标   D. 强度相对指标

    E. 动态相对指标

8. 计划完成程度相对指标（　　　）。

    A. 是实际完成数除以计划任务数

    B. 是计划任务数除以实际完成数

    C. 其数值表现形式是无名数

    D. 其数值表现形式为有名数

    E. 分子、分母可以易位

9. 比例相对指标是（　　　）。

    A. 部分/部分   B. 部分/总体

    C. 总体/总体   D. 总体/部分

    E. 通常用百分数或比的形式表示

三、简答题

1. 什么是总量指标？它有哪些作用？

2. 什么是时期指标和时点指标？两者之间有何不同？

3. 计算和运用相对指标应遵循什么原则？

4. 用于分析长期计划执行情况的水平法和累计法的区别在哪里？

5. 什么是相对指标？它有哪些作用？其计量单位如何？

四、计算题

1. 某企业今年计划产值比去年增长 5%，实际计划完成 108%，问今年产值比去年增长多少？

2. 我国某地区 202×年高校招生及在校生资料如表 4.2 所示。

表 4.2　我国某地区 202×年高校招生及在校生人数

学校	招生人数/万人	比上年增招人数/万人	在校生人数/万人
普通高校	268	48	719
成人高等学校	196	40	456

要求：（1）分别计算各类高校招生人数的动态相对数；

（2）计算普通高校与成人高校招生人数比；

（3）计算成人高校在校生数量占所有高校在校生数量的比重。

3. 某地区 2021 年和 2022 年进出口贸易总额资料如表 4.3 所示。

表 4.3　某地区 2021 年和 2022 年进出口贸易总额

时间	出口总额/亿元	进口总额/亿元
2021 年	2492	2251
2022 年	2662	2436

要求：（1）分别计算 2021 年、2022 年的进出口贸易差额；

（2）计算 2022 年进出口总额比例相对数及出口总额增长速度；

（3）分析该地区进出口贸易状况。

4. 根据表 4.4，计算强度相对数的正指标和逆指标，并根据正指标数值分析该地区医疗卫生设施的变动情况。

表 4.4　某地区 2021 年和 2022 年医院与地区人口数

指标	2021 年	2022 年
医院数量/个	40	56
地区人口总数/万人	84.4	126.5

5. 某公司下属 3 个企业有关资料如表 4.5 所示，试根据指标之间的关系，计算并填写表中所缺数值。

表 4.5　某公司下属 3 个企业产值情况

企业	第一个月实际产值/万元	第二个月				第二个月实际产值为第一个月的百分比/%
		计划产值/万元	计划产值比重/%	实际产值/万元	计划完成/%	
甲	125	150			110	
乙	200	250			100	
丙	100					
合计						

第五章

变量数列分析

■**学习目标**

1. 学习平均指标的概念、特点及其计算方法。
2. 学习变异指标的概念及其计算方法。

2013 年至 2021 年，中国国内生产总值年均增长 6.6%，高于同期世界和发展中经济体平均增长水平。这一时期，中国居民恩格尔系数降低至 30% 以下，生活水平进一步提高。正是经济实力的大幅提升，让发展成果惠及全体人民成为可能。

党的二十大报告强调"高质量发展是全面建设社会主义现代化国家的首要任务"。由于中国各个地区的经济发展水平不同，如何衡量中国经济发展的平均水平？如何将中国的经济发展水平与国外先进水平进行比较？这些都需要用到本章所学的平均指标及变异指标的内容。

【导入案例】

小佳经常帮助妈妈去小区附近的农贸市场买菜，他发现最近市场上黄瓜的价格变动很大，早晨去的时候卖每千克 4 元，中午去的时候卖每千克 3.8 元，晚上最便宜——3.5 元就能买到 1 千克了。那么我们帮小佳算一下，如果这天早、中、晚买了 3 次，每次都买了 1 千克，一天下来，他买的黄瓜平均价格是多少？如果每次都买 3 元钱，那么黄瓜的平均价格又是多少？如果小佳所在的农贸市场各个摊位的黄瓜的平均价格是 1.8 元每千克，最贵的一个摊位卖 2.5 元每千克，一共有 5 家卖黄瓜的，那么平均每家相差多少元？

结合案例思考：

(1) 什么是平均指标？平均指标能说明什么问题？

(2) 平均指标有几种类型？计算方法如何？

(3) 什么是变异指标？变异指标说明什么问题？

(4) 变异指标为什么要和平均指标一起使用？

第一节 集中趋势的测定

集中趋势是指总体数据向其中心靠拢的程度。虽然统计总体的不同个体在不同时间、条件下显示出来的数据不尽相同，但就多数变量数列分布情况而言，通常出现围绕某一中心而波动的现象，即这样的变量分布具有一定的分布中心。而实际上，这一中心是用平均数来表示的。在总体中各单位标志值的分布，通常都是接近平均数的居多，而远离平均数的居少，平均数能够抽象掉各总体单位标志值之间的差异，反映总体特征的一般水平。因此，平均数可以反映总体分布的集中趋势。

平均指标，又称平均数，是社会经济统计中常用的综合指标之一，反映社会经济现象总体各单位某一数量标志在一定时间、条件下达到的一般水平。它一般有两类，即数值平均数和位置平均数。数值平均数是由总体各单位的标志值计算确定的代表值，由于计算方法的不同，有算术平均数、调和平均数和几何平均数等；位置平均数是根据各标志值在分布数列中的位置计算得到的代表值，主要有众数、中位数等。

一、算术平均数

算术平均数也称为均值（mean），记为 X，它是一组数据相加后除以数据的个数得到的结果。算术平均数在统计学中具有重要的地位，是集中趋势的最主要测度值，它反映同类现象在特定条件下所达到的一般水平。

算术平均数的基本计算公式为

$$算术平均数 = \frac{总体标志总量}{总体单位总量} \tag{5.1}$$

使用该公式应注意，算术平均数是对同质总体中各单位标志值进行平均，要求总体标志总量和总体单位总量之间同属一个总体，且存在一一对应关系，即总体标志总量必须是总体各单位标志值的总和。这也是其与强度相对数最大的区别。

1. 简单算术平均数

简单算术平均数适用于未分组的数据资料，其计算公式为

$$\bar{X} = \frac{X_1 + X_2 + X_3 + \cdots + X_n}{n} = \sum_{i=1}^{n} \frac{X_i}{n} \tag{5.2}$$

式中，$\bar{X}$ 表示算术平均数，X_i 表示各单位标志值，$\sum$ 为求和符号，n 表示总体单位总量。

【例5-1】某工厂某班组 11 名工人，各人日产量为 15、17、19、20、22、22、23、23、25、26、30 件，求工人平均日产量。

解：

$$\bar{X} = \frac{\sum X_i}{n} = \frac{15 + 17 + 19 + 20 + 22 + 22 + 23 + 23 + 25 + 26 + 30}{11} = 22(件)$$

2. 加权算术平均数

加权算术平均数适用于经分组形成的变量数列。其计算公式为

$$\overline{X} = \frac{X_1 f_1 + X_2 f_2 + \cdots + X_n f_n}{f_1 + f_2 + \cdots + f_n} = \frac{\sum_{i=1}^{n} X_n f_n}{\sum_{i=1}^{n} f_n} = \sum \frac{xf}{f} \tag{5.3}$$

或
$$\overline{X} = \sum_{i=1}^{n} X_i \frac{f_i}{\sum_{i=1}^{n} f_i} = \sum x \frac{f}{\sum f} \tag{5.4}$$

式中，f_i 为各组标志值出现的频数（次数），x 为各组的标志值或组中值，$\frac{f_i}{\sum_{i=1}^{n} f_i}$ 为频率，n 为组数，其他符号同前。

由此可见，加权算术平均数的大小，受两个因素影响：一是总体各单位标志值（x）的大小；二是各组权数（f）。权数可以分为绝对权数和相对权数。用各组的频数作为权数，即绝对数形式；用各组的频率作为权数，即相对数形式。在计算平均数时，总体各单位标志值一旦确定，各标志值的权数的多少对平均数的大小则起到决定性的作用。

【例5-2】某工厂某班组50名工人，各人日产零件数的单项数列及计算见表5.1，试求工人平均日产零件数。

表 5.1　工人及其日产零件数的单项数列

日产零件数/件	工人人数/人	比重/%
20	1	2
21	4	8
22	6	12
23	8	16
24	12	24
25	10	20
26	7	14
27	2	4
合计	50	100

解：$\overline{X} = \sum \frac{xf}{f} = \dfrac{20 \times 1 + 21 \times 4 + 22 \times 6 + \cdots + 27 \times 2}{50} = 23.88(件)$

或

$\overline{X} = \sum x \dfrac{f}{\sum f} = 20 \times 2\% + 21 \times 8\% + \cdots + 27 \times 4\% = 23.88(件)$

上述例子，是根据单项数列来计算算术平均数的。如果我们掌握的资料是组距数列，则需要先确定各组组中值，然后用组中值代表各组标志值代入加权算术平均数公式进行求解。

【例5-3】某年某月某企业工人领取奖金数据如表5.2所示，求工人平均奖金额。

表 5.2　工人奖金分布数列

工人奖金额 x/元	工人人数 f/人
<200	10
200~300	60
300~400	300
400~500	550
≥500	80
合计	1000

解：取各组组中值分别为 150、250、350、450、550，工人奖金的加权算术平均数

$$\bar{X} = \sum \frac{xf}{f} = \frac{150 \times 10 + 250 \times 60 + 350 \times 300 + 450 \times 550 + 550 \times 80}{10 + 60 + 300 + 550 + 80} = 413（元）$$

需要说明，上述计算结果是在一定的假定条件下，即假定各组内部的标志值服从均匀分布，而实际上标志值的分布并不一定呈现完全的均匀分布。所以，组距越小，计算得到的平均数越接近实际的平均数，即近似程度取决于组距大小。

二、调和平均数

调和平均数（harmonic mean）又称倒数平均数，是总体各统计变量倒数的算术平均数的倒数。调和平均数是平均数的一种。但统计调和平均数与数学调和平均数不同，它是变量倒数的算术平均数的倒数。由于它是根据变量的倒数计算的，所以又称倒数平均数。

1. 简单调和平均数

设有 n 个变量值 X_1，X_2，$\cdots$，X_n 由几何平均数定义可得出简单几何平均数的计算公式为

$$\bar{X}_H = \frac{n}{\dfrac{1}{X_1} + \dfrac{1}{X_2} + \cdots + \dfrac{1}{X_n}} = \frac{n}{\sum \dfrac{1}{X_n}} \tag{5.5}$$

式中，$\bar{X}_H$ 表示几何平均数，X_i 表示各单位标志值，n 表示总体单位总量。

【例 5-4】某商品在淡季、平季、旺季的价格分别是 100 元、116 元、140 元，假设分别以淡季、平季、旺季的价格购买金额相等的这种商品，求该商品的平均价格。

解：将有关数字代入简单调和平均数公式，得到该商品在三个季节中的平均价格为

$$\bar{x}_n = \frac{n}{\sum \dfrac{1}{x}} = \frac{3}{\dfrac{1}{100} + \dfrac{1}{116} + \dfrac{1}{140}} \approx \frac{3}{0.02576} \approx 116.46（元）$$

2. 加权调和平均数

加权调和平均数是各个标志值倒数的加权算术平均数的倒数。在实际中各标志值相应的标志总量往往是不等的，在这种情况下求平均数时，应计算加权调和平均数，其计算公式为

$$\bar{x}_n = \frac{m_1 + m_2 + m_3 + \cdots + m_n}{\dfrac{m_1}{x_1} + \dfrac{m_2}{x_2} + \dfrac{m_3}{x_3} + \cdots + \dfrac{m_n}{x_n}} = \frac{\sum m}{\sum \dfrac{m}{x}} \tag{5.6}$$

【例5-5】某食堂购进某种蔬菜相关资料见表5.3，求这种蔬菜的平均价格。

表5.3　某种蔬菜价格资料及计算

	价格 $x/$（元/千克）	购买金额 $m/$元	购买量（m/x）/千克
早	1.00	10.0	10.0
午	1.20	15.0	12.5
晚	1.10	20.0	18.2
合计	—	45.0	40.7

根据表5.3中的资料，计算该食堂购进这种蔬菜的平均价格为

$$\bar{x}_n = \frac{\sum m}{\sum \dfrac{m}{x}} = \frac{10.0 + 15.0 + 20.0}{40.7} = \frac{45.0}{40.7} \approx 1.106(\text{元／千克})$$

通过上例计算可以看出，加权调和平均数实质上是加权算术平均数的一种变换形式，它们的关系为

$$\bar{x}_n = \frac{\sum m}{\sum \dfrac{m}{x}} = \frac{\sum xf}{\sum \dfrac{xf}{x}} = \frac{\sum xf}{\sum f} = \bar{x} \tag{5.7}$$

由此可见，加权调和平均数与加权算术平均数只是计算形式上的不同，其经济内容是一致的：都是反映总体标志总量与总体单位总量的比值。在计算平均数时，可以根据所掌握资料的不同，选择加权算术平均数或加权调和平均数。当已知资料为分母而未知分子时采用加权算术平均数，当已知资料为分子而未知分母时采用加权调和平均数。

下面通过实例来说明加权算术平均数和加权调和平均数两种方法的应用。

（1）由相对数计算平均数。以计划完成程度相对指标为例，当掌握的资料为实际完成数时（已知分子），求平均计划完成程度，应以实际完成数作为权数，采用加权调和平均数来计算；当掌握的资料为计划任务数（已知分母）时，应以计划任务数作为权数，采用加权算术平均数来计算。

【例5-6】某饭店分一部、二部、三部，2022年计划收入分别为300万元、260万元、240万元，计划完成程度分别为102%、107%、109%。求平均计划完成程度。

由于掌握的资料是计划任务数，平均计划完成程度应采用以计划收入为权数的加权算术平均数来计算，见表5.4。

表5.4　某饭店计划完成资料及计算表

部门	计划完成程度 $x/\%$	计划收入 $f/$万元	实际收入 $xf/$万元
一部	102	300	306.0

表5.4(续)

部门	计划完成程度 x/%	计划收入 f/万元	实际收入 xf/万元
二部	107	260	278.2
三部	109	240	261.6
合计	—	800	845.8

平均计划完成程度为

$$\bar{x} = \frac{\sum xf}{\sum f} = \frac{845.8}{800} \times 100\% \approx 105.73\%$$

如果掌握的资料是实际完成数,平均计划完成程度则要采用以实际收入为权数的加权调和平均数来计算,见表5.5。

表 5.5 某饭店实际完成资料及计算表

部门	计划完成程度 x/%	实际收入 m/万元	计划收入 (m/x) /万元
一部	102	306.0	300
二部	107	278.2	260
三部	109	261.6	240
合计	—	845.8	800

$$\bar{x}_n = \frac{\sum m}{\sum \frac{m}{x}} = \frac{845.8}{800} \times 100\% \approx 105.73\%$$

从上述两例中可以看到,在由相对数或平均数计算平均数时,要判断在什么情况下可以采用算术平均数或调和平均数的问题,关键在于以算术平均数的基本公式为依据。如果我们所掌握的权数资料是基本公式的母项数值,则直接采用加权算术平均数形式;如果我们所掌握的权数资料是基本公式的子项数值,则须采用加权调和平均数形式。总之,应根据所掌握的资料条件来决定。

(2)由平均数计算平均数。以工业企业生产工人劳动生产率为例,如果所掌握的资料是各车间的生产工人劳动生产率及其产值,则计算该企业的平均生产工人劳动生产率时应采用加权调和平均数;如果所掌握的资料是各车间的生产工人劳动生产率及其生产工人人数,则计算该企业的平均生产工人劳动生产率时应采用加权算术平均数。

【例5-7】现以2022年某工业部门的相关指标数值为例,确定采用加权调和平均数还是采用加权算术平均数来计算平均生产工人劳动生产率,资料见表5.6。

表 5.6 2022 年某工业部门有关资料

按劳动生产率分组/ (万元/人)	工业增加值/万元
2~4	746060.78
4~6	593670.91

表5.6(续)

按劳动生产率分组/（万元/人）	工业增加值/万元
6~8	1151155.53
8~10	1147773.57
合计	3638660.79

根据表 5.6 中的资料，可采用加权调和平均数来计算平均生产工人劳动生产率，见表 5.7。

表 5.7　2022 年平均生产工人劳动生产率计算表

按劳动生产率 分组/（万元/人）	组中值 x/（万元/人）	工业增加值 m/万元	生产工人数（m/x）/人
2~4	3	746060.78	248687
4~6	5	593670.91	118734
6~8	7	1151155.53	164451
8~10	9	1147773.57	127530
合计	—	3638660.79	659402

将表 5.7 中的数值代入式（5.7），可得平均生产工人劳动生产率为

$$\bar{x}_n = \frac{\sum m}{\sum \frac{m}{x}} = \frac{3638660.79}{659402} \approx 5.52（万元／人）$$

调和平均数有如下的特点：①在一系列的数列中，如果有标志值等于零，则无法计算调和平均数。②它作为数值平均数的其中一类，受所有标志值的影响，但它对极端值的敏感程度要比算术平均数小，且受极小值的影响大于受极大值的影响。

三、几何平均数

几何平均数就是 n 个变量值连乘积的 n 次方根，又被称为"对数平均数"，在计算方法上可以看作算术平均数公式的变形。当所掌握的变量值本身是比率的形式，而且各比率的乘积等于总的比率，这时就应采用几何平均法计算平均比率。几何平均数主要适用于总量等于各个分量之乘积的现象，在计算社会经济问题的平均发展速度、平均比率等方面有很重要的作用。

根据掌握资料的差异，几何平均数分为简单几何平均数和加权几何平均数两种。同算术平均数一样，简单几何平均数适用于未分组资料，而加权几何平均数适用于分组后的变量数列。在实际中常用的是简单几何平均数。

1. 简单几何平均数

设有 n 个变量值 X_1，X_2，$\cdots$，X_n，由几何平均数定义可得出简单几何平均数的计算公式为

$$\bar{x}_G = \sqrt[n]{x_1 \cdot x_2 \cdot x_3 \cdot \cdots \cdot x_n} = \sqrt[n]{\prod x} \tag{5.8}$$

式中，$\bar{x}_G$ 表示几何平均数，$\prod$ 表示连乘符号，n 表示变量值个数。

【例5-8】一位投资者持有一种股票，2019 年、2020 年、2021 年和 2022 年收益率分别为 45%、20%、35%、54%。要计算该投资者在这四年内的平均收益率，我们很容易就将上面的 4 个收益率加起来除以 4，这是不正确的做法，因为这 4 个收益率分别是在前边各年收益率增长的基础上进一步增长的，也就是说每一年变化的分母是不同的，应该用几何平均数的方法，即

$$\bar{x}_G = \sqrt[4]{1.045 \times 1.02 \times 1.035 \times 1.054} \times 100\% \approx 1.0384 \times 100\% = 103.84\%$$

【例5-9】某机械厂生产机器，设有毛坯、粗加工、精加工、装配四个连续作业的车间，各车间某批产品的合格率分别为 96%、93%、95%、97%，求各车间制品平均合格率。

由于全厂产品的总合格率并不等于各车间制品的合格率总和，后续车间的合格率是在前一车间制品全部合格的基础上计算的，全厂产品的总合格率应等于各车间制品合格率的连乘积，所以不能采用算术平均数和调和平均数公式计算平均合格率，而应用几何平均法来求，其计算为

$$\bar{x}_G = \sqrt[n]{\prod x} = \sqrt[4]{96\% \times 93\% \times 95\% \times 97\%} \approx 95.24\%$$

2. 加权几何平均数

当计算几何平均数的每个变量值的次数不相同时，则应用加权几何平均法，其计算公式为

$$\overline{x_G} = {}^{f_1 + f_2 + \cdots + f_n}\sqrt{x_1^{f_1} \cdot x_2^{f_2} \cdots x_n^{f_n}} = \sqrt[\sum f]{\prod x^f} \tag{5.9}$$

式中，f 为各变量值的次数或权数。

【例5-10】某笔为期 20 年的投资按复利计算收益，前 10 年的年利率为 10%，中间 5 年的年利率为 8%，最后 5 年的年利率为 6%，则 20 年后的本利率为

$$x = (1 + 10\%)^{10} \times (1 + 8\%)^5 \times (1 + 6\%)^5 \approx 5.1001$$

整个投资期间的年平均利率为

$$\bar{x}_G = \left({}^{10+5+5}\sqrt{1.10^{10} \times 1.08^5 \times 1.06^5} - 1 \right) \times 100\% \approx \left(\sqrt[20]{5.1001} - 1 \right) \times 100\% \approx 8.487\%$$

几何平均数是计算平均比率或平均速度最适用的一种方法。这是因为几何平均数的数学性质与社会经济现象发展的平均比率或平均速度形成的客观过程相一致。几何平均数适用于反映特定现象的平均水平，即凡是变量值的连乘积等于总比率或总速度的现象都适用于用几何平均数计算平均比率或平均速度，应用范围较之算术平均数较窄。

几何平均数有如下的特点：①在一系列的数列中，如果有标志值为零或者负值，则无法计算几何平均数；②它作为数值平均数的其中一类，受所有标志值的影响，但它受极端值的影响要比算术平均数和调和平均数小，比较稳健。

四、众数

1. 众数的概念

众数是指总体中出现次数最多的标志值，能直观地说明客观现象分配的集中趋势。

它是总体中最常遇到的标志值，是最普遍、最一般的标志值。在实际工作中，有时也要利用众数代替算术平均数来表明社会经济现象的一般水平。

众数是由变量值出现次数多少决定的，不受数据资料中极端值的影响。在实际工作中，众数应用较为普遍。例如，要说明一个企业中工人最普遍的技术等级，说明消费者需要的内衣、鞋袜、帽子等最普遍的号码，说明农贸市场上某种副产品最普遍的成交价格等，都需要利用众数。但是必须注意，从分布的角度看，众数是具有明显集中趋势点的数值。如果有两个或更多的高峰点，众数就不止一个；如果数据中恰有两个众数，我们称此众数是双众数；如果在数据中有两个以上的众数，我们称此众数是复众数。在多众数的情况下，一般不采用众数描述数据的一般水平。

例如：要说明消费者需要的服装、鞋帽等的普遍尺码，反映集市贸易市场某种蔬菜的价格等，都可以通过市场调查、分析了解哪一尺码的成交量最大，或者哪一价格的成交量最多。

2. 众数的确定

确定众数，首先要将数据资料进行分组，编制变量数列，然后根据变量数列的不同种类采用不同的方法。

（1）根据单项式数列确定众数。在单项式数列情况下，确定众数比较简单，只需通过观察找出次数出现最多的那个标志值即可。这里重点介绍根据组距式数列确定众数的方法。

【例5-11】某商店1月女式棉毛衫销售量如表5.8所示，试确定棉毛衫尺码的一般水平。

表5.8　女式棉毛衫销售情况

尺码/厘米	销售量/件	尺码/厘米	销售量/件
80	6	95	30
85	8	100	12
90	48	105	6

由表可以看出，90厘米的销售量为48件，为最多，所以尺码的众数 $M_0 = 90$ 厘米。

（2）根据组距数列确定众数。先根据数列最多的组确定为众数所在组，再利用插补法求其近似值。计算众数有下限公式和上限公式两种，其计算结果相同，可根据情况任选其一。

下限公式为

$$M_0 = L + \frac{\Delta_1}{\Delta_1 + \Delta_2} i$$

上限公式为

$$M_0 = U - \frac{\Delta_2}{\Delta_1 + \Delta_2} i$$

式中，M_0 代表众数，L 代表众数所在组的下限，U 代表众数所在组的上限，Δ_1 代表众数所在组的次数与前一组次数之差，Δ_2 代表众数所在组的次数与后一组次数之差，i 代表众数组组距。

【例5-12】某市职工家庭月收入情况如表5.9所示，试计算其众数。

表 5.9 某市职工家庭月收入情况

人均月收入/元	职工户数/户	人均月收入/元	职工户数/户
1000~2000	80	4000~5000	200
2000~3000	240	5000~6000	100
3000~4000	900	6000~7000	50

用下限公式计算：

$$M_0 = L + \frac{V_1}{V_1 + V_2}i = 3000 + \frac{900 - 240}{(900 - 240) + (900 - 200)} \times 1000 \approx 3485.29(元)$$

用上限公式计算：

$$M_0 = U - \frac{V_2}{V_1 + V_2}i = 4000 - \frac{900 - 200}{(900 - 240) + (900 - 200)} \times 1000 \approx 3485.29(元)$$

可见，用上限公式和下限公式计算的结果一致。

3. 众数的特点及应用

众数具有以下几个特点：

第一，由于众数是根据变量值出现的次数确定的，是一个位置平均数，不需要通过全部变量值来计算，只考虑总体分布中最频繁出现的变量值，而不受极端变量值和开口组数列的影响，从而增强了对变量数列一般水平的代表性。

第二，在组距数列中，各组分布的次数受组距大小的影响，所以根据组距数列确定众数时要保证各组组距相等。

第三，在一个次数分布中有几个众数，称为多重众数；有两个众数，称为双众数，此时说明总体内存在不同性质的事物。

众数是一个不易确定的平均指标，当分布数列没有明显的集中趋势而趋均匀分布时，则无众数可言，因此在确定众数时，需要满足以下两个前提：

（1）总体单位数较多。若总体单位数不多，虽然可以从中得到一个具有较大频率的数值，但其价值并不一定具有"最普遍值"的意义。

（2）次数分布具有明显的集中趋势。若数列中各个数据出现的频率都差不多，则所得到的"众数"缺乏代表性。

五、中位数

1. 中位数的概念

中位数是指将总体各单位标志值按大小顺序排列后，处于中间位置的那个标志值。显然，中位数把全部标志值分为两部分，一部分标志值比它大，一部分标志值比它小，而且比它大的标志值个数等于比它小的标志值个数，由于它的位置居中，其数值不受极端数值的影响，也能表明总体各单位标志值的一般水平，并且具有稳健性。

用中位数表示现象的一般水平，在许多场合有其特殊的意义。例如，在进行产品质量控制时，对生产的产品随机抽几个进行观察，若计算其平均数则较麻烦，只要看中位数的大小就可知道其一般水平如何。

2. 中位数的确定

根据所掌握资料的不同，中位数的确定方法有两种，即根据未分组资料确定中位数和根据分组资料确定中位数。

（1）根据未分组资料确定中位数。

首先将掌握的资料按标志值由大到小或由小到大的顺序进行排列，然后确定中位数所在的位置，与中位数所在位置相对应的标志值即为中位数。

$$中位数位置 = \frac{n+1}{2}（n\ 代表总体单位数）$$

①如果标志值的项数是奇数，那么中间位置的那个标志值，就是中位数。

【例5-13】有5位员工生产某件产品的件数，按照从小到大的顺序排列为：15，23，25，29，32。

$$中位数位置 = \frac{5+1}{2} = 3$$

这表明第三位员工日产25件产品为中位数。

②如果标志值的项数是偶数，那么处于中间位置左右两边的标志值的算术平均数，就是中位数。

【例5-14】有6位员工生产某件产品的件数，按照从小到大的顺序排列如下：15，23，25，29，32，33。

$$中位数位置 = \frac{6+1}{2} = 3.5$$

这表明第三位员工和第四位员工的算术平均数为中位数，即

$$\frac{25+29}{2} = 27（件）$$

（2）根据分组资料确定中位数。

①根据单项式数列确定中位数。首先要考虑标志值的分布情况，按一定方法计算累计次数。计算累计次数的方法有向上累计和向下累计两种。当标志值是按从小到大的顺序排列时，前者是指向上累计，后者是指向下累计；相反，当标志值是按从大到小的顺序排列时，前者是指向下累计，后者是指向上累计。

具体步骤为：首先，求中位数位置，即 $\frac{\sum f}{2}$（$\sum f$ 为总体单位数之和）；其次，计算各组的累计次数（向上累计次数或者向下累计次数）；最后，根据中位数位置找出中位数。

②根据组距式数列确定中位数。根据组距式数列确定中位数相对比较复杂，首先，根据 $\frac{\sum f}{2}$ 确定中位数所在的组，然后，可以采用比例插入法，求得中位数的近似值，其计算公式为

下限公式（向上累计时用）：$M_e = L + \dfrac{\dfrac{\sum f}{2} - s_{m-1}}{f_m} d$

上限公式（向下累计时用）：$M_e = U - \dfrac{\dfrac{\sum f}{2} - s_{m+1}}{f_m} d$

式中，M_e——中位数，L——众数所在组的下限，U——众数所在组的上限，f_m——中位数所在组的次数，d——中位数所在组的组距，s_{m-1}——向上累计至中位数所在组前一组的次数，s_{m+1}——向下累计至中位数所在组后一组的次数。

【例5-15】某企业员工日产量如表5.10所示。

表5.10　某企业员工日产量的中位数计算表

按日产量分组/千克	员工数/人	向上累计次数	向下累计次数
<60	10	10	164
60~70	19	29	154
70~80	50	79	135
80~90	36	115	85
90~100	27	142	49
100~110	14	156	22
≥110	8	164	8
合计	164	—	—

中位数的位置 $= \dfrac{\sum f}{2} = 82$，则计算结果表明，这个组距数列中的第82位员工的日产量是中位数。从累计（两种方法）员工数中可见，第82位员工均被包括在第四组，即中位数在组 $80 \sim 90$ 内，以下用公式计算中位数。

按下限公式（向上累计时用）有

$$M_e = L + \dfrac{\dfrac{\sum f}{2} - s_{m-1}}{f_m} d$$

$$= 80 + \dfrac{\dfrac{164}{2} - 79}{36} \times 10 \approx 80.83（千克）$$

按上限公式（向下累计时用）有

$$M_e = U - \dfrac{\dfrac{\sum f}{2} - s_{m+1}}{f_m} d$$

$$= 90 - \frac{\frac{164}{2} - 49}{36} \times 10 \approx 80.83(千克)$$

计算结果表明，该企业员工日产量中位数为 80.83 千克，无论用下限公式还是上限公式都可以得到相同的结果。

3. 中位数的特点

中位数具有以下几个特点：第一，由于中位数是根据变量值的位置确定的，不需要通过全部变量值来计算，因此它不受极端变量值以及开口组的影响，从而具有稳健性。第二，各单位标志值与中位数离差的绝对值之和为最小值，也就是说，如果用其他任何数值，如用均值、众数等代替中位数，其绝对值之和都大于数据值与中位数之差绝对值的和，这个性质表明中位数与数据值的距离最短。例如，要在若干个连锁店间选择仓库或商品配送中心就可以利用这一性质，因而中位数在工程设计中有其应用价值。第三，对于某些不具有数学特点或者不能数据化的现象，可用中位数求其一般水平。

六、各种平均数之间的关系

（一）算术平均数、几何平均数和调和平均数三者的关系

例如：有变量值 4、8、10、12，对其计算三种平均数，得到计算结果 $\bar{X} = 8.5$，$X_G = 7.87$，$X_H = 7.16$，由此可见，用同一种资料计算的结果是：几何平均数大于调和平均数而小于算术平均数，只有当数列中所有标志量都相等时，这三种平均数才相等，它们的关系用不等式表示为

$$X_H \leqslant X_G \leqslant \bar{X}$$

（二）算术平均数、众数和中位数三者的关系

算术平均数、众数和中位数这三者的关系与总体分布的特征有关，可以分为以下三种表现情况：

（1）当总体分布呈对称状态时，三者合而为一，即 $\bar{X} = M_0 = M_e$（如图 5.1 所示）。

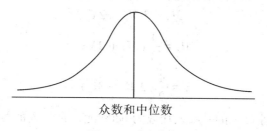

众数和中位数

图 5.1 对称分布

（2）当总体分布呈右偏分布时，则有 $M_0 < M_e < \bar{X}$（如图5.2所示）。

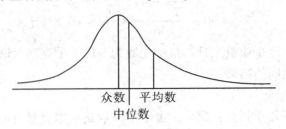

图 5.2　右偏分布

（3）当总体分布呈左偏分布时，则有 $\bar{X} < M_e < M_0$（如图5.3所示）。

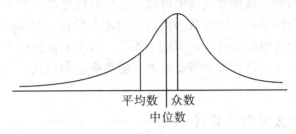

图 5.3　左偏分布

以上第二种、第三种情况均为总体分布呈非对称状态，这时三者之间就存在着一定的差别，越不对称，差别越大。英国统计学家卡尔·皮尔逊（Karl Pearson）认为，当分布左偏或者右偏不太明显时，三者之间的数量关系是：中位数 M_e 与算术平均数 $\bar{X}$ 的距离是众数 M_0 与算术平均数 $\bar{X}$ 距离的三分之一，即关系式为 $|\bar{X} - M_0| = 3 |\bar{X} - M_e|$。所以，如果 $\bar{X} - M_0 > 0$，则说明分布右偏（又称上偏，如图5.2所示）；如果 $\bar{X} - M_0 < 0$，则说明分布左偏（又称下偏，如图5.3所示）；如果 $\bar{X} - M_0 = 0$，则说明分布对称（如图5.1所示）。

根据皮尔逊的经验公式，还可以推算出：在轻微偏态的次数分布中，一旦三者之中两者为已知时，就可以近似估计出第三者，计算公式如下：

$$M_0 = 3 M_e - 2X$$

$$M_e = \frac{1}{3}(M_0 + 2X)$$

$$X = \frac{1}{2}(3 M_e - M_0)$$

【例5-16】某企业员工的月收入众数为6800元，月收入的算术平均数为7100元，则月收入的中位数的近似值为

$$M_e = \frac{1}{3}(M_0 + 2X) = \frac{1}{3}(6800 + 2 \times 7100) = 7000(元)$$

由计算结果和已知数据，我们可以知道中位数小于算术平均数且大于众数，则分布为右偏分布。

七、应用平均指标须注意的问题

（一）注意社会经济现象的同质性

同质性，就是指总体各单位在被平均的标志上具有同类性，这是应用平均指标的基本原则。平均指标所处理的是同质异量的大量现象，只有在同质总体中，总体各单位才具有共同的特征，从而才能计算它们的平均数来反映现象的一般水平。否则，计算的平均数就会把现象的本质差异掩盖起来，不能起到说明事物性质及其规律性的作用。

（二）注意用组平均数补充说明总平均数

平均指标反映了总体各单位某一数量标志值的一般水平，但掩盖了各组之间的差异。总体各组之间及组内之间的差异往往影响总体的特征和分布规律，各组结构变动也会对总体变动产生影响。为了全面认识总体的特征和分布规律，克服认识上的片面性，需要将平均指标与统计分组结合起来，用组平均数补充说明总平均数。

（三）注意用分配数列补充说明总平均数

平均指标的重要特征是把总体各单位的数量差异抽象化，只说明现象的共性即一般水平，掩盖了各单位的数量差异及其分布情况。因此，需要用分配数列补充说明总平均数，在利用平均数对社会经济现象进行分析时，还要结合原来的分配数列，分析平均数在原数列中所处的位置以及各单位标志值在平均数上下的分配情况。

第二节　标志变异指标

一、标志变异指标的概念和作用

（一）标志变异指标的概念

标志变异指标是指反映总体中各单位标志值差异程度的综合指标，又称标志变动度，即离散程度或离中程度。标志变异指标与平均指标之间具有相互联系、相互对应的关系。平均指标是统计总体中各单位某一数量标志值的一般水平，反映了总体各单位变量值分布的集中趋势。利用平均指标可以对同类现象在不同空间或时间条件下的数量表现进行对比，以反映现象的发展趋势或规律，但是总体各单位标志值的差异仍然存在，而且平均数代表性的高低，会因总体各单位的差异程度不同而不同。因此，运用平均指标认识社会经济现象时，还要结合总体各单位标志值的差异程度。

（二）标志变异指标的作用

1. 标志变异指标可以衡量平均数代表性的大小

平均指标作为总体内各单位某一数量标志的代表值，其代表性的大小与总体各单位标志值的差异程度的高低有直接关系，其表现是：总体的标志变异指标值越大，平均数的代表性越小；反之，平均数的代表性就越大。

【例5-17】某工厂某车间两个班组各7名工人的每人日产某种零件数（单位：件）如下：

甲组：20，40，60，70，80，100，120

乙组：67，68，69，70，71，72，73

甲、乙两组的平均每人日产量都相等，都是70件，但甲组各工人日件数相差很大，分布很分散，乙组各工人日件数相差不大，分布相对集中。因此，虽然平均数都是70件，对甲组来说，其代表性要小得多；对乙组来说，代表性相对较大。

2. 标志变异指标可以说明现象变动的稳定性、均衡性

计算同类总体的标志变异指标，并进行比较，可以观察标志值变动的稳定程度或均衡状态。例如，观察工业企业的生产情况，在研究生产计划完成程度的基础上，利用标志变异指标可以测定生产过程的均衡性；另外，测定产品质量的稳定性、电灯泡的耐用程度、轮胎的行驶里程等也需要利用标志变异指标。

【例5-18】甲、乙生产企业某年第一季度供货计划完成情况见表5.11。

表5.11　甲、乙生产企业某年第一季度供货计划完成情况

企业	供货计划完成百分比/%			
	第一季度供货计划执行结果	1月	2月	3月
甲	100	32	34	34
乙	100	20	30	50

从表5.11可以看出，两企业供货计划虽然都已经完成，但计划执行的均衡性不同，甲企业按月均衡地完成了规定的季度供货计划，而乙企业则前松后紧，1、2月总共完成计划的50%，3月再完成计划的50%，这样就缺乏均衡性。

3. 标志变异指标的大小有助于确定必要的样本单位数

进行抽样调查时，为了合理地利用人力、财力、物力和时间，应正确地确定必要的样本单位数，抽取的样本单位数过多或过少都会影响样本平均指标的代表性。而标志变异指标的大小可以帮助我们正确地确定必要的样本单位数。标志变异指标是计算抽样误差的重要方法，也是进行相关与回归分析时计算估计标准误差的重要方法。

二、标志变异指标的种类及计算方法

(一) 全距

全距是总体各单位标志值中最大值与最小值之差，又称极差，一般用 R 表示。

1. 未经整理的原始资料和单项数列全距的确定

其计算公式为

$$全距（R）=最大标志值-最小标志值 \tag{5.10}$$

【例5-19】有两个学习小组，各有5名学生，其学习成绩（单位：分）分别为

甲组：80，85，90，95，100

乙组：86，88，90，92，94

$R_甲=100-80=20$（分），$R_乙=94-86=8$（分），说明甲的差异程度高于乙，同时说明甲的平均成绩90分的代表性低于乙。

2. 组距数列全距的确定

其计算公式为

$$全距（R）= 最高组的上限 - 最低组的下限 \tag{5.11}$$

【例5-20】 某组距数列，最大组为 600~700，最小组为 100~200，则 $R = 700 - 100 = 600$（元）。

全距反映了总体各单位标志值的变动范围，它的优点是计算简便、意义明确、便于理解，能准确地反映总体中两极的差距，所以在实际工作中应用十分广泛，如在工业企业的产品质量管理中、证券市场的行情分析中都有广泛应用。但全距仅表示总体各单位标志值的变动范围，没有包括中间各标志值的变异情况，也无法反映变量数列的次数分布情况，是对变异程度较粗略的反映，极易受到极端数值的影响；因此，它不能反映总体各单位标志值的变异程度，也不能很好地反映平均指标的代表性。

（二）平均差

平均差是总体各单位标志值与其算术平均数离差的绝对值的算术平均数，用符号" *A.D.* "来表示。计算平均差的目的是测算各单位标志值与其算术平均数离差的大小，因为离差有正、有负，还可能是零，所以，为了避免加总过程中的正负抵消，计算平均差时要取离差的绝对值。平均差能够综合反映总体中各单位标志值变动的影响。一般而言，平均差越大，表明标志的变动程度越大，则平均数的代表性越差；反之，平均差越小，表明标志的变动程度越小，则平均数就越具有代表性。平均差考虑了变量数列中所有变量的变动情况，它比全距更能全面地反映变量值的集中趋势。

由于依据的资料条件不同，平均差的计算方法可分为简单算术平均式和加权算术平均式。

1. 未分组资料平均差的确定

其计算公式为

$$A.D. = \frac{\sum |x - \bar{x}|}{n} \tag{5.12}$$

【例5-21】 甲、乙两个学习小组的成绩（单位：分）见表5.12，试计算各组的平均差。

表5.12　甲、乙两个学习小组的成绩

甲组 $\bar{x}=90$			乙组 $\bar{x}=90$		
成绩 x	$x - \bar{x}$	$\|x - \bar{x}\|$	成绩 x	$x - \bar{x}$	$\|x - \bar{x}\|$
80	−10	10	86	−4	4
85	−5	5	88	−2	2
90	0	0	90	0	0
95	5	5	92	2	2
100	10	10	94	4	4
Σ	0	30	Σ	0	12

$$A.D._{甲} = \frac{30}{5} = 6(分), \quad A.D._{乙} = \frac{12}{5} = 2.4(分)$$

甲组平均差大于乙组，说明甲组平均数的代表性差。

2. 分组资料平均差的确定

$$A.D. = \frac{\sum |x - \bar{x}|f}{\sum f} \tag{5.13}$$

【例5-22】某广告公司40名业务员6月的业绩（单位：万元）见表5.13，试计算平均差。

表5.13　某广告公司40名业务员6月的业绩资料

业绩 x	人数 f	xf	$|x - \bar{x}|$	$|x - \bar{x}|f$
35	8	280	25	200
56	20	1120	4	80
80	8	640	20	160
90	4	360	30	120
$\sum$	40	2400	—	560

$$\bar{x} = \frac{\sum xf}{\sum f} = \frac{2400}{40} = 60(万元)$$

$$A.D. = \frac{\sum |x - \bar{x}|f}{\sum f} = \frac{560}{40} = 14(万元)$$

与全距相比，平均差的计算也比较简便，但意义更明确，而且平均差是根据总体内全部标志值来计算的，考虑了各个标志值的差异，具有充分的代表性。平均差在某些质量检查中得到了应用，如纺织厂对棉纤维的长度检查。但是，由于平均差是通过取绝对值的方法来消除离差的正负，这不合乎统计上的数字处理，有碍于做进一步的统计分析，因此在实际应用中受到很大的限制。平均差是反映标志变动程度的平均指标，其计量单位与标志值的计量单位相同，它除了受标志变异程度的影响外，还受变量水平的影响。在应用平均差进行统计分析时，如果两个总体平均数相等，则可直接比较两个总体平均差，说明两个总体平均数的代表性大小及标志值的变异程度差异；如果两个总体平均数不相等，即变量水平不同，为了消除这一影响，则应计算平均差系数，比较平均差系数对两个总体平均数代表性与标志变异程度。

（三）标准差和方差

标准差也称为均方差，标准差的平方称为方差。标准差是总体各单位标志值与其算术平均数离差平方的算术平均数的算术平方根，常用符号"σ"表示。标准差的意义与平均差基本相同，也是根据各个标志值对其算术平均数求其平均离差后再进行计算的。但由于标准差是采用离差平方的方法来消除正负离差，因此在数学处理上比平均差更为合理和优越，是标志变异指标中测度数据离散程度最重要、最常用的指标。标准差可以当作不确定性的一种测量。例如，在物理学科中，做重复性测量时，测量数值集合的标准差代表这些测量的精确度，当要决定测量值是否符合预测值时，测量值的标准差起到决定性作用：如果测量平均值与预测值相差太远（同时与标准差数值做比较），则认为测量值与预测值互相矛盾。这很容易理解，因为如果测量值都落在一定数值范围之外，可以合理推论预测值是否正确。再比如，标准差应用于投资上，可作为量度回报稳定性的指标，标准差数值越大，代表回报远离过去平均数值，回报较不稳定，故风险越高；相反，标准差数值越小，代表回报较为稳定，风险亦较低。

标准差与方差的意义和平均差基本相同，也反映数列中各单位标志值的平均差异程度，不同的是在数学处理方法上有所区别。标准差和方差是采用平方的方法来消除各标志值与其平均数离差的正、负号，并通过求其平方根予以还原，因此比平均差更符合数学处理的要求，并且其计算结果一般稍大于平均差。这对于在进行抽样分析时，提高推断的准确程度具有一定的意义。

1. 标准差和方差的计算

由于依据的资料条件不同，标准差和方差的计算方法可分为简单算术平均式和加权算术平均式。

（1）未分组资料标准差和方差的确定。

$$\sigma = \sqrt{\frac{\sum (x - \bar{x})^2}{n}} , \sigma^2 = \frac{\sum (x - \bar{x})^2}{n}$$

标准差的计算可分为四步：

第一步，计算各单位标志值与其算术平均数的离差。

第二步，将各离差进行平方。

第三步，将离差平方和除以离差项数，计算出方差。

第四步，计算方差的算术平方根，即标准差。

【例5-23】甲、乙两个学习小组的成绩如表5.14所示，试计算各组的标准差。

表5.14　甲、乙两个学习小组的成绩　　　　　　　单位：分

甲组 $\bar{x} = 90$			乙组 $\bar{x} = 90$		
成绩 x	$x - \bar{x}$	$(x - \bar{x})^2$	成绩 x	$x - \bar{x}$	$(x - \bar{x})^2$
80	-10	100	86	-4	16
85	-5	25	88	-2	4
90	0	0	90	0	0
95	5	25	92	2	4
100	10	100	94	4	16
Σ	0	250	Σ	0	40

$$\sigma_{甲} = \sqrt{\frac{\sum (x - \bar{x})^2}{n}} = \sqrt{\frac{250}{5}} \approx 7.071 (分)$$

$$\sigma_{\text{乙}} = \sqrt{\frac{\sum (x - \bar{x})^2}{n}} = \sqrt{\frac{40}{5}} \approx 2.828(\text{分})$$

甲组的标准差大于乙组，说明甲组平均数的代表性差。

（2）分组资料标准差和方差的确定。

$$\sigma = \sqrt{\frac{\sum (x - \bar{x})^2 f}{\sum f}}, \quad \sigma^2 = \frac{\sum (x - \bar{x})^2 f}{\sum f}$$

【例5-24】表5.15所示为某广告公司40名业务员6月的业绩，试计算标准差。

表5.15　某广告公司40名业务员6月的业绩资料　　　　单位：万元

业绩 x	人数 f	xf	$(x - \bar{x})^2$	$(x - \bar{x})^2 f$
35	8	280	625	5000
56	20	1120	16	320
80	8	640	400	3200
90	4	360	900	3600
Σ	40	2400	—	12120

$$\sigma = \sqrt{\frac{\sum (x - \bar{x})^2 f}{\sum f}} = \sqrt{\frac{12120}{40}} \approx 17.41(\text{分})$$

2. 标准差的特点

标准差和平均差都能全面反映数列变量值平均的离散程度，但标准差的数值要比平均差大。这是由于采用离差平方的方法来消除正负离差互相抵消的问题时，夸大了绝对值较大的离差的影响。但由于标准差采用平方的形式更符合代数运算，所以运用最广泛。标准差一方面具有平均差的优点，即它将总体中各单位标志值的差异全部包括在内，可以准确地反映总体的离散程度，另一方面还避免了求平均差时存在的取绝对值的问题，适用于代数运算等。由于标准差的这些优点，人们在实际工作中一般都用它来测定总体的离散程度，其应用十分广泛。但标准差都是用有名数表示的平均差异程度，它们的数值受平均指标数值的影响，当总体平均指标数值比较大时，标准差的数值就大；反之，标准差的数值也就小。因此，在比较不同平均水平下的总体变异程度时，还须引入其他变异指标。

3. 标准差的作用

标准差在统计学中有不可替代的重要作用。在社会经济现象的统计分析中，标准差是反映总体分布离散趋势的重要特征值，是统计学中的支柱性概念，在现实生活中具有广泛的应用价值。

（1）测定分布偏度。

根据前面介绍的英国统计学家卡尔·皮尔逊测定法，即利用算术平均数和众数、中位数的关系来测定分布偏度，具体而言，当（$\bar{X} - M_0$）>0时次数分布呈右偏，当

（$\bar{X} - M_0$）<0 时次数分布呈左偏。在偏态分布的情况下，算术平均数、众数和中位数三者之间存在差距，分布越偏斜，算术平均数与中位数或众数的差距越大。通常利用算术平均数与众数的差距来测定偏态的绝对偏斜程度，即绝对偏度。但绝对偏度具有客观现象的计量单位，不便进行不同水平的现象之间的比较，需要对其进行抽象化，即将算术平均数与众数的差距除以标准差，得到偏态系数（SK），用公式表示为

$$SK = \frac{\bar{X} - M_0}{\sigma}$$

一般情况下，SK > 0 为右偏，SK < 0 为左偏，SK = 0 则为对称分布。SK 的取值通常在-3 到+3 之间，SK 的绝对值大，表明偏度大，反之则表明偏度小。

（2）计算标准分。

对于来自不同均值和标准差的总体的个体数据，往往不能直接对比，需要将其转化为同一规格、同一尺度的数据后再比较，这种转换的方法常常是将数据进行标准化。标准化是通过计算标准分（t）来进行分析的，其计算公式为

$$标准分 t = \frac{x_i - \bar{x}}{\sigma} \tag{5.14}$$

式中，x_i 为变量数列中的原始变量值，经过计算后转换成了标准分。标准分实际上是将不同均值和标准差的总体都转换为均值为 0、标准差为 1 的总体，将各个个体的数据转换为其在总体中的相对位置，也即标准分反映各单位变量值以平均数为中心的相对位置。标准分不改变原变量值大小的位序，不仅表明各单位标志值在总体分布中的地位，还能用于不同分布原始数据的比较。

【例 5-25】某班学生先后进行了两次难度不同的统计学课程考试，第一次考试成绩的均值和标准差分别为 80 分和 10 分，第二次考试成绩的均值和标准差分别为 70 分和 7 分。李某第一、第二次考试的成绩分别为 92 分和 80 分，那么将李某与全班相比而言，她哪一次考试的成绩更好呢？

解：经分析，由于两次考试成绩的均值和标准差不同，则每个学生两次考试的成绩不宜直接比较，需要先将两次考试成绩标准化，通过计算标准值进行对比，即李某两次考试的标准分 t 分别为 1.20 和 1.43。

所以，可认为与全班相比而言，李某第二次考试的成绩更好一些。

由上例可见，标准分的比较只有相对意义，没有绝对意义。

标准差除了上述两种应用之外，还有一种更重要的作用，即在抽样推断时计算抽样误差（抽样误差是所有样本指标的标准差）。

（四）变异系数

前面介绍的三种变异指标都是在总体平均水平相等的情况下，用绝对数或平均数表明和对比标志变异程度的。它们都有计量单位，并且与平均指标的计量单位相同，其数值都会受到标志值和平均数的影响，而变异系数是一个无名数，消除了计量单位不同和平均水平高低的影响，只反映标志值的离散程度，可以用于比较不同数列的变异程度，其数值的大小与平均数的代表性成反比。常用的离散系数有标准差系数，一般用 V 表示，其计算公式为

$$V = \frac{\sigma}{x} \times 100\% \qquad (5.15)$$

【例 5-26】甲、乙两组工人的日平均工资分别为 156 元、178 元，标准差分别为 21.52 元、23.36 元，试计算两组工人工资水平的变异系数。

$$V_{甲} = \frac{\sigma}{x} = \frac{21.52}{156} \times 100\% \approx 13.79\%$$

$$V_{乙} = \frac{\sigma}{x} = \frac{23.36}{178} \times 100\% \approx 13.12\%$$

从标准差来看，乙组工人工资水平的标准差比甲组的大，但不能断言，乙组平均工资代表性小，这是因为两组工人的工资处在不同的水平上，所以不能直接根据标准差大小做结论。正确的方法是要用消除了数列水平的离散系数比较。从两组的变异系数可以看出，甲组相对的变异程度大于乙组，因而乙组平均工资的代表性要大。

第三节　偏度和峰度的测度

集中趋势和离散趋势是数据分布的两个重要特征，但要全面了解数据分布的特点，还需要了解数据分布的形状是否对称、偏斜的程度（如果存在偏斜分布）以及分布的扁平程度等。偏度和峰度是这些分布特征的进一步描述。

一、偏度

偏度是由统计学家皮尔逊在 1895 年首次提出的，也称为偏态、偏态系数，是统计数据分布偏斜方向和程度的度量，是统计数据分布非对称程度的数字特征。测定偏斜的程度，通常需要计算偏度系数（SK）。

根据未分组资料，偏度系数的计算公式为

$$SK = \frac{n \sum (x_i - \bar{x})^3}{(n-1)(n-2) s^3}$$

式中，s^3 是样本标准差的三次方。

根据分组资料，偏度系数的计算公式为

$$SK = \frac{\sum (x_i - \bar{x})^3 f_i}{s^3 \sum f_i}$$

SK = 0，表示数据分布为正态分布，两侧尾部长度对称。SK < 0，表示数据分布具有负偏离，也称左偏态，此时数据位于均值左边的比位于右边的少，直观表现为左边的尾部相对于右边的尾部要长，因为有少数变量值很小，使曲线左侧尾部拖得很长。SK > 0，表示数据分布具有正偏离，也称右偏态，此时数据位于均值右边的比位于左边的少，直观表现为右边的尾部相对于左边的尾部要长，因为有少数变量值很大，使曲线右侧尾部拖得很长。右偏时一般算术平均数>中位数>众数；左偏时相反，即众数>中位数>算术平均数；正态分布时三者相等。

【例 5-27】从某地区抽取 120 家企业并按利润进行分组（如表 5.16 所示），试计算偏度系数，分析其偏斜的方向及程度。

表 5.16　120 家企业利润分布的偏斜程度计算表

按利润分组/万元	组中值	企业数/家	xf	$(x-\bar{x})^2f$	$(x-\bar{x})^3f$	$(x-\bar{x})^4f$
200~300	250	19	4750	547019	−105359427	18648618580
300~400	350	30	10500	272322	−13695990	1054591230
400~500	450	42	18900	22218	511014	11753322
500~600	550	18	9900	177870	33495606	4119959538
≥600	650	11	7150	595251	121985237	27202707850
合计	—	120	51200	1614680	36936440	51037630520

解：120 家企业的平均利润

$$\bar{x} = \frac{\sum xf}{\sum f} = \frac{51200}{120} \approx 427（万元）$$

标准差：

$$s = \sqrt{\frac{\sum (x-\bar{x})^2f}{\sum f - 1}} = \sqrt{\frac{1614680}{120 - 1}} \approx 116（万元）$$

偏态系数：

$$SK = \frac{\sum (x_i - \bar{x})^3 f_i}{s^3 \sum f_i} = \frac{36936440}{116^3 \times 120} \approx 0.20$$

计算出的偏度系数为正值，数值不大，说明这 120 家企业的利润数据的分布为右偏分布或称正偏分布，有一条长尾拖在右边，利润高的企业数较少，利润低的企业数较多，但这种偏斜的程度不是很大。

二、峰度

峰度与偏度类似，是描述总体中所有取值分布形态陡缓程度的统计量，由统计学家皮尔逊于 1905 年首次提出。测度峰度的统计量是峰度系数，记为 K。

根据未分组资料，峰度系数的计算公式为

$$K = \frac{n(n-1)\sum (x_i - \bar{x})^4 - 3(n-1)\left[\sum (x_i - \bar{x})^2\right]^2}{(n-1)(n-2)(n-3)s^4} \qquad (5.16)$$

式中，s^4 是样本标准差的四次方。

根据分组资料，峰度系数的计算公式为

$$K = \frac{\sum (x_i - \bar{x})^4 f_i}{s^4 \sum f_i} - 3 \qquad (5.17)$$

这个统计量需要与正态分布相比较。$K=0$ 表示该总体数据分布与正态分布的陡缓程度相同，$K>0$ 表示该总体数据分布与正态分布相比较为陡峭，为尖峰态；$K<0$ 表示该总体数据分布与正态分布相比较为平坦，为平峰态或低峰态。峰度的绝对值数值越大表示其分布形态的陡缓程度与正态分布的差异程度越大，尖峰分布、正态分布和低峰分布如图 5.4 所示

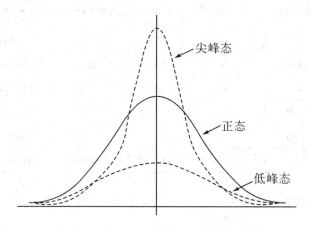

图 5.4　尖峰分布、正态分布和低峰分布示意图

【例5-28】根据峰度系数公式计算【例5-27】中 120 家企业利润指标的峰度系数。

解：把【例5-27】的标准差数据及表 5.16 的计算数据，代入峰度系数公式

$$K = \frac{\sum (x_i - \bar{x})^4 f_i}{s^4 \sum f_i} - 3 = \frac{51037630520}{116^4 \times 120} - 3 \approx -0.65$$

计算出的峰度系数为负值，说明这 120 家企业的利润数据的分布为平峰分布，与正态分布相比较为平坦，或者说明这 120 家企业的利润分布不是很集中。

【本章小结】

集中趋势是指一组数据向某一中心值靠拢的倾向，它反映了一组数据中心点的位置所在。对集中趋势进行描述就是寻找数据一般水平的中心值或代表值。根据取得这个中心值的方法不同，我们把测度集中趋势的指标分为两类：数值平均数和位置平均数。数值平均数有算术平均数、调和平均数和几何平均数三种形式，位置平均数有众数和中位数等。

除了集中趋势和离散趋势是数据分布的两个重要特征之外。数据分布的偏度和峰度，也反映数据分布的形状。偏度和峰度反映了数据分布的形状是否对称、偏斜的程度（如果存在偏斜分布）以及分布的扁平程度等。

【学习评估】

一、单选题

1. 一组选择中出现频数最多的变量值称为 （　　）。
   A. 众数
   B. 中位数
   C. 四分位数
   D. 平均数

2. 比较两组数据的离散程度最合适的统计量是 （　　）。
   A. 极差
   B. 平均差
   C. 标准差
   D. 离散系数

3. 对于右偏分布，平均数、中位数和众数之间的关系是 （　　）。
   A. 平均数>中位数>众数
   B. 中位数>平均数>众数
   C. 众数>中位数>平均数
   D. 众数>平均数>中位数

4. 某班学生的统计学平均成绩是 70 分，最高分是 96 分，最低分是 62 分，根据这些信息，可以计算的测度离散程度的指标是 （　　）。
   A. 方差
   B. 极差
   C. 标准差
   D. 变异系数

5. 在比较两组数据的离散程度时，不能直接比较它们的标准差，因为两组数据的 （　　）。
   A. 标准差不同
   B. 方差不同
   C. 数据个数不同
   D. 计量单位不同

6. 在加权算术平均数中，如果各个变量值都扩大 3 倍，而频数都减少为原来的三分之一，则平均数 （　　）。
   A. 不变
   B. 减少了
   C. 扩大 3 倍
   D. 不能确定

7. 平均差与标准差的主要区别在于 （　　）。
   A. 计算条件不同
   B. 指标意义不同
   C. 数学处理方法不同
   D. 计算结果不同

8. 若两数列平均水平不同，在比较两数列离散程度时，应采用 （　　）。
   A. 全距
   B. 平均差
   C. 标准差
   D. 标准差系数

9. 某班学生 50 名，男女生各占一半，该班学生性别成数的方差为 （　　）。
   A. 0.25
   B. 0.5
   C. 1
   D. 5

10. 由组距数列确定众数，如果众数组前一组和后一组次数相等，则众数值 （　　）。
    A. 偏向上限
    B. 偏向下限
    C. 为零
    D. 等于组中值

11. 标志变异指标中最容易受极端值影响的是（　　）。

    A. 极差   B. 平均差

    C. 标准差   D. 标准差系数

12. 简单算术平均数作为加权算术平均数特例的条件是（　　）。

    A. 各组权数相等   B. 各组权数不相等

    C. 各组标志值相等   D. 各组标志值不相等

13. 各标志值加上（或减去）某一常数后计算的平均数（　　）。

    A. 与原平均数相等

    B. 等于 0

    C. 等于原平均数加上（或减去）该常数

    D. 与原平均数无关

14. 下列指标中用无名数表示的是（　　）。

    A. 平均数   B. 全距

    C. 标准差   D. 离散系数

15. 已知某局 12 个企业的职工人数和工资总额，计算该局职工的平均工资时应采用（　　）。

    A. 简单算术平均法   B. 加权算术平均法

    C. 加权调和平均法   D. 几何平均法

二、多选题

1. 加权算术平均数的大小（　　）。

    A. 受各组变量值大小的影响

    B. 受各组次数多少的影响

    C. 随 X 的增大而增大

    D. 随 X 的减少而减少

    E. 与次数多少成反比

2. 能全面反映总体各单位标志值变异程度的指标有（　　）。

    A. 平均数   B. 全距

    C. 平均差   D. 标准差

    E. 标准差系数

3. 易受极端值影响的平均指标有（　　）。

    A. 算术平均数   B. 调和平均数

    C. 几何平均数   D. 中位数

    E. 众数

4. 众数和中位数（　　）。

    A. 都是位置平均数   B. 都不是平均数

    C. 都受极端值的影响   D. 都不受极端值的影响

    E. 都是代表值

5. 标志变异指标（   ）。

    A. 是衡量平均指标代表性的尺度

    B. 可用来研究现象发展变化的均衡性与协调性

    C. 反映现象的集中趋势

    D. 反映现象的离中趋势

    E. 既反映集中趋势，又反映离中趋势

6. 同一总体中，平均数与标准差、标准差系数的关系是（   ）。

    A. 标准差愈大，平均数的代表性愈大

    B. 标准差系数与平均数的代表性成正比

    C. 标准差的大小与平均数代表性成反比

    D. 标准差系数愈大，平均数代表性愈小

    E. 标准差系数愈小，平均数的代表性愈大

7. 权数对平均数的影响作用表现在（   ）

    A. 当标志值比较大而次数较多时，平均数接近标志值较大的一方

    B. 当标志值比较小而次数较少时，平均数接近标志值较小的一方

    C. 当标志值比较小而次数较多时，平均数接近标志值较小的一方

    D. 当标志值比较大而次数较少时，平均数靠近标志值较大的一方

三、简答题

1. 算术平均数与强度相对数有哪些区别和联系？

2. 什么是众数和中位数？它们与算术平均数的关系如何？

3. 在比较两个数列的两个平均数代表性大小时，能否直接用标准差进行对比？

4. 简要说明平均指标与变异指标在说明同质总体特征方面的联系与区别。

5. 加权算术平均数与加权调和平均数在计算上有什么区别？

四、计算题

1. 某地区抽样调查职工家庭收入资料如表 5.17 所示。

表 5.17　某地区抽样调查职工家庭收入情况

按平均月收入分组/元	职工户数/户
1000~2000	6
2000~3000	10
3000~4000	20
4000~5000	30
5000~6000	40
6000~7000	240
7000~8000	60
8000~9000	20
合计	426

要求：（1）计算职工家庭平均每人月收入（算术平均数）；

（2）计算中位数和众数，并说明其分布特征。

2. 生产同类产品的五个企业计划完成情况如表 5.18 所示。

表 5.18　五个企业生产同类产品的计划完成情况

企业序号	计划产量/件	计划完成程度/%
1	350	102
2	500	105
3	450	110
4	400	97
5	470	100

试求：产量计划平均完成百分比。

3. 为了扩大国内居民需求，银行多次降低存款利率，近 5 年年利率分别为 7%、5%、4%、3%、2%，试计算在单利和复利情况下 5 年的平均年利率。

4. 某地甲、乙两个农贸市场三种主要蔬菜价格及销售额资料如表 5.19 所示。

表 5.19　三种主要蔬菜的价格及销售额情况

品种	价格/（元·千克$^{-1}$）	销售额/万元	
		甲市场	乙市场
甲	0.30	75.0	37.5
乙	0.32	40.0	80.0
丙	0.36	45.0	45.0

试比较该地区哪个农贸市场蔬菜平均价格高，并说明原因。

5. 已知甲、乙两个班学生的成绩资料如下：甲班的平均成绩为 78.5 分，成绩标准差是 9.58 分；乙班的资料见表 5.20。

表 5.20　乙班学生的成绩分组情况

按成绩分组	人数	组中值 x	xf	$(x-\bar{x})^2 f$
<60	6			
60~70	12			
70~80	20			
80~90	8			
≥90 以上	4			
合计	50			

要求：（1）计算乙班学生的平均成绩、成绩标准差和标准差系数。

（2）哪个班的平均成绩更具有代表性？为什么？

第六章

抽样推断

■学习目标

知识目标：

（1）理解抽样推断的含义及特点。

（2）深刻理解抽样误差产生的原因。

（3）对抽样误差、抽样平均误差、抽样极限误差加以区别。

（4）了解各种抽样组织形式的特点。

（5）重点掌握简单随机抽样组织形式的区间估计方法。

（6）掌握必要样本单位数的确定方法。

能力目标：使学生理解抽样误差的影响因素，掌握抽样平均误差的计算方法、抽样估计推断和必要抽样数目的确定原理及方法，初步具备在实际工作中正确运用抽样方法收集资料并据以做出准确推断的能力。

素质目标：让学生从抽样调查中掌握相关的生活和市场信息，做出明智的决策和判断，树立正确的人生奋斗目标。

党的二十大报告高举中国特色社会主义伟大旗帜，科学描绘了在新的历史条件下全面建设社会主义现代化国家、夺取中国特色社会主义新胜利的宏伟蓝图，是团结带领全国各族人民沿着中国特色社会主义道路继续前进、为全面建设社会主义现代化国家而团结奋斗的政治宣言和行动纲领。学习宣传贯彻党的二十大精神是当前和今后一个时期全党全国的首要政治任务，只有全面、系统、深入学习，才能完整、准确、全面领会党的二十大精神，对是什么、干什么、怎么干了然于胸，为贯彻落实打下坚实基础。

抽样推断也是一样的道理，要明白"是什么""干什么""怎么干"，才能明确具体问题并采用合适的方法，从而达到调查的目的。

【导入案例】

第二次世界大战期间，盟军非常想知道德军共有多少辆坦克。由于德国人在制造坦克时总是墨守成规，他们把坦克从 1 开始进行连续编号，所以在战争过程中，盟军缴获了一些敌军坦克，并记录了它们的编号。那么怎样利用这些号码来估计坦克总数呢？在这个问题中，总体参数是未知的坦克总数 N，而缴获坦克的编号则是样本。假设我们是盟军手下负责解决这个问题的统计人员，由于制造出来的坦克总数肯定大于等于记录的最大编号，所以为了找到它比最大编号大多少，我们先找到被缴获坦克编号的平均值，并认为这个值是全部编号的中点。因此样本均值乘以 2 就是总数的一个估计，当然要特别假设缴获的坦克代表了所有坦克的一个随机样本。这种估计 N 的公式的缺点是：不能保证均值的 2 倍一定大于记录中的最大编号。N 的另一个估计公式是：用观测到的最大编号乘以因子 $(1+1/n)$，其中 n 是被缴获的坦克总数。假如缴获了 10 辆坦克，其中最大编号是 50，那么坦克总数的一个估计值是 $(1+1/10) \times 50 = 55$。此处我们认为坦克的实际数略大于最大编号。

从战后发现的德军记录来看，盟军的估计值非常接近德军的坦克的真实值。记录仍然表明统计估计比通常通过其他情报方式做出估计要大大接近于真实数目。统计学家们做得比间谍们更漂亮！

（资料来源：埃维森，格根. 统计学：基本概念和方法［M］. 吴喜之，等译. 北京：高等教育出版社，柏林：施普林格出版社，2000.）

按照随机原则，以一定概率从总体中抽取一定容量的单位作为样本进行调查，根据样本统计量（描述样本数量特征指标）对总体参数（描述总体数量特征指标）做出具有一定可靠程度的估计与判断。这一完整过程，就是我们通常所说的抽样、抽样调查或抽样推断。抽样推断有两种类型：一类是参数估计，由对部分进行观测取得的数据对研究对象整体的数量特征取值给出估计方法；另一类是假设检验，由对部分进行观测取得的数据对研究对象的数量规律性是否具有某种指定特征进行检验。

第一节　抽样推断、抽样方案和抽样误差

一、抽样推断概述

（一）抽样推断的特点

抽样推断又称为抽样估计，它是在抽样调查的基础上，利用样本实际资料计算样本指标并据此推算总体相应数量特征的一种统计调查方式。其实质是根据样本的实际资料计算样本指标，在一定的概率保证程度下，推断总体相应数量特征的一种统计方法，是根据样本数据对总体数据进行估计或对总体假设进行验证的方法。

抽样推断具有随机性、可估计性、可控性几个特点。

1. 随机性

随机性就是按随机原则从总体中抽取调查单位。所谓随机原则，顾名思义就是指在抽取调查单位时，总体中每个单位都有同等被抽中的机会，完全排除了人为主观意识的影响，哪个单位被抽中与否，纯粹是随机的、偶然的。因此总体中各个单位都有被抽中的可能性，这样能够保证被抽中的调查样本在总体中的合理均匀分布。调查出现倾向性偏差的可能性是极小的，样本对总体的代表性很强。如果在抽取样本中带有个人偏见，那么挑选出来的那部分单位的标志值就可能偏离平均值，最终导致结果与预期相去甚远，失去代表性。其中按随机原则抽取调查单位是进行抽样推论的基本要求。

2. 可估计性

可估计性是指根据被抽取的调查单位计算各种指标，从而对总体的指标做出估计。虽然抽样推断与全面调查的目的都是达到对总体数量特征的认识，但相比之下，抽样推断能够节约更多的人力、物力以及时间成本，且抽样推断的灵活性更高。

3. 可控性

可控性是指抽样推断中的抽样误差可以事先计算并加以控制，从而保证抽样推断的结论符合预定的精确度和可靠度要求。抽样推断是对其中一部分单位的统计推断，在实际观察标志值的基础上，去推断总体的综合数量特征。比如，根据百分之几的居民家庭拥有小轿车的数量推算全国小轿车的家庭持有量，以及根据百分之几的居民家庭的耗电量推算全国的用电量。当然这种推断是存在一定误差的，不可能分毫不差，但是它与其他统计估算的不同之处在于抽样误差的范围可以事先加以计算并控制，以此来保证推断结果的可靠性，而这往往是其他统计估算很难实现的。

（二）抽样推断的要求

抽样推断是用样本去推断总体的一种调查方式，因此存在误差，所以为了尽可能确保推断的准确性，我们一般设立判断抽样推断的三个基本要求，当满足这三个基本要求的时候我们就可以认为推断具有合理性与可靠性。下面分别阐述这三个基本要求。

1. 无偏性

无偏性指的是由于未知参数的估计量是一个随机变量，对于不同的样本它有不同的估计量，这些估计量对于参数的真实取值，一般都会有偏差，要求不出现偏差几乎是不可能的，但是，我们总希望在多次试验中所得到的估计量的平均值与参数的真实值相一致。因此，用抽样指标估计总体指标时，要求所有可能的样本指标的平均数都等于被估计的总体指标，此时我们就认为样本平均数是总体平均数的无偏估计量，即虽然每一次的抽样指标与总体指标可能不相同，但经过多次抽样后，各个抽样指标的平均数应该等于总体指标，不存在偏差。

2. 一致性

一致性指的是用抽样指标估计总体指标时，当抽样单位数足够大时，抽样指标也越靠近总体指标。根据大数定律得，当 n 趋向于无穷大时，抽样指标与总体指标之间的绝对差的数值任意小也越趋近于必然。

3. 有效性

有效性是估计量与总体参数的离散程度，如果两个估计量都是无偏的，那么离散程度较小的估计量相对来说是有效的，离散程度用方差来衡量。样本相同、用不同的方法估计参数，可以找到若干个不同的估计式，其中抽样分布具有最小方差的估计式为最佳估计。有效性也是用于估计总体指标的抽样指标之一，只是判断依据和前面两种有所不同，要求优良估计量的方差比其他估计量的方差小。

（三）抽样推断的作用

抽样推断作为统计学中重要的调查方法之一，应用广泛，由于其独有的性质，在许多场合甚至某些特殊的场景下，都要用到抽样推断，以此来获取社会经济现象的数量方面的统计资料，下面就从六方面来阐述抽样推断的主要作用。

1. 用于不可能进行全面调查而又需要了解全面情况的社会经济现象的调查

对某些不可能进行全面调查而又需要了解全面情况的社会经济现象的调查，涉及面广，所需要的人力、物力、时间都较多，组织起来也较困难（如要了解城乡居民的家庭收入和支出调查）。而且有时进行全面调查没有必要，条件可能也不允许。如果采取抽样推断的方法，既可以省时、省力、省钱，还能获得全面调查的效果，达到事半功倍的效果。另外，对于无限总体也不可能进行全面调查，因此只能采用抽样推断方式。

2. 用于某些不必要或在经济上不允许经常采用全面调查的社会经济现象的调查

对于某些不必要或在经济上不允许经常采用全面调查的社会经济现象的调查，最适宜采用抽样推断方式。例如，灯的耐用时间实验、罐头食品的卫生检查、人体白细胞数量的化验等等，由于其在测试时具有破坏性，因此都常应用抽样推断方式。

3. 用于需要及时了解情况的现象的调查

对于需要及时了解情况的现象的调查，也经常采用抽样推断方式。全面调查浪费人力、物力和财力，资料也不易及时取得，有时还会错过获取结果的最佳时间。而抽样推断方式不仅节省人力、资金，且时间快，方式灵活，能够及时满足了解情况的需要。例如，农产品产量的全面调查的统计数据要等到收割完毕以后一段时间才能得到，而抽样推断的统计数字在农产品收获的同时就可以得到，这对于安排农产品的收购、储存、运输等都是很有利的。

4. 对全面调查的资料进行评价和修正

全面调查由于范围广、工作量大、参加的人员多，发生登记性误差的可能性就大。因此，为了保证全面调查资料的准确性及检验全面调查资料的质量，在全面调查之后，一般都要进行抽样推断。在总体中再抽取一部分单位重新调查，然后将两次调查的资料进行比较，计算出差错率，并据此对全面调查的资料加以修正。例如，我国一般每10年进行一次的人口普查，其间就会进行一次人口抽样推断（抽样比例约1%）。抽样推断是对全面调查内容上的补充。2010年我国第六次全国人口普查采用了长、短两种普查表。普查表短表包括反映人口基本状况的项目，普查表长表包括所有短表项目和人口的经济活动、婚姻家庭、生育和住房等情况的项目。根据普查表长表抽样工作细则，长表抽取了10%的户填报，短表由其余的户填报。这实际上就是在普查的同时进行抽样推断。这样不仅保证了基本资料全面、准确，而且利用有限时间和经费使调查内容更加深入，更加详尽。

5. 用于工业生产过程中的质量控制

抽样推断还可以用于工业生产过程中的质量控制，尤其有效地应用于对成批或大量连续生产的工业产品在生产过程中进行质量控制，检查生产过程是否正常，及时提供有关信息，便于采取措施，预防废品的产生，因此有利于产品质量的提高，提高工业企业生产效率。

6. 用于某些新事物的调查研究

抽样推断还能应用于对某些新事物的调查研究。比如，学校老师对新的教学方法进行探究，用抽样推断检验新方式对提高学生成绩是否有帮助；工厂对新的生产工艺进行改进，用抽样推断判断新工艺是否对产能的提高有一定的促进作用；医院对新的医疗方法进行探索，用抽样推断判断新疗法能否加快患者的治愈情况；等等。这些都是利用抽样推断在未知或完全不了解总体情况下做出的一系列假设实验，然后通过新旧方案的对比来做出判断，得出结论。

虽然抽样推断应用广泛，也具有很多优点，但是，抽样推断在某些方面也存在一些不足。例如，抽样推断只能说明整体样本的统计情况，对于某些细分的统计数据，抽样推断很难一一列举，因此抽样推断只能帮助人们大概地了解总体的情况。如果还需进一步了解各部分的情况，那么就只能通过全面调查来获取，所以说，抽样推断和全面调查是相辅相成、缺一不可的。

二、抽样方案概述

（一）抽样方案的概念及内容

所谓抽样设计，就是依据调查目的，在给定的人力、物力、财力等的条件下，在从一定总体中抽取样本资料以前，预先确定抽样程序和方案，在保证所抽取的样本有充分代表性的前提下，力求取得最经济、最有效的结果。

一般来说，抽样设计的主要内容及步骤如下：

1. 定义目标总体

目标总体是指抽样设计者根据调查目的界定的调查研究对象的集合体。调查目的和范围对定义目标总体具有关键性的作用。目标总体是对整个研究具有重大意义的群体，它们之所以有重要的地位，是因为我们可以从它们身上收集到对研究有关键用途的信息。另外，还有一些因素可能也会影响我们界定目标总体，如研究的主题、时间等。

2. 决定抽样框

目标总体选定后就需要由抽样框执行了。抽样框是抽样调查前在可能条件下做出的抽样单位一览表或一览图，即由抽样单位构成的名录。例如，以宁波市医师为抽样单位，则宁波市医师名册便是抽样框；如果以学校班级为抽样单位，则学校所有班级名册便是抽样框。抽样框既可以是一份包含所有抽样单位的名单，也可以是一张地图或其他适当的形式，如电话簿的列表、餐厅的菜单、包含公司所有客户名单的数据库或是电子数据库的目录等。无论是哪种形式，抽样框中的抽样单位必须是有序的，以便于编号。

3. 选择抽样调查的组织形式和抽样方法

为了控制抽样误差，提高抽样效果，需要根据调查任务及调查对象的具体情况，从各种抽样调查的组织形式及抽样方式中有针对性地进行选择，以便使样本能充分地反映总体，并便于组织实施，节约人力、物力和时间。传统的抽样调查的组织形式分为两大类：随机抽样与非随机抽样。

4. 规定精度

由于抽样调查是根据样本的数量特征来推断总体的数量特征的，所以它必然存在抽样误差，故抽样的结果常常具有某种不确定性。如果抽取较大的样本或运用精密仪器和工具，这种不确定性可以大大降低，但往往要花费很多的费用和时间。因此，抽样调查前要根据所采取的抽样组织形式、经费和对调查指标准确性程度的要求，规定抽样调查所要达到的精度。

5. 确定样本容量

样本规模的大小涉及人力、物力、财力的消耗问题，在抽样调查前要审慎地加以考虑，要根据既定的经费、工作时间及规定的精度，依据抽样理论估计样本容量，使得调查结果符合调查质量的要求，并且不浪费人力、物力和财力。

6. 核算经费

经费问题贯穿于抽样工作的始终，经费的充足与否关系到整个调查工作的成败，所以调查前要预先核定抽样调查工作的各个阶段、各项工作的费用，明确规定各个环节、各项工作的经费限额，以保证工作按预定的时间、程序顺利进行，避免因经费不足中途停顿或降低调查质量，而产生不必要的损失、延误工作进程。

（二）抽样方案设计的基本原则

抽样推断和其他统计估计推算不同，它是事先根据一定要求而设计调查组织，并按这个要求取得部分实际资料，进而推理演算做出结论。因此，如何科学地设计抽样调查，保证随机抽样条件的实现，并且取得最佳的抽样效果，这是一个至关重要的问题。

首先，在抽样方案设计中要遵循随机原则。随机取样是抽样推断的前提，失去这个前提，推断的理论和方法也就失去了存在的意义。从理论上说，随机原理就要保证总体每一单位都有同等的中选机会，或样本抽选的概率是已知的。但在实践上，如何保证这个原则的实现，需要考虑许多因素和可能采用的方法。

其次，样本的容量究竟有多大才算是适度的？例如，在民意测验中，一般要调查多少人才能反映全国十几亿人口的态度和意见？汽车设计部门要调查多少单位才能了解人们对于某型号汽车的满意程度？调查单位多了会增加组织抽样的负担，甚至造成不必要的浪费；但调查单位太少又不能够有效地反映情况，直接影响推断的效果。因此在抽样方案设计中应该重视研究现象的变异、误差的要求和样本容量之间的关系，以做出适当的抉择。

再次，要认识到不同的抽样组织形式，会产生不同的抽样误差。因而抽样的效果也不同。一种科学的组织形式往往可能以更少的样本单位数取得更好的抽样效果。

因此，抽样方案设计必须选择合适的组织形式，并对所用的方法而产生的抽样误差做正确的估计，进一步和其他组织形式的抽样误差进行对比，做出必要的效果分析。

最后，在抽样方案设计中还必须重视调查费用这个基本的因素，实际上任何一项抽样调查都是在一定费用的限制条件下进行的，抽样方案设计应该力求调查费用最省的方案。一般来说，提高精确度的要求与节省费用的要求往往相互冲突，对抽样误差控制的要求越高，则调查费用需要越大，因此并非抽样误差最小的方案便是最好的方案，在许多情况下，允许一定范围的误差就能够满足分析的要求。抽样方案设计的任务就是在一定误差要求下选择费用最小的方案。

综上所述，抽样方案设计应该掌握如下基本原则：

第一，保证实现抽样的随机性原则，即保证总体各单位 X_1，X_2，$\cdots$，X_N 的相互独立性，以及任何一个总体单位被抽中的机会都是均等的。第二，保证实现最大的抽样效果原则，即在一定的调查费用条件下，选取抽样估计误差最小的方案，或在给定的精确度的要求下，做到调查费用最小的方案。常用抽样组织形式有纯随机抽样、类型抽样、等距抽样、整群抽样、阶段抽样等。

（三）抽样类型

1. 纯随机抽样

纯随机抽样又称简单随机抽样。它是指抽样前对总体不做任何处理，既不分类也不排队，而是直接从总体 N 个单位中随机逐个地抽取样本单位。这种抽样方式是抽样组织的基本形式。其具体做法有如下两种：

（1）抽签法：是指先将总体中各个单位进行编号，逐个写在签条或卡片上，掺和均匀后，随机抽取所需的样本单位数目的方法。

（2）随机数表法：是指先将总体中各个单位进行编号，再利用事先编好的随机数字表来抽取样本单位的方法。表上数字的出现和排列是随机形式的。使用时，可根据总体各单位编号的位数确定使用几位随机号码，从表中任意行（或列）数字开始，朝任何方向（上、下、左、右）依次下去，凡属于编号范围内的数字号码即抽样单位，直至抽到预定的样本单位数为止。另外，重复抽样的，重复号码不能使用。

2. 类型抽样

类型抽样又称分层抽样。它的特点是先对总体中各单位按主要标志加以分组，然后再从各组中按随机原则抽选一定单位构成样本。

设总体由 N 个单位组成，把总体按某种标志划分为 K 组，使 $N=N_1+N_2+\cdots+N_k$。然后从每组的 N_i 中抽取 n_i 个单位构成样本容量为 n 的抽样总体，使 $n=n_1+n_2\cdots+n_k$。这种抽样方法称为类型抽样。

这种方法的优点在于：通过分类，可以把总体中标志值比较接近的单位归为一组，使各组的分布比较均匀，而且保证各组都有选中的机会，这样计算的抽样平均指标变异程度也就比较小。所以在总体各单位标志值大小悬殊的情况下，运用类型抽样可以得到比简单随机抽样更准确的结果。在实际工作中广泛应用类型抽样。例如，农产量抽样按地区分组、住户调查按国民经济部门分组、产品质量抽样按各类别号的车床分组等。

3. 等距抽样

等距抽样又称为机械抽样或系统抽样，它是指事先将总体各单位按某一标志排列，然后依固定顺序和间隔来抽选调查单位的一种抽样设计。

按等距抽样方式来抽选调查单位，能够使抽出的调查单位更均匀地分配在总体中。因此，等距抽样的误差一般较纯随机抽样小。特别是当研究的现象标志变异程度大，而在实际工作中又不可能抽选更多的单位进行调查时，等距抽样较之纯随机抽样要显得更有效。

但需要注意的是：等距抽样在排顺序时，第一个样本单位的位置确定后，其余单位也随之确定，因此，要避免抽样间隔和现象本身的周期性节奏相重合而引起系统性的影响。例如，农产品抽样调查中，农作物的抽样间隔不宜和垄长相等；工业产品质量抽查中，产品抽样时间间隔不宜和上下班时间一致，以预防发生系统性的偏差，影响样本的代表性。

4. 整群抽样

整群抽样是指将总体各单位划分成若干群，然后以群为单位从其中随机抽取一些群，对中选群的所有单位进行全面调查的抽样组织方式。

整群抽样与类型抽样对比，虽然两者都需要将总体划分成许多组，但划组的作用大不相同。类型抽样划分的组称为"类"，它的作用是缩小组内差异，使总体的变异减少，抽取的基本单位仍是总体单位；整群抽样划分的组称为"群"，它的作用却是要扩大群内差异。抽取的基本单位不再是总体单位而是群，从而使抽样的工作变得简便得多。所以，这种抽样方式适用于群与群之间差异较小而群内各单位差异较大的情形。

例如，要抽查庭院经济的发展情况，不是直接抽查农户，而是以村为单位，抽选若干个村，然后对这些村的全体居民户进行调查。又如，按片抽查林业资源、按日期抽检若干天的产品质量，等等。

5. 阶段抽样

阶段抽样是指把抽选样本单位的过程分为几个阶段进行。第1阶段先抽取较大的群体单位，再从被抽中的较大群体单位中进行第2阶段抽样，抽取较小的群体单位。依此类推，直至最后抽到具体调查单位。例如，我国农作物产量抽样调查就采用了5阶段抽样：第1阶段是省抽县；第2阶段是从中选的县抽乡；第3阶段是从中选的乡抽村；第4阶段是从中选的村抽地块；第5阶段再从选中的地块抽具体的样本点，并以样本点实割实测的实际资料来推算平均产量和总产量。

三、抽样误差概述

（一）抽样误差的概念

在抽样推断中，调查资料与实际情况的出入称为误差。误差按产生的原因可以分为登记性误差和代表性误差。

登记性误差是指在调查过程中由于观察、登记等主客观原因而引起登记上的差错所造成的误差。显然，登记性误差可通过在调查过程中加强复核检查等措施消除。

代表性误差的发生有两种情况：一种是系统误差，又称系统偏差，是指由于抽样过程中随机原则遭到破坏而产生的误差。比如有意识地抽选较好或较差的单位、偏高或偏低的单位等。在进行调查时如果能严格按照随机原则抽选调查单位，这种系统偏差就可避免。另一种是抽样误差，这是指虽然遵守了随机原则，但由于样本结构和总体结构不一致而产生的误差。

综上所述，抽样误差是指在消除了登记性误差和系统偏差后仍然存在的误差。这种误差是在进行抽样调查时所固有的误差，一般无法消除，但利用数理统计的理论，我们可以把它控制在允许的范围内。

（二）影响抽样误差的因素

要控制抽样误差，首先需要弄清影响抽样误差的因素。影响抽样误差的因素有很多，主要有以下几种：

（1）样本单位数的多少。抽样误差与样本单位数的多少成反比关系。在其他条件不变的情况下，抽取的样本单位数越多，抽样误差就越小；反之，抽取的样本单位数越少，则抽样误差就越大。

（2）总体的标志变异程度。抽样误差与总体的标志变异程度成正比关系，总体的标志变异程度越大，则抽样误差就越大；反之，总体的标志变异程度越小，则抽样误差就越小。

（3）抽样的方法。一般来说，重复抽样的误差比不重复抽样的误差要大些。

（4）抽样的组织形式。抽样的组织形式不同，产生的抽样误差也不同。在其他条件相同的情况下，类型抽样误差最小，整群抽样误差最大。

（三）抽样平均误差

样本是从总体中随机抽取一部分单位所组成的，按照组合的原理，总体可以形成很多个可能的样本。在调查时，一般只能抽取一个样本，而哪一个样本被抽到又是无法确定的。由于全及总体是未知的，所以某一个可能样本的实际抽样误差是多大也是不可能知道的。为此，要考虑计算抽样平均误差。抽样平均误差是反映抽样误差一般水平的指标，实质是指抽样平均数或抽样成数的标准差，反映了样本指标和总体指标的平均离差程度。

抽样的组织形式不同，抽样平均误差也不同。这里我们先以简单随机抽样为例讨论抽样平均误差的计算，然后再推广到其他抽样组织形式。

从理论上讲，抽样平均误差的计算应把所有可能出现的样本都考虑进去，即求全部可能的抽样误差的标准差。但在实际工作中，上述做法既不可能，也不必要。因为根据抽样分布的理论，概率论已经推导出很简便的抽样平均误差计算公式了。

用希腊字母 μ 表示抽样平均误差，μ_x 表示样本平均数的抽样平均误差，μ_p 表示样本成数的抽样平均误差。μ_x 与 μ_p 实际上就是样本平均数（或样本成数）的标准差 σ_x（或 σ_p），所以按照概率论的理论，在大样本情况下（$n \geq 30$），抽样平均误差可按以下公式计算：

1. 样本平均数的抽样平均误差

因为 $\mu_x = \sigma_x$，故在重复抽样的条件下：

$$\mu_x = \sqrt{\frac{\sigma^2}{n}} = \frac{\sigma}{\sqrt{n}} = \sigma_x$$

在不重复抽样条件下，需乘上一个调整因子 $\left(1 - \dfrac{n}{N}\right)$：

$$\mu_x = \sqrt{\frac{\sigma^2}{n}\left(1 - \frac{n}{N}\right)} = \sigma_x$$

其中，μ_x 表示样本平均数的抽样平均误差，σ 表示总体标准差，n 表示样本单位数，N

表示总体单位数。

在计算样本平均数的抽样平均误差公式中要使用总体标准差 σ，而实际中，σ 常常无法得到，为此，需采用以下两种方法来代替 σ：一是用样本标准差代替总体标准差，即用 S 代替 σ，这是实际工作中最常使用的一种方法；二是用过去的资料，即前期的 σ。在进行抽样设计时，还可以进行先期的小型抽样等。

【例6-1】要了解某银行职工的收入情况。在重复抽样的条件下随机抽取该银行 400 名职工的收入资料。已知样本标准差为 36 元，计算抽样平均误差。

这是一个"已知：$n = 400$，$s = 36$，求 $\mu_x = ?$"的问题。

解：由公式可以计算出抽样平均误差：

$$\mu_x = \frac{s}{\sqrt{n}} = \frac{36}{\sqrt{400}} = 1.8 (元)$$

2. 样本成数的抽样平均误差

因为 $\mu_p = \sigma_p$，故在重复抽样的条件下：

$$\mu_p = \sqrt{\frac{p(1-p)}{n}} = \sigma_p$$

在不重复抽样条件下，需乘上一个调整因子 $\left(1 - \frac{n}{N}\right)$：

$$\mu_p = \sqrt{\frac{p(1-p)}{n}\left(1 - \frac{n}{N}\right)} = \sigma_p$$

μ_p 表示样本平均数的抽样平均误差，$P(1-P)$ 表示总体标准差，P 表示总体成数，n 表示样本单位数，N 表示总体单位数。

在计算样本成数的抽样平均误差公式中要使用总体成数 P，而实际中 P 常常无法得到，为此，需采用以下几种方法来代 P：一是用样本成数代替总体成数，即用 p 代替 P，这是实际工作中最常使用的一种方法；二是用过去的资料，即前期的 P。在进行抽样设计时，还可以进行先期的小型抽样等。

抽样平均误差是所有可能样本指标与总体指标之间的平均离差，是抽样误差的一般水平。在实际抽样中，我们可以根据不同的抽样方法和组织形式，计算其抽样平均误差，以比较各类抽样方法和组织形式的误差水平。但是在组织抽样推断时，我们实际只抽取一个样本，用该样本指标去推断总体指标。由于抽样是按随机原则进行的，所有不同的样本组合都可能被抽到，对一次抽样来讲，其样本的实际误差可能小于抽样平均误，也可能大于抽样平均误差，因此，包括在抽样平均误差范围内的样本的误差只有一部分，而不是所有的样本组合。而我们用一次抽样的样本指标估计总体指标时，我们最关心的是这两者之间有多大的误差，这时就需要以抽样平均误差为基础，进一步研究和计算抽样极限误差。

（四）抽样极限误差

抽样极限误差是抽样指标与总体指标之间，在一定概率保证程度下抽样误差的最大可能范围，总体指标虽然是确定的，但它是未知的，而样本指标是一个随机变量，其取值是不定的，它是围绕着总体指标左右变动的。因此，我们不可能计算出抽样误差的准确数值是多少，但是利用概率论的理论，我们可以在一定的概率保证程度下，计算误差的一定的范围，这就是抽样极限误差。

抽样极限误差通常用 Δ 表示，用 Δx 和 Δp 分别表示样本平均数和样本成数的可能误差范围。

1. 样本平均数的抽样极限误差

在大样本条件，其样本平均数 $\bar{x}$ 服从数学期望为 $\bar{X}$、标准差为 $|\sigma_x| = \dfrac{\sigma}{\sqrt{n}}$（重复抽样或无限总体抽样时）的正态分布，则概率度 z 服从数学期望为 0、方差为 1 的标准正态分布 $\mu_x \sigma_x$，所以由 $\Delta x \leqslant |\bar{x} - \bar{X}|$，得出样本平均数的抽样极限误差计算公式为

$$\Delta_x = z \cdot \mu_x$$

其中，z 称为概率度，表示极限误差范围为抽样平均误差的倍数。由于 z 服从数学期望为 0、方差为 1 的标准正态分布，概率度 z 的曲线与横轴围成的面积 $1-\alpha$ 有一定的函数关系，即 $1-\alpha$ 是概率度 z 曲线在对称区间的定积分值 $F(z)$。而 z 作为样本均值的标准化抽样分布曲线，$1-\alpha$ 恰恰是在给定的抽样方法下落入该对称区间样本均值的个数占全部样本均值个数的比重，也就是有百分之多少的样本均值落入该对称区间，所以 $1-\alpha$ 又称为把握程度、概率保证或概率。

根据标准正态曲线，由 $1-\alpha$ 可以求 z，不过，这个函数求起来比较麻烦，所以人们一般利用正态分布表查 z 值，即根据给定 $1-\alpha$［即 $F(z)$ 把握程度、概率保证水平］，查出 z 值。这里列表给出一些常用的 z 值（如表 6.1 所示）。

表 6.1 常用的 z 值表

$1-\alpha$	68.27%	90%	95%	95.45%	99%	99.73%
z	1	1.64	1.96	2	2.58	3

根据抽样平均误差公式可知，在重复抽样的条件下有

$$\Delta_x = z \cdot \mu_x = z \cdot \frac{\sigma}{\sqrt{n}}$$

在不重复抽样条件下有

$$\Delta_x = z \cdot \mu_x = z \cdot \sqrt{\frac{\sigma^2}{n}\left(1 - \frac{n}{N}\right)}$$

2. 样本成数的抽样极限误差

因 $\mu_p = \sigma_p$，故在重复抽样的条件下：

$$\Delta_p = z \cdot \mu_p = z \cdot \sqrt{\frac{p(1-p)}{n}}$$

在不重复抽样条件，需乘上一个调整因子 $\left(1 - \dfrac{n}{N}\right)$：

$$\Delta_p = z \cdot \mu_p = z \cdot \sqrt{\frac{p(1-p)}{n}\left(1 - \frac{n}{N}\right)}$$

Δ_p 表示样本平均数的抽样极限误差，μ_p 表示样本平均数的抽样平均误差，$P(1-P)$ 表示总体标准，P 表示总体成数，n 表示样本单位数，N 表示总体单位数。

第二节　参数估计

一、参数估计概述

在许多实际问题中，总体被理解为我们所研究的那个统计指标，它在一定范围内取数值，而且是以一定的概率取各种数值的，从而形成一个概率分布，但是这个概率分布往往是未知的。例如，为了制定绿色食品的有关规定，我们需要研究蔬菜中残留农药的分布状况，对这个分布我们知之甚少，以致它属于何种类型我们都不清楚。有时我们可以断定分布的类型。例如，在农民收入调查中，根据实际经验和理论分析如概率论中的中心极限定理，我们断定收入服从正态分布，但分布中的参数取何值却是未知的。这就产生统计估计问题。统计估计问题专门研究由样本估计总体的未知分布或分布中的未知参数。直接对总体的未知分布进行估计的问题称为非参数估计；当总体分布类型已知，仅需对分布的未知参数进行估计的问题称为参数估计。本节我们研究参数估计问题。本节及以后假定抽样方法为简单放回随机抽样，样本的每个分量都与总体同分布，它们之间相互独立。

二、参数估计的基本方法

（一）估计量与估计值

参数估计就是用样本统计量去估计总体参数。用来估计总体参数的统计量称为估计量，如样本均值、样本比例、样本方差等都可以是一个估计量。估计量的具体数值称为估计值。

（二）点估计与区间估计

参数估计方法有点估计和区间估计两种。

1. 参数估计的点估计法

设总体 X 的分布类型已知，但包含有未知参数 θ，从总体中抽取一个简单随机样本 $(X_1, X_2, \cdots, X_n)$，欲利用样本提供的信息对总体未知参数 θ 进行估计。构造一个适当的统计量 $\hat{\theta}=T(X_1, X_2, \cdots, X_n)$ 作为 θ 的估计，称 $\hat{\theta}$ 为未知参数 θ 的点估计量。当有了一个具体的样本观察值 $(X_1, X_2, \cdots, X_n)$ 后，将其代入估计量中就得到估计量的一个具体观察值 $T(X_1, X_2, \cdots, X_n)$ 称为参数 θ 的一个点估计值。本书将不强调点估计量和点估计值这两个名词的区别，统称为点估计。读者根据上下文不难知道此处的点估计究竟是点估计量还是点估计值。通俗地说，用样本估计量的值直接作为总体参数的估计值称为点估计。

2. 参数估计的区间估计法

在参数估计中，虽然点估计可以给出未知参数的一个估计，但不能够给出估计的精度。为此人们希望利用样本给出一个范围，要求它以足够大的概率包含待估参数真值。这就是区间估计问题。

设 θ 是未知参数，$(X_1, X_2, \cdots, X_n)$ 是来自总体的样本，构造两个统计量 $\hat{\theta}_1=T_1$

$(X_1, X_2, \cdots, X_n)$，$\hat{\theta}_2 = T_2 (X_1, X_2, \cdots, X_n)$，对于给定 α（$0 < \alpha < 1$），若满足 $P\{\hat{\theta}_1 \leq \theta \leq \hat{\theta}_2\} = 1 - \alpha$，则称随机区间 $[\theta_1, \theta_2]$ 是参数 θ 的置信水平（confidence level）为 $1 - \alpha$ 的置信区间（confidence interval），$1 - \alpha$ 称为 $[\hat{\theta}_1, \hat{\theta}_2]$ 的置信系数，称为置信限（confidence limit）。这里有几点需要说明：

（1）区间 $[\hat{\theta}_1, \hat{\theta}_2]$ 的端点 $\hat{\theta}_1$、$\hat{\theta}_2$ 及长度 $\hat{\theta}_2 - \hat{\theta}_1$ 都是样本的函数，从而都是随机变量，因此 $[\hat{\theta}_1, \hat{\theta}_2]$ 是一个随机区间。

（2）$P\{\hat{\theta}_1 \leq \theta \leq \hat{\theta}_2\} = 1 - \alpha$ 是说随机区间 $[\hat{\theta}_1, \hat{\theta}_2]$ 以 $1 - \alpha$ 的概率包含未知参数真值，区间长度 $[\hat{\theta}_2 - \hat{\theta}_1]$ 描述估计的精度，置信水平 $1 - \alpha$ 描述估计的可靠度。

（3）因为未知参数 θ 是非随机变量，所以不能说 θ 落入区间 $[\hat{\theta}_1, \hat{\theta}_2]$ 的概率是 $1 - \alpha$，而应是随机区间 $[\hat{\theta}_1, \hat{\theta}_2]$ 包含 θ 的概率是 $1 - \alpha$。

通俗地说，在点估计的基础上，给出总体参数的一个范围称为区间估计。

三、总体均值的区间估计

（一）正态总体且方差已知，或非正态总体、方差未知、大样本情况下

在这种情况下，样本均值的抽样分布呈正态分布，其数学期望为总体均值 μ，方差为 $\dfrac{\sigma^2}{n}$，则 $X \pm Z_{\frac{\alpha}{2}} \cdot \dfrac{\sigma}{\sqrt{n}}$ 称为总体均值在 $1 - \alpha$ 置信水平下的置信区间。

设样本 $(X_1, X_2, \cdots, X_n)$ 来自正态总体 $N(\mu, \sigma^2)$，μ 是总体均值，σ^2 是总体方差，当 σ^2 已知时，已证明 $\bar{X}$ 服从正态分布 $N(\mu, \sigma^2/n)$，从而 $\dfrac{\bar{X} - \mu}{\dfrac{\sigma}{\sqrt{n}}}$ 服从标准正态分布 $N(0, 1)$，对给定的置信系数 $1 - \alpha$ 查 $N(0, 1)$ 表可得 $\alpha/2$ 分为点 $Z_{\frac{\alpha}{2}}$，使得

$$P\left\{ \left| \frac{\bar{X} - \mu}{\dfrac{\sigma}{\sqrt{n}}} \right| \leq Z_{\frac{\alpha}{2}} \right\} = 1 - \alpha$$

从而有

$$P\left\{ \bar{X} - Z_{\frac{\alpha}{2}} \frac{\sigma}{\sqrt{n}} \leq \mu \leq \bar{X} + Z_{\frac{\alpha}{2}} \cdot \frac{\sigma}{\sqrt{n}} \right\} = 1 - \alpha$$

取

$$\theta_1 = \bar{X} - Z_{\frac{\alpha}{2}} \cdot \frac{\sigma}{\sqrt{n}}, \quad \theta_2 = \bar{X} + Z_{\frac{\alpha}{2}} \cdot \frac{\sigma}{\sqrt{n}} \tag{6.1}$$

则 $[\theta_1, \theta_2]$ 即是 μ 的置信水平 $1 - \alpha$ 的置信区间。

【例6-2】保险公司从投保人中随机抽取 36 人，计算得 36 人的平均年龄 $X = 39.5$ 岁。已知投保人平均年龄近似服从正态分布，标准差为 7.2 岁，试求全体投保人平均年龄的置信水平 99% 的置信区间。

解：$1 - \alpha = 0.99$，$\alpha = 0.01$，$\alpha/2 = 0.005$，$1 - \alpha/2 = 0.995$

使用 NORMSINV 函数得：（注：在 probability 栏内输入 $1 - \alpha/2$ 值）

$$Z_{0.005} = 2.575829304$$

$$\overline{X} - Z_{\frac{\alpha}{2}} \cdot \frac{\sigma}{\sqrt{n}} = 39.5 - 2.575829304 \times \frac{7.2}{\sqrt{36}} \approx 36.41$$

$$\overline{X} + Z_{\frac{\alpha}{2}} \cdot \frac{\sigma}{\sqrt{n}} = 39.5 + 2.575829304 \times \frac{7.2}{\sqrt{36}} \approx 42.59$$

故全体投保人平均年龄的置信水平为 99% 的置信区间为〔36.41，42.59〕。

在不重复抽样条件下，置信区间为

$$\overline{X} + Z_{\frac{\alpha}{2}} \cdot \frac{\sigma}{\sqrt{n}} \sqrt{\frac{N-n}{N-1}} \tag{6.2}$$

【例6-3】一家食品公司，每天大约生产袋装食品若干，按规定每袋的重量应为100克。为对产品质量进行检测，该企业质检部门采用抽样技术，每天抽取一定数量的食品，以分析每袋重量是否符合质量要求。现从某一天生产的一批食品8000袋中随机抽取了25袋（不重复抽样），测得它们的重量如表6.2所示。

表6.2　25袋食品重量

	A	B	C	D	E
1	112.5	101	103	102	100.5
2	102.6	107.5	95	108.8	115.6
3	100	123.5	102	101.6	102.2
4	116.6	95.4	97.8	108.6	105
5	136.8	102.8	101.5	98.4	93.3

已知产品重量服从正态分布，且总体方差为100克，试估计该批产品平均重量的置信区间，置信水平为95%。

解：已知 $\sigma_2 = 100$ 克，$n = 25$，$1 - \alpha = 0.95$，$\alpha/2 = 0.975$，$1 - \alpha/2 = 0.975$

使用 NORMSINV 函数得：（注：在 probability 栏内输入 $1 - \alpha/2$ 值）

$$Z_{0.005} = 1.959963985$$

根据样本资料，计算的样本均值为（也可直接通过 Excel 软件中的描述统计功能计算）：

$$\overline{X} = \frac{\sum x}{n} = \frac{2634}{25} = 105.36$$

根据式（6.2）得

$$\overline{X} + Z_{\frac{\alpha}{2}} \cdot \frac{\sigma}{\sqrt{n}} \sqrt{\frac{N-n}{N-1}} = 105.36 \pm 1.96 \times \sqrt{\frac{100}{25}} \times \sqrt{\frac{8000-25}{8000-1}}$$

即 $105.36 \pm 3.914115 = (101.4459, 109.2741)$，该批产品平均重量在95%置信水平的置信区间为 $101.4459 \sim 109.2741$。

若总体方差 σ_2 未知，可用样本方差 S_2 代替。

【例6-4】承【例6-2】假定保险公司从投保人中随机抽取36人，得到他们的年龄数据如表 6.3 所示。

表 6.3　36 名投保人的年龄

	A	B	C	D	E	F
1	23	35	39	27	36	44
2	36	42	46	43	31	33
3	42	53	45	54	47	24
4	34	28	39	36	44	40
5	39	49	38	34	48	50
6	34	39	45	48	45	32

若总体方差未知，试建立投保人年龄 90%的置信区间。

解：已知 $n=36$，$1-\alpha=90\%$，$1-\alpha/2=0.95$。

使用 NORMSINV 函数得：（注：在 probability 栏内输入 $1-\alpha/2$ 值）

$Z_{0.05}=1.645$

由于总体方差 σ_2 未知，但为大样本，故可用样本方差代替。

根据样本资料计算的样本均值和样本标准差为

$$X=\frac{\sum x}{n}=\frac{1422}{36}=39.5,\ S=\sqrt{\frac{\sum (X-\bar{X})^2}{n-1}}=7.773582$$

样本均值和样本标准差的计算，也可直接通过 Excel 软件中的描述统计功能计算，计算结果如图 6.1 所示。

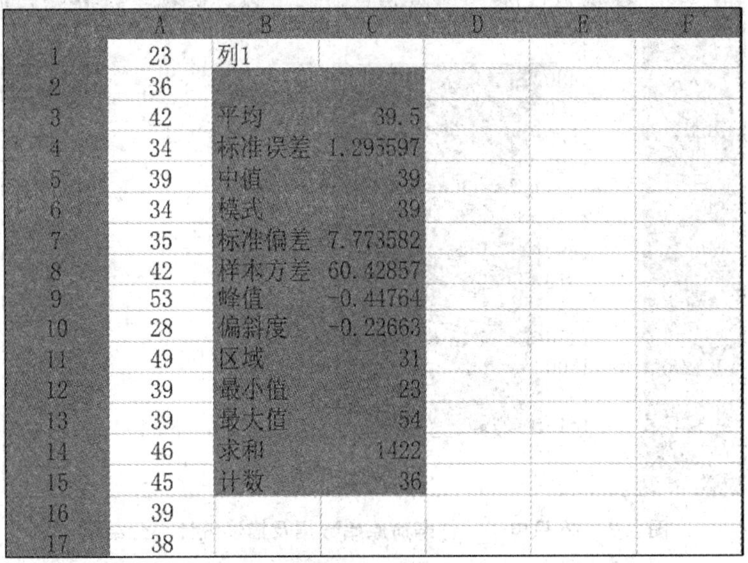

	A	B	C	D	E	F
1	23	列1				
2	36					
3	42	平均	39.5			
4	34	标准误差	1.295597			
5	39	中值	39			
6	34	模式	39			
7	35	标准偏差	7.773582			
8	42	样本方差	60.42857			
9	53	峰值	-0.44764			
10	28	偏斜度	-0.22663			
11	49	区域	31			
12	39	最小值	23			
13	39	最大值	54			
14	46	求和	1422			
15	45	计数	36			
16	39					
17	38					

图 6.1　描述统计运行结果

$$\bar{X}+Z_{\frac{\alpha}{2}}\cdot\frac{S}{\sqrt{n}}=39.5\ \pm 1.645\times\frac{7.773582}{\sqrt{36}}$$

即 39.5±2.13＝（37.37，41.63）投保人平均年龄在 90% 的置信水平下的置信区间为 37.37~41.63 岁。

（二）正态总体、方差未知、小样本情况下

如果总体服从正态分布，无论样本容量大小，样本均值的抽样分布都服从正态分布。只要总体方差已知，即使在小样本情况下，也可以按式（6.1）或式（6.2）计算总体均值的置信区间。如果总体方差 σ_2 未知，需用样本方差 S_2 代替 σ_2，在小样本情况下，应用 t 分布来建立总体均值 μ 的置信区间。

t 分布是类似正态分布的一种对称分布，它通常要比正态分布平坦和分散。随着自由度的增大，t 分布逐渐趋于正态分布。

正态总体、方差未知、小样本情况下，总体均值在 $1-\alpha$ 置信水平下的置信区间为

$$\bar{X} \pm t_{\frac{\alpha}{2}}(n-1) \cdot \frac{S}{\sqrt{n}} \quad （重复抽样条件下） \tag{6.3}$$

$$\bar{X} \pm t_{\frac{\alpha}{2}}(n-1) \cdot \frac{S}{\sqrt{n}\sqrt{\frac{N-n}{N-1}}} \quad （不重复抽样条件下） \tag{6.4}$$

其中，$t_{\frac{\alpha}{2}}(n-1)$ 是自由度为 $n-1$ 的 t 分布临界值，可以查 t 分布临界值表得到，也可由 Excel 计算得到。若用 Excel 计算，可使用粘贴函数 "TINV" 完成。操作步骤依次为 TINV$\rightarrow\frac{\alpha}{2}\rightarrow n-1\rightarrow$ "确定"。

【例 6-5】已知某种电子元件的寿命服从正态分布，现从一批电子元件中随机抽取 16 只，测得其寿命如图 6.2 中的 A 列。

	A	B	C	D	E	F
1	1510		列1			
2	1450					
3	1480	平均	1490			
4	1460	标准误差	6.191392			
5	1520	中值	1485			
6	1480	模式	1510			
7	1490	标准偏差	24.76557			
8	1460	样本方差	613.3333			
9	1480	峰值	-1.2721			
10	1510	偏斜度	0.030096			
11	1530	区域	80			
12	1470	最小值	1450			
13	1500	最大值	1530			
14	1520	求和	23840			
15	1510	计数	16			
16	1470					
17						

图 6.2　16 只电子元件寿命原始数据及描述统计部分结果

试建立该批电子元件使用寿命 95% 的置信区间。

解：根据样本资料计算的样本均值和样本标准差为

$$\bar{X} = \frac{\sum x}{n} = \frac{23840}{16} = 1490, \quad S = \sqrt{\frac{\sum (X-\bar{X})^2}{n-1}} = 24.76557$$

样本均值和样本标准差的计算，也可直接通过 Excel 软件中的描述统计功能计算，计算结果如图 6.2 所示。

已知 $1 - \alpha = 95\%$，$\dfrac{\alpha}{2} = 0.025$，$n = 16$，使用 TINV 函数得：（注：在 probability 栏内输入 $\alpha/2$ 值）

$t_{0.025}(15) = 2.489879694$

则该批电子元件平均使用寿命 95% 的置信区间为

$$\bar{X} \pm t_{\frac{\alpha}{2}} \cdot \dfrac{\sigma}{\sqrt{n}} = 1490 \pm 2.489879694 \times \dfrac{24.77}{\sqrt{16}}$$

即 $1490 \pm 13.2 = (1476.8，1503.2)$，该批电子元件平均使用寿命在 95% 的置信水平下的置信区间为 1476.8~1503.2 小时。现将总体均值的区间估计总结如表 6.4 所示。

表 6.4　不同情况下总体均值的区间估计

	A	B	C	D
1	总体分布	样本容量	σ 已知	σ 未知
2	正态分布	大样本	$\bar{X} \pm Z_{\frac{\alpha}{2}} \cdot \dfrac{\sigma}{\sqrt{n}}$	$\bar{X} \pm Z_{\frac{\alpha}{2}} \cdot \dfrac{s}{\sqrt{n}}$
3		小样本		$\bar{X} \pm t_{\frac{\alpha}{2}} \cdot \dfrac{s}{\sqrt{n}}$
4	非正态分布	大样本		$\bar{X} \pm Z_{\frac{\alpha}{2}} \cdot \dfrac{s}{\sqrt{n}}$

四、总体比例的区间估计

在大样本〔一般经验规则：$np \geq 5$ 和 $n(1-p) \geq 5$〕条件下，样本比例的抽样分布可用正态分布近似。在这种情况下，数理统计已经证明如下结论：置信水平为 $1-\alpha$ 的置信区间为

$$p \pm Z_{\frac{\alpha}{2}} \cdot \sqrt{\dfrac{p(1-p)}{n}} \text{（重复抽样）} \tag{6.5}$$

$$p \pm Z_{\frac{\alpha}{2}} \cdot \sqrt{\dfrac{p(1-p)}{n}\left(\dfrac{N-n}{N-1}\right)} \text{（不重复抽样）} \tag{6.6}$$

【例 6-6】某城市想要估计下岗职工中女性所占的比例，采取重复抽样方法随机抽取了 100 名下岗职工，其中 65 人为女性。试以 95% 的置信水平估计该城市下岗职工中女性所占比例的置信区间。

解：已知 $n = 100$，$P = \dfrac{65}{100} \times 100\% = 65\%$，$1 - \alpha = 0.95$，$1 - \alpha/2 = 0.975$

使用 NORMSINV 函数得：（注：在 probability 栏内输入 $1-\alpha/2$ 值）

$Z_{0.025} = 1.959963985$

即 $65\% \pm 9.35\% = (55.65\%，74.35\%)$，95% 的置信水平下，估计该城市下岗职工中女性所占比例的置信区间为 55.65%~74.35%。

【例6-7】某企业共有职工1000人，企业准备实行一项改革，在职工中征求意见，采用不重复抽样方法，随机抽取200人作为样本。调查结果显示，有150人表示赞成这项改革，有50人表示反对。试以95%的置信水平确定赞成改革的人数比例的置信区间。

解：已知 $n = 200$，$p = \dfrac{150}{200} \times 100\% = 75\%$，$1 - \alpha = 0.95$，$1 - \dfrac{\alpha}{2} = 0.975$。

使用 NORMSINV 函数得：（注：在 probability 栏内输入 1-α/2 值）

$Z_{0.025} = 1.959963985$

$$p \pm Z_{\frac{\alpha}{2}} \cdot \sqrt{\frac{p(1-p)}{n}\left(\frac{N-n}{N-1}\right)}$$

$$75\% \pm 1.959963985 \times \sqrt{\frac{75\%(1-75\%)}{200}\left(\frac{1000-200}{1000-1}\right)}$$

即 $75\% \pm 5.37\% = （69.63\%，80.37\%）$，95%的置信水平下估计赞成改革的人数比例的置信区间为 69.63%~80.37%。

第三节　样本容量的确定

样本容量又称"样本数"，指一个样本的必要抽样单位数目。样本容量应多大是一个很实际的问题。样本容量取得比较大，收集的信息就比较多，从而估计精度比较高，但进行观测所投入的费用、人力及时间就比较多；样本容量取得比较小，则投入的费用、人力及时间就比较少，但收集的信息也比较少，从而估计精度比较低。这说明精度和费用对样本量的影响是矛盾的，不存在既使精度最高又使费用最省的样本量。一个常用的准则是在使精度得到保证的前提下寻求使费用最省的样本量。由于费用通常是样本量的正向线性函数，故使费用最省的样本量也就是使精度得到保证的最小样本量。

一、估计总体均值时样本容量的确定

在简单随机重复抽样下，设样本 $(X_1, X_2, \cdots, X_n)$ 来自正态总体，$N = (\mu, \sigma^2)$ 总体均值 μ 的点估计为样本均值 X。如果要求以 X 估计 μ 时的绝对误差为 d，可靠度为 $1-\alpha$，即要求：

由

$$P\{|\bar{X} - \mu| \leqslant d\} = 1 - \alpha$$

可知

$$P\left\{\left|\frac{\bar{X} - \mu}{\sigma / \sqrt{n}}\right| \leqslant Z_{\frac{\alpha}{2}}\right\} = 1 - \alpha$$

$$P\left\{|\bar{X} - \mu| \leqslant Z_{\frac{\alpha}{2}} \frac{\sigma}{\sqrt{n}}\right\} = 1 - \alpha$$

故只要取绝对误差

$$d = Z_{\frac{\alpha}{2}} \frac{\sigma}{\sqrt{n}}$$

从而解得

$$n = \frac{Z_{\frac{\alpha}{2}}^2 \cdot \sigma^2}{d^2}（重复抽样条件下）\tag{6.7}$$

同理，在简单随机不重复抽样条件下，我们可以得出估计总体均值时样本容量的计算公式为

$$n = \frac{N \cdot Z_{\frac{\alpha}{2}}^2 \cdot \sigma^2}{(N-1)\, d^2 + Z_{\frac{\alpha}{2}} \cdot \sigma^2}（不重复抽样条件下）\tag{6.8}$$

【例6-8】在某企业中采用简单随机抽样调查职工月平均奖金额，设职工月奖金额服从标准差为10元的正态分布，要求估计的绝对误差为3元，可靠度为95%。试问应抽多少职工？

解：已知 $\sigma = 10$，$d = 3$，$1-\alpha = 0.95$，$1-\alpha/2 = 0.975$。

使用 NORMSINV 函数得：（注：在 probability 栏内输入 $1-\alpha/2$ 值）

$Z_{0.025} = 1.959963985$

$$n = \frac{Z_{\frac{\alpha}{2}}^2 \cdot \sigma^2}{d^2} = \frac{1.96^2 \times 10^2}{3^2} \approx 43$$

即需抽取43名职工作为样本进行调查。

二、估计总体比例时样本容量的确定

在简单随机重复抽样条件下，估计总体比例时，我们可以定义绝对误差 d 为

$$d = Z_{\frac{\alpha}{2}} \cdot \sqrt{\frac{\pi(1-\pi)}{n}}$$

从而得到样本容量：

$$n = \frac{Z_{\frac{\alpha}{2}}^2 \cdot \pi \cdot (1-\pi)}{d^2} \quad （重复抽样条件下）\tag{6.9}$$

同理，在简单随机不重复抽样条件下，我们可以得出估计总体比例时样本容量的计算公式：

$$n = \frac{N \cdot Z_{\frac{\alpha}{2}}^2 \cdot \pi \cdot (1-\pi)}{(N-1) \cdot d^2 + Z_{\frac{\alpha}{2}}^2 \cdot \pi \cdot (1-\pi)} \quad （不重复抽样条件下）\tag{6.10}$$

【例6-9】根据以往的生产统计，某种产品的合格率为90%，现要求绝对误差为5%，在置信水平为95%的置信区间时，应抽取多少个产品作为样本？

已知 $\pi = 90\%$，$d = 5\%$，$1-\alpha = 0.95$，$1-\alpha/2 = 0.975$。

使用 NORMSINV 函数得：（注：在 probability 栏内输入 $1-\alpha/2$ 值）

$Z_{0.025} = 1.959963985$

$$n = \frac{Z_{\frac{\alpha}{2}}^2 \cdot \pi \cdot (1-\pi)}{d^2} = \frac{1.96^2 \times 0.9 \times (1-0.9)}{0.05^2}$$

即需抽取139个产品作为样品进行调查。

【本章小结】

本章从抽样方案、参数估计、假设检验和样本容量的确定等方面进行展开，介绍了抽样推断分析中从样本抽样到总体参数估计的各个环节，推导出参数估计的数学公式。抽样推断分析是结合理论推导和社会经济实践的重要工具。

抽样推断是在抽样调查的基础之上，应用样本的实际资料计算样本指标，并据以推断总体数量特征的一种统计方法。读者在学习时应掌握重复抽样、不重复抽样、抽样平均误差和抽样极限误差；要注意理解分层抽样和整群抽样对抽样平均误差的计算，分析它们与纯随机抽样的抽样平均误差之间的关系。

参数估计就是以点估计为依据，用一个具有一定可靠程度的区间范围来估计总体参数，即要在一定的概率保证下，利用数学推导找出两个数值 θ_1 和 θ_2（$\theta_1 < \theta_2$），使 θ 处于这两个数值之间。该区间（θ_1，θ_2）则是置信区间或者估计区间，θ_1 被称为置信区间的下限，θ_2 被称为置信区间的上限。

假设检验就是事先对总体参数或者总体分布形态做出一个规定或假设，然后利用样本提供的信息，以一定的概率来检验假设是否成立，判断总体的真实情况是否与原假设存在显著的系统性差异。

样本容量的选取至关重要，适当的样本容量是精度与费用的平衡。当样本容量大，收集的信息就比较多，从而估计精度比较高，但费用高；当样本容量小，收集的信息也比较少，从而估计精度比较低，但是节约了费用。在既要满足精度，又要费用最小的情况下，就需要科学合理的样本容量计算公式。

【学习评估】

一、单选题

1. 在参数估计中，要求通过样本的统计量来估计总体参数，评价统计量的标准之一是使它与总体参数的离差越小越好。这种评价标准称为（　　）。

    A. 无偏性   B. 有效性

    C. 一致性   D. 充分性

2. 无偏估计是指（　　）。

    A. 样本统计量的值恰好等于待估的总体参数

    B. 所有可能样本估计值的数学期望等于待估总体参数

    C. 样本估计值围绕待估总体参数使其误差最小

    D. 样本量扩大到和总体单元相等时与总体参数一致

3. 在进行区间估计时，若要求置信水平为95%，则相应的临界值为（　　）。

    A. 1.645   B. 1.96

    C. 2.58   D. 1.5

4. 在其他条件相同的情况下，95%的置信区间比90%的置信区间（　　）。

A. 要宽   B. 要窄

C. 相同   D. 可能宽也可能窄

5. 在用正态分布进行置信区间估计时，临界值 1.645 所对应的置信水平是（   ）。

A. 85%   B. 90%

C. 95%   D. 99%

6. 某一贫困地区估计营养不良人数高达 20%，然而有人认为这个比例实际上还要高，要检验该说法是否正确，则假设形式为（   ）。

A. H0：$\pi \leq 0.2$，H1：$\pi > 0.2$ B. H0：$\pi = 0.2$，H1：$\pi \neq 0.2$

C. H0：$\pi \leq 0.3$，H1：$\pi > 0.3$ D. H0：$\pi \geq 0.3$，H1：$\pi < 0.3$

7. 在假设检验中，第一类错误是指（   ）。

A. 当原假设正确时拒绝原假设

B. 当原假设错误时拒绝原假设

C. 当备择假设正确时拒绝备择假设

D. 当备择假设不正确时未拒绝备择假设

8. P 值越小（   ）。

A. 拒绝原假设的可能性越小   B. 拒绝原假设的可能性越大

C. 拒绝备择假设的可能性越大   D. 不拒绝备择假设的可能性越小

9. 在大样本情况下，检验总体均值所使用的统计量是（   ）。

A. $z = \dfrac{\bar{x} - \mu_0}{\dfrac{\sigma}{n}}$ B. $z = \dfrac{\bar{x} - \mu_0}{\dfrac{\sigma^2}{n}}$

C. $t = \dfrac{\bar{x} - \mu_0}{\dfrac{S}{\sqrt{n}}}$ D. $z = \dfrac{\bar{x} - \mu_0}{\dfrac{S}{\sqrt{n}}}$

10. 检验一个正态总体的方差时所使用的分布为（   ）。

A. 正态分布   B. t 分布

C. χ^2 分布   D. F 分布

11. 设 zc 为检验统计量的计算值，检验的假设为 H0：$\mu \leq \mu_0$，H1：$\mu > \mu_0$，当 $zc = 1.645$ 时，计算出的 P 值为（   ）。

A. 0.025   B. 0.05

C. 0.01   D. 0.0025

12. 随机抽取一个 $n = 40$ 的样本，得到 $x = 16.5$，$s = 7$。在 $\alpha = 0.02$ 的显著性水平下，检验假设 H0：$\mu \leq 15$，H1：$\mu > 15$，统计量的临界值为（   ）。

A. $z = -2.05$ B. $z = 2.05$

C. $z = 1.96$ D. $z = -1.96$

13. 检验假设 H0：$\pi = 0.2$，H1：$\pi \neq 0.2$，由 $n = 200$ 组成的一个随机样本，得到样本比例为 $p = 0.175$。用于检验的 P 值为 0.2112，在 $\alpha = 0.05$ 的显著性水平下，得到的结论是（   ）。

A. 拒绝 H0   B. 不拒绝 H0

C. 可以拒绝也可以不拒绝 H0   D. 可能拒绝也可能不拒绝 H0

14. 在其他条件不变的情况下，抽样单位数增加一半，抽样误差（　　　）。

    A. 缩小为原来的 81.6%   B. 缩小为原来的 50%

    C. 缩小为原来的 25%   D. 扩大为原来的 4 倍

15. 抽样误差大小（　　　）。

    A. 可以事先计算，但不能控制   B. 不可事先计算，但能控制

    C. 能够控制和消灭   D. 能够控制，但不能消灭

16. 随机抽出 100 个工人，占全体工人的 1%，工龄不到一年的比重为 10%，在概率为 0.9545 时。计算工龄不到一年的工人比重的极限抽样误差为（　　　）。

    A. 0.6%   B. 6%

    C. 0.9%   D. 3%

二、多选题

1. 影响抽样误差大小的因素有（　　　）。

    A. 样本各单位标志值的差异程度   B. 总体各单位标志值的差异程度

    C. 样本单位数   D. 抽样方法

2. 置信度、概率度和精确度关系表现在（　　　）。

    A. 概率度增大，估计的可靠性也增大 B. 概率度增大，估计的精确度下降

    C. 概率度缩小，估计的精确度也缩小 D. 概率度缩小，估计的置信度也缩小

3. 下列因素中影响必要样本容量的因素是（　　　）。

    A. 总体各单位标志变异程度   B. 允许的极限误差大小

    C. 推断的可靠程度   D. 抽样方法和抽样组织方式

4. 在抽样推断中（　　　）。

    A. 抽样指标的数值不是唯一的   B. 总体指标是一个随机变量

    C. 可能抽取许多个样本   D. 统计量是样本变量的函数

    E. 全及指标又称为统计量

5. 某厂要调查一批机械零件合格率。根据过去的资料，合格率曾有过 99%、97%、95% 三种情况，现在要求误差不超过 1%，估计把握程度为 95%，需要抽出（　　　）个零件。如果允许误差增加到 2%，估计的把握程度不变，应抽出（　　　）个零件。

    A. 1825   B. 381

    C. 457   D. 96

6. 在抽样平均误差一定的条件下（　　　）。

    A. 扩大极限误差的范围，可以提高推断的可靠程度

    B. 缩小极限误差的范围，可以提高推断的可靠程度

    C. 扩大极限误差的范围，只能降低推断的可靠程度

    D. 缩小极限误差的范围，只能降低推断的可靠程度

    E. 扩大或缩小极限误差范围与推断的可靠程度无关

三、填空题

1. 抽样调查是按照_____从总体中抽取一部分单位进行观测，并根据这部分单位的资料推断_____的一种方法。

2. 抽样调查的组织方式主要有纯随机抽样、_____、等距抽样、_____和整群抽样五种。

3. 在抽样推断中，按照随机原则从总体中抽取出来的那一部分单位叫作_____。

4. 简单随机抽样在抽取样本单位时有_____和_____两种不同的抽样方法。

5. 总体指标与抽样指标相比较，前者是一个确定值，后者是_____。

6. _____是抽样调查中不可避免的误差。

四、计算题

1. 某大学为了解学生每天上网的时间，在某校7500名学生中采取重复抽样方法随机抽取36人，调查他们每天上网时间（单位：小时），得到如表6.5所示的数据。

表6.5　某大学36名学生每天上网时间情况

3.3	3.1	6.2	5.8	2.3	4.1	5.4	4.5	3.2
4.4	2.0	5.4	2.6	6.4	1.8	3.5	5.7	2.3
2.1	1.9	1.2	5.1	4.3	4.2	3.6	0.8	1.5
4.7	1.4	1.2	2.9	3.5	2.4	0.5	3.6	2.5

求该校大学生平均上网时间的95%的置信区间。

2. 顾客到银行办理业务时往往需要等待一段时间，而等待时间的长短与多种因素有关，比如，银行业务员办理业务的速度、顾客排队的方式等。为此，某银行准备采取两种排队方式进行试验：第一种排队方式是所有顾客都进入一个等待队列，第二种排队方式是顾客在三个业务窗口处排成三排等待。为比较哪种排队方式使顾客等待的时间更短，银行各随机抽取10名顾客，他们在办理业务时所等待的时间（单位：分钟）如表6.6所示。

表6.6　顾客办理业务时所等待时间情况

| 方式一 | 6.5 | 6.6 | 6.7 | 6.8 | 7.1 | 7.3 | 7.4 | 7.7 | 7.7 | 7.7 |
| 方式二 | 4.2 | 5.4 | 5.8 | 6.2 | 6.7 | 7.7 | 7.7 | 8.5 | 9.3 | 10.0 |

要求：

（1）构建第一种排队方式等待时间标准差的95%的置信区间。

（2）构建第二种排队方式等待时间标准差的95%的置信区间。

（3）根据（1）和（2）的结果，你认为哪种排队方式更好？

3. 根据以往的生产数据，某种产品的废品率为2%。如果置信区间为95%，估计误差不超过 4%，应抽取多少样本？

4. 航空服务公司规定，销售一张机票的平均时间为 2 分钟。有 10 名顾客购买机票所用的时间（分钟）组成的一个随机样本，结果为：1.9，1.7，2.8，2.4，2.6，2.5，2.8，3.2，1.6，2.5。在 $\alpha = 0.05$ 的显著性水平下，检验假设：H0：$t \leqslant 2$，H1：$t > 2$，得到的结论是什么？

5. 某灯泡厂对 10000 个产品进行寿命检验，随机抽取 2% 样本进行测试，所得资料如表 6.7 所示。

表 6.7 灯泡寿命检验情况

使用时间/小时	抽样检查灯泡数/个	使用时间/小时	抽样检查灯泡数/个
<900	2	1100~1150	18
900~950	4	1150~1200	7
950~1000	11	≥1200	3
1000~1050	71	合计	200
1050~1100	84		

按照质量规定，电灯泡使用寿命在 1000 小时以上者为合格品，按以上资料计算抽样平均误差。

6. 某地区粮食播种面积 20000 公顷，现按平原和山区面积比例抽取其中 2%，结果如表 6.8 所示。

表 6.8 调查结果

耕地按地势分组	全部面积/公顷	样本面积/公顷	样本平均每公顷产量/千克	每公顷产量标准差/千克
平原	14000	280	8400	840
山区	6000	120	5250	2250
合计	20000	400	7185	1590

要求：

（1）试在不重复抽样条件下计算抽样平均误差。

（2）试以 95.45% 的可靠性估计该地区平均每公顷产量的范围。

7. 某农场播种水稻 3000 公顷，作物分布于 30 块面积大致相同的地段上，现采用不重复抽样方法抽选 5 块这样的地段，得到如表 6.9 所示结果。

表 6.9 抽查结果

地段号	地段平均/（千克·公顷^{-1}）	杂交水稻面积/%
1	12000	30
2	12750	40
3	11850	25

表6.9(续)

地段号	地段平均/（千克·公顷$^{-1}$）	杂交水稻面积/%
4	10875	23
5	12375	36

要求：

（1）以90%的可靠性估计该农场水稻平均亩①产。

（2）以90%的可靠性估计该农场推广杂交水稻面积百分比。

---

①　注：1亩约等于0.067公顷。

第七章

假设检验

■学习目标

1. 了解假设检验的基本概念和基本思想；
2. 理解假设检验的检验统计量、拒绝域；
3. 掌握单个总体均值的假设检验；
4. 掌握单个总体比例的假设检验；
5. 理解单个总体方差的假设检验。

　　党的二十大报告指出："我们要以科学的态度对待科学、以真理的精神追求真理，坚持马克思主义基本原理不动摇，坚持党的全面领导不动摇，坚持中国特色社会主义不动摇，紧跟时代步伐，顺应实践发展，以满腔热忱对待一切新生事物，不断拓展认识的广度和深度，敢于说前人没有说过的新话，敢于干前人没有干过的事情，以新的理论指导新的实践。"我们在生活中会遇到很多带有不确定性的问题，医疗中新药品是否可以临床应用的科学方法告诉我们，面对问题，要"大胆假设，小心求证"。而假设检验就是这样的一套方法论。假设检验和参数估计是推断统计的两个重要基础方法，上一章提到的参数估计是利用样本信息推断未知的总体参数，假设检验则是对总体参数先提出一个假设，然后利用样本信息判断这一假设是否成立。

【导入案例】

　　电影《决战中途岛》讲述的是第二次世界大战中，太平洋战争重要的转折点——中途岛海战。在电影里，美军发现了日军的一段密码。破译密码后，得到一个关键词：AF。这表示日军将要在 AF 岛发动进攻。可是，这个 AF 到底代表哪个岛呢？美军内部出现了两种意见，夏威夷情报处认为 AF 是中途岛，而华盛顿情报处认为 AF 是阿留申群岛。如果你是作战的指挥官，该听谁的呢？你可能会说，在两个岛上都部署航母，这样做到万无一失。理想是美好的，但是现实是残酷的。因为当时在附近的美国的航母比日军少，它只能把有限的资源集中放到一个岛上。确定这个岛是中途岛还是阿留申群岛，直接决定了战局的胜败。现在假设检验分析方法派上了用场。目前有两个假设：

假设 1：AF 是中途岛。

假设 2：AF 是阿留申群岛。

如何验证假设呢？需要收集证据。夏威夷海军情报处的负责人想到，很久以前，他也捕获过一条包含 AF 的信息，当时信息显示：日军飞机的航线会经过 AF。根据那次的观察，他认为 AF 就是中途岛。为了验证这个假设，美军发出了一个假情报：中途岛上的淡水处理器坏了，目的是看到日军获取到假情报的反应。果然，不久就截获到日军向外发送的情报信息：AF 缺淡水。这就验证了假设，得出结论：AF 是中途岛。指挥官根据这个分析结论做出了决策，把有限的兵力埋伏在中途岛。最终美军在中途岛大胜，从而扭转了整个太平洋战场的局势。

（资料来源：猴子·数据分析学院. 数据分析思维：分析方法和业务知识［M］. 北京：清华大学出版社，2020.）

第一节　假设检验中的基本概念和基本原理

某公司销售部门对产品销售方案做出了调整，那么方案调整之后的销售数据是否比之前有了明显改善？可通过假设检验的方法进行分析。

一、统计假设的概念

统计假设，指的是和抽样手段联系在一起，并且依靠抽样数据来进行验证的假设。

统计假设的内容都是数量化了的，而且验证的依据都是凭借抽样调查所取得的资料，在抽取样本资料时，必须保证抽样的随机性。

假设分为：原假设 H1 和备择假设 H0。

原假设，又称为零假设。它一般是根据已有的资料，或经过周密考虑后确定的、具有稳定性的、受保护的经验和看法。因此，若没有充分根据，H0 是不会被轻易否定的。

备择假设，又称为研究假设。经过抽样调查，若有充分根据否定原假设 H0，自然就得接受其逻辑对立面。原假设 H0 的逻辑对立面即为备择假设。

以总体均值 μ 的假设检验为例，根据问题的不同，假设检验可能有三种：

1. 双边检验

双边检验仅仅检验事物变化前后总体均值是否具有差异性。如检验某种药品在改良前后的效果是否不同、某种机器在检修前后的生产效率是否具有差异等。对于上述问题，一般建立如下假设：

$$H0: \mu = \mu_0$$
$$H1: \mu \neq \mu_0$$

2. 右侧单边检验

右侧单边检验是在检验事物变化前后总体均值是否具有差异性的基础上，进一步检验事物变化后的均值比之前是否有了提高。如检验某种药品在改良后的效果是否比改良前有了提高，某种机器在检修后的生产效率是否比检修前有了提高等。对于上述问题，一般建立如下假设：

$$H0: \mu = \mu_0$$
$$H1: \mu > \mu_0$$

3. 左侧单边检验

左侧单边检验是检验事物变化前后总体均值是否具有差异性的基础上，进一步检验事物变化后的均值比之前是否有所降低。如检验某企业在实施成本控制后的成本总额是否比实施前有了降低，某种产品在实施新工艺后的缺陷数是否比实施前有了降低等。对于上述问题，一般建立如下假设：

$$H0: \mu = \mu_0$$
$$H1: \mu < \mu_0$$

二、假设检验的基本原理——小概率原理

小概率原理可归纳为两个方面：一是可以认为小概率事件在一次观察中是不可能出现的；二是如果在一次观察中出现了小概率事件，那么，合理的想法是否定原来认为该事件具有小概率的看法。

假设检验的基本思想：经过随机抽样获得一个来自总体的样本，然后根据样本计算某个（或某几个）统计量的数值。若在原假设 H0 成立的条件下，该统计量数值的出现几乎是不可能的，就拒绝或否定原假设 H0，并接受它的逻辑对立面——备择假设 H1。反之，如果在原假设 H0 成立的条件下，该统计量数值出现的可能性不是很小的话，就没有理由拒绝原假设 H0。

三、假设检验中的统计量

在原假设 H0 成立的情况下，统计量中不应包含有未知参数，其数值应该是确定的。

所选用的统计量的分布应该是已知的，是有表可查的。

例如，对于正态总体均值 μ 的检验 $H0: \mu = \mu_0$，应选择的统计量为

$$Z = \frac{\bar{X} - \mu}{\frac{\sigma}{\sqrt{n}}} \ (\sigma^2 \ \text{已知}), \ t = \frac{\bar{X} - \mu}{\frac{S}{\sqrt{n}}} \ (\sigma^2 \ \text{未知})$$

四、显著性水平 α

显著性水平 α 是假设检验中所规定的小概率的数量界限，也就是在原假设 H0 成立的条件下，判断统计量数值的出现是否是小概率事件的标准。常用的标准有：$\alpha = 0.1$，$\alpha = 0.05$ 或 $\alpha = 0.01$。

五、临界值、接受域和拒绝域

选定一个检验统计量后，在原假设 H0 成立的条件下，就可画出统计量的分布。再根据给定的显著性水平 α，就可确定临界值、接受域和拒绝域。

比如，对于正态总体均值 μ 的双边检验 H0：$\mu = \mu_0$，在总体方差 σ^2 已知的情况下，我们选择 $Z = \dfrac{\bar{X} - \mu}{\dfrac{\sigma}{\sqrt{n}}}$ 为统计量；根据原假设 H0：$\mu = \mu_0$，就可以画出如图 7.1 所示的 Z 统计量的分布。

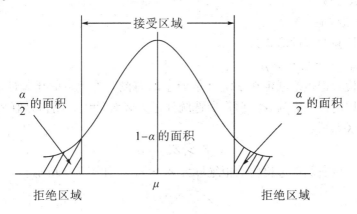

图 7.1 Z 统计量的分布

由于双边检验把拒绝原假设 H0 的小概率事件定在了统计量分布的两侧，因此，两侧尾部面积总和所代表的概率即显著性水平 α。又由于 Z 统计量的分布是对称的，所以每侧的概率都是 $\alpha/2$。查标准正态分布表可得

$$P(Z > Z_{\alpha/2}) = \frac{\alpha}{2}, \; P(Z < -Z_{\alpha/2}) = \frac{\alpha}{2}$$

即
$$P(-Z_{\alpha/2} < Z < Z_{\alpha/2}) = 1 - \alpha$$

根据假设检验的小概率原理，如果统计量的值 $Z_c > Z_{\alpha/2}$ 或 $Z_c < -Z_{\alpha/2}$，就应拒绝原假设 H0；反之，若统计量的值 $-Z_{\alpha/2} < Z_c < Z_{\alpha/2}$，就应接受原假设 H0。

因此，该双边检验以 $-Z_{\alpha/2}$ 和 $Z_{\alpha/2}$ 为临界值，两者之间的区域为接受域，两边为拒绝域。

六、双边检验和单边检验

（一）双边检验

双边检验的假设形式为

H0：$\mu = \mu_0 \longleftrightarrow$ H1：$\mu \neq \mu_0$

双边检验的拒绝域被定在了统计量分布的两侧。若给定的显著性水平为 α，则每侧拒绝域的概率应各为 $\alpha/2$。假定所选统计量为 Z 统计量，则临界值 $Z_{\alpha/2}$ 和显著性水平 α 有如下的关系式：

$$P(-Z_{\alpha/2} < Z < Z_{\alpha/2}) = 1 - \alpha$$

也就是说，该双边检验的拒绝域为 $Z > Z_{\alpha/2}$ 或 $Z < -Z_{\alpha/2}$，如图 7.2 所示。

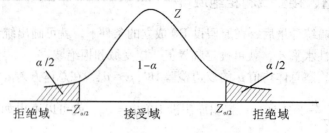

图 7.2 双边检验的接受域、拒绝域

（二）单边检验

1. 右侧单边检验

右侧单边检验的假设形式为

H0：$\mu = \mu_0$ ←→ H1：$\mu > \mu_0$

右侧单边检验把拒绝域定在了统计量分布的右侧。若给定的显著性水平为 α，则统计量分布右尾的概率应为 α。假定所选统计量为 Z 统计量，则临界值 Z_α 和显著性水平 α 有如下的关系式：

$$P(Z > Z_\alpha) = \alpha$$

也就是说，该右侧单边检验的拒绝域为 $Z > Z_\alpha$，如图 7.3 所示。

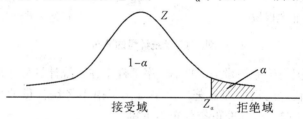

图 7.3 右侧单边检验的接受域、拒绝域

2. 左侧单边检验

左侧单边检验的假设形式为

H0：$\mu = \mu_0$ ←→ H1：$\mu < \mu_0$

左侧单边检验把拒绝域定在了统计量分布的左侧。若给定的显著性水平为 α，则统计量分布左尾的概率应为 α。假定所选统计量为 Z 统计量，则临界值 $-Z_\alpha$ 和显著性水平 α 有如下的关系式：

$$P(Z < -Z_\alpha) = \alpha$$

也就是说，该左侧单边检验的拒绝域为 $Z < -Z_\alpha$，如图 7.4 所示。

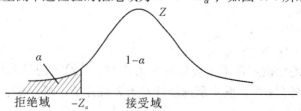

图 7.4 左侧单边检验的接受域、拒绝域

第二节　假设检验的步骤和两类错误

一、假设检验的步骤

第一步，依据所研究问题的不同情况，建立原假设 H0 和备择假设 H1 两部分；

第二步，在原假设 α 成立的条件下，依据总体服从的分布，构建一个合适的样本统计量，该统计量不包含任何的未知参数，然后将各样本值代入该统计量，从而算得一个关于样本的统计量值；

第三步，根据有关要求给定显著性水平 α 以及相应的自由度，查表（见书末附表）求出临界值；

第四步，将第二步得的样本统计量值与第三步查表求得的临界值进行比较，做出拒绝或接受原假设的判断。注意，在判断时，并非只要统计量值大于或小于某一临界值，就一定拒绝原假设，而是应根据不同的假设所设立的内容进行判断。

二、假设检验的两类错误

（一）弃真错误

弃真错误，又称为第一类错误，指的是否定了未知的真实状态，把正确的原假设 H0 当成了假的而加以拒绝的错误。这是在拒绝原假设 H0 时可能出现的错误。

犯弃真错误的概率就是显著性水平 α。

（二）纳伪错误

纳伪错误，又称为第二类错误，指的是接受了未知的不真实状态，把错误的原假设 H0 当成了真的而加以接受的错误。这是在接受原假设 H0 时可能出现的错误。

犯纳伪错误的概率 β 的大小是不确定的。它的数值大小取决于真实的 μ 和原假设中的 μ_0 的偏离程度 $\Delta\mu = \mu - \mu_0$。$\Delta\mu$ 越小，犯纳伪错误的概率 β 越大；反之，$\Delta\mu$ 越大，β 的数值就越小。（β 为图 7.5 阴影部分的面积。）

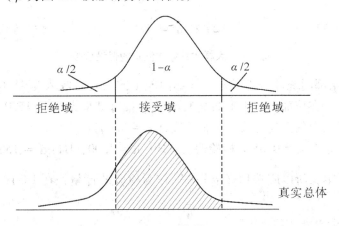

图 7.5　两类错误

在样本容量 n 一定的情况下，不可能同时减小犯两类错误的概率 α 和 β。要想同时减小犯两类错误的概率，就只能增加样本容量 n。

第三节 单总体假设检验

一、大样本假设检验

（一）大样本总体均值 μ 的假设检验

在大样本情况下，总体均值 μ 的假设检验的统计量为

$$Z = \frac{\bar{X} - \mu_0}{\dfrac{\sigma}{\sqrt{n}}} = \frac{\bar{X} - \mu_0}{\sigma_{\bar{X}}}$$

1. 双边检验

H0：$\mu = \mu_0$

H1：$\mu \neq \mu_0$ （拒绝域为：$Z > Z_{\alpha/2}$ 或 $Z < -Z_{\alpha/2}$）

2. 右侧单边检验

H0：$\mu = \mu_0$

H1：$\mu > \mu_0$ （拒绝域为：$Z > Z_{\alpha}$）

3. 左侧单边检验

H0：$\mu = \mu_0$

H1：$\mu < \mu_0$ （拒绝域为：$Z < -Z_{\alpha}$）

大样本总体均值 μ 的假设检验如图 7.6 所示。

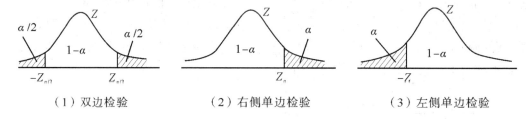

（1）双边检验　　　　　　（2）右侧单边检验　　　　　　（3）左侧单边检验

图 7.6　大样本总体均值 μ 的假设检验

【例 7-1】某部门统计报表显示，该部门职工的人均月收入为 1500 元。为检查统计报表的正确性，在该部门职工中抽查了 60 人，抽查结果为：$\bar{X} = 1520$ 元，$S = 36$ 元，问该部门统计报表中的人均月收入是否正确（$\alpha = 0.05$）？

解：本问题是在 $\alpha = 0.05$ 下检验假设：H0：$\mu = 1500$，H1：$\mu \neq 1500$。

由于是大样本，所以应选用 $Z = \dfrac{\bar{X} - \mu}{\dfrac{s}{\sqrt{n}}}$ 作为检验统计量，在 H0 成立的条件下，Z

$\sim N(0，1)$。查标准正态分布表可得 $Z_{\alpha/2} = Z_{0.025} = 1.96$。因此，该双边检验的拒绝域为 $Z > 1.96$ 或 $Z < -1.96$。

根据抽样结果有，$Z = \dfrac{\bar{X} - \mu_0}{\dfrac{\sigma}{\sqrt{n}}} = \dfrac{1520 - 1500}{\dfrac{36}{\sqrt{60}}} \approx 4.303 > 1.96$

所以，拒绝原假设 H0，认为该部门的报表中的人均月收入不正确。

由假设检验的原理及方法可知，假设检验与区间估计其实是同一个问题的两种不同的表述方法，假设检验的接受域也正是区间估计的置信区间。

（二）大样本总体成数 P 的假设检验

大样本总体成数 P 的假设检验的统计量为

$$Z = \dfrac{\hat{P} - P_0}{\sqrt{\dfrac{P_0(1 - P_0)}{n}}}$$

1. 双边检验

H0：$P = P_0$

H1：$P \neq P_0$　（拒绝域为：$Z > Z_{\alpha/2}$ 或 $Z < -Z_{\alpha/2}$）

2. 右侧单边检验

H0：$P = P_0$

H1：$P > P_0$　（拒绝域为：$Z > Z_\alpha$）

3. 左侧单边检验

H0：$P = P_0$

H1：$P < P_0$　（拒绝域为：$Z < -Z_\alpha$）

大样本总体成数 P 的假设检验如图 7.7 所示。

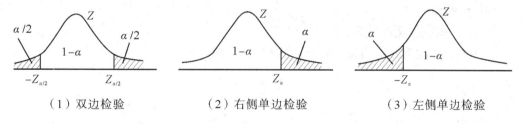

（1）双边检验　　　　　（2）右侧单边检验　　　　　（3）左侧单边检验

图 7.7　大样本总体成数 P 的假设检验

【例 7-2】某县近年的高考升学率都保持在 30% 左右，为提高升学率，该县各校进行了一系列的教学改革。为检查改革的成效，在该县今年的应届毕业生中抽查了 100 人，结果有 38 人考上大学。请问该县各校的一系列教学改革是否取得成效（$\alpha = 0.05$）？

解：本问题是在 $\alpha = 0.05$ 下检验假设：

H0：$P = 30\%$，H1：$P > 30\%$

由于是大样本，所以应选用 $Z = \dfrac{\hat{P} - P}{\sqrt{\dfrac{pq}{n}}} = \dfrac{\hat{P} - P}{\sigma_{\hat{P}}}$ 作为检验统计量，在 H0 成立的条件下，$Z \sim N(0, 1)$。查标准正态分布表可得 $Z_\alpha = Z_{0.05} = 1.645$。因此，该右侧单边检验

的拒绝域为 $Z > 1.645$。

根据有关数据，得 $Z = \dfrac{\hat{P} - P_0}{\sqrt{\dfrac{P_0(1 - P_0)}{n}}} = \dfrac{38\% - 30\%}{\sqrt{\dfrac{30\% \times 70\%}{100}}} \approx 1.746 > 1.645$

所以，拒绝原假设 H0，认为该县的教学改革取得了成效。

二、小样本假设检验

在小样本情况下，检验统计量的分布与总体分布有关。

（一）单正态总体 $N(\mu,\ \sigma^2)$ 的均值检验

1. σ^2 已知

总体均值 μ 的假设检验的统计量为

$$Z = \frac{\bar{X} - \mu_0}{\dfrac{\sigma}{\sqrt{n}}} = \frac{\bar{X} - \mu_0}{\sigma_{\bar{X}}}$$

（1）双边检验。

H0：$\mu = \mu_0$

H1：$\mu \neq \mu_0$ （拒绝域为：$Z > Z_{\alpha/2}$ 或 $Z < -Z_{\alpha/2}$）

（2）右侧单边检验。

H0：$\mu = \mu_0$

H1：$\mu > \mu_0$ （拒绝域为：$Z > Z_{\alpha}$）

（3）左侧单边检验。

H0：$\mu = \mu_0$

H1：$\mu < \mu_0$ （拒绝域为：$Z < -Z_{\alpha}$）

单正态总体均值 μ 的假设检验（σ^2 已知）如图 7.8 所示。

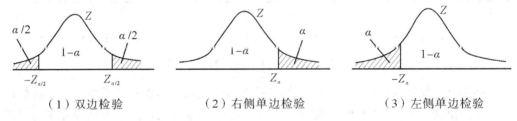

（1）双边检验　　　　　（2）右侧单边检验　　　　　（3）左侧单边检验

图 7.8　单正态总体均值 μ 的假设检验（σ^2 已知）

【例 7-3】某厂生产的某种螺栓的直径（单位：毫米）服从正态分布 $N(20,\ 1.2^2)$，设备维修后，从新生产的产品中随机抽查 20 个，测得 $\bar{X} = 21$ 毫米。若方差没有发生变化，问设备维修后，螺栓的直径有没有显著变化（$\alpha = 0.05$）？

解：本问题是在 $\alpha = 0.05$ 下检验假设：

H0：$\mu = 20$，H1：$\mu \neq 20$

由于是正态总体及小样本，且 σ^2 已知，所以应选用 $Z = \dfrac{\bar{X} - \mu}{\dfrac{\sigma}{\sqrt{n}}}$ 作为检验统计量，在

H0 成立的条件下，$Z \sim N(0，1)$。查标准正态分布表可得 $Z_{\alpha/2} = Z_{0.025} = 1.96$。因此，该双边检验的拒绝域为 $Z > 1.96$ 或 $Z < -1.96$。

根据抽样数据，可得 $Z = \dfrac{\bar{X} - \mu_0}{\dfrac{\sigma}{\sqrt{n}}} = \dfrac{21 - 20}{\dfrac{1.2}{\sqrt{20}}} \approx 3.727 > 1.96$

所以，拒绝原假设 H0，认为设备维修后螺栓的直径发生了变化。

2. σ^2 未知

总体均值 μ 的假设检验的统计量为

$$t = \dfrac{\bar{X} - \mu_0}{\dfrac{S}{\sqrt{n}}} = \dfrac{\bar{X} - \mu_0}{\sigma_{\bar{X}}}$$

（1）双边检验。

H0：$\mu = \mu_0$

H1：$\mu \neq \mu_0$ （拒绝域为：$t > t_{\alpha/2}$ 或 $t < -t_{\alpha/2}$）

（2）右侧单边检验。

H0：$\mu = \mu_0$

H1：$\mu > \mu_0$ （拒绝域为：$t > t_\alpha$）

（3）左侧单边检验。

H0：$\mu = \mu_0$

H1：$\mu < \mu_0$ （拒绝域为：$t < -t_\alpha$）

单正态总体均值 μ 的假设检验（σ^2 未知）如图 7.9 所示。

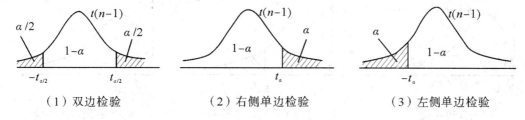

（1）双边检验　　　　（2）右侧单边检验　　　　（3）左侧单边检验

图 7.9　单正态总体均值 μ 的假设检验（σ^2 未知）

【例 7-4】某糖厂用自动打包机装糖，每袋糖的额定重量为 50 千克，设每袋糖的重量服从正态分布。每天开工后，工人都要检查打包机所装糖包的重量是否符合标准。某天开工后抽查了 12 包，测得平均包重为 49.32 千克，标准差为 1.35 千克。问该天打包机工作是否正常（ $\alpha = 0.05$）？

解：本问题是在 $\alpha = 0.05$ 下检验假设：

H0：$\mu = 50$，H1：$\mu \neq 50$

由于是小样本，总体方差 σ^2 又未知，所以应选用 $t = \dfrac{\overline{X} - \mu}{\dfrac{S}{\sqrt{n}}}$ 作为检验统计量，在

H0 成立的条件下，$t \sim t(n-1)$。查 t 分布表可得 $t_{\alpha/2}(n-1) = t_{0.025}(11) = 2.201$。因此，该双边检验的拒绝域为 $t > 2.201$ 或 $t < -2.201$。

根据上述抽样结果，有 $t = \dfrac{\overline{X} - \mu_0}{\dfrac{S}{\sqrt{n}}} = \dfrac{49.32 - 50}{\dfrac{1.35}{\sqrt{12}}} \approx -1.745 > -2.201$

所以，接受原假设 H0，认为打包机工作正常。

（二）单正态总体的方差检验

总体方差 σ^2 的假设检验的统计量为

$$\chi^2 = \frac{n-1}{\sigma_0^2} S^2$$

1. 双边检验

H0：$\sigma^2 = \sigma_0^2$

H1：$\sigma^2 \neq \sigma_0^2$ （拒绝域为：$\chi^2 > \chi^2_{\alpha/2}$ 或 $\chi^2 < \chi^2_{1-\alpha/2}$）

2. 右侧单边检验

H0：$\sigma^2 = \sigma_0^2$

H1：$\sigma^2 > \sigma_0^2$ （拒绝域为：$\chi^2 > \chi^2_{\alpha}$）

3. 左侧单边检验

H0：$\sigma^2 = \sigma_0^2$

H1：$\sigma^2 < \sigma_0^2$ （拒绝域为：$\chi^2 < \chi^2_{1-\alpha}$）

单正态总体方差 σ^2 的假设检验如图 7.10 所示。

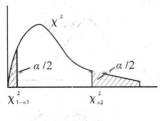 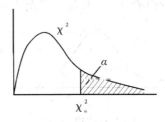 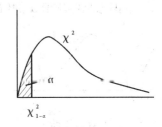

（1）双边检验　　　　　（2）右侧单边检验　　　　　（3）右侧单边检验

图 7.10　单正态总体方差 σ^2 的假设检验

【例7-5】某厂生产某种型号的螺钉，要求其长度的方差不超过 2 毫米。今从某批该型号的螺钉中抽出 10 颗，测得样本方差 $S^2 = 2.38$ 毫米，设该螺钉的长度服从正态分布。问这批螺钉的长度的方差是否合乎标准（$\alpha = 0.05$）？

解：本问题是在 $\alpha = 0.05$ 下检验假设：

H0：$\sigma^2 \leqslant 2$

H1：$\sigma^2 > 2$

应选用 $\chi^2 = \dfrac{n-1}{\sigma_0^2}S^2$ 作为检验统计量，在 H0 成立的条件下，$\chi^2 \sim \chi^2(n-1)$。查 χ^2 分布表可得临界值 $\chi_\alpha^2(n-1) = \chi_{0.05}^2(10-1) = 16.919$。因此，该检验的拒绝域为 $\chi^2 > 16.919$。

根据题中数据，有 $\chi^2 = \dfrac{n-1}{\sigma_0^2}S^2 = \dfrac{10-1}{2} \times 2.38 = 10.71 < 16.919$

所以，接受原假设 H0，认为这批螺钉的长度的方差合乎标准。

【本章小结】

本章讨论的是统计推断基本问题第二类问题——假设检验问题。假设检验就是根据样本所提供的信息对所考虑的假设做出接受或者拒绝的决策的过程。一般用前面所讲述的性质构造检验统计量，然后根据样本做出决策。完成决策后，一般可能遇到两种错误：弃真和取伪。在样本容量固定的情况下，这两种错误不能同时降低，只有增加样本容量才能让犯两类错误的概率都减小。假设检验的步骤一般要有提出假设、确定显著性水平和样本容量、确定检验量、求出拒绝域，最后根据样本观察值做出决策。本章最后对正态总体均值、比例和方差进行假设检验。

【学习评估】

一、单选题

1. 在假设检验中，做出拒绝原假设的决策时，则可能（　　）。
   A. 犯第一类错误，也可能犯第二类错误
   B. 犯第二类错误
   C. 犯第一类错误
   D. 不犯错误

2. 对正态总体的数学期望 μ 进行假设检验，如果在显著性水平 0.05 下接受 H0：$\mu = \mu_0$，那么在显著性水平 0.01 下，下列结论中正确的是（　　）。
   A. 必接受 H0
   B. 可能接受，也可能拒绝 H0
   C. 必拒绝 H0
   D. 不接受，也不拒绝 H0

3. 在统计假设的显著性检验中，以下结论错误的是（　　）。
   A. 显著性检验的基本思想是"小概率事件"，即一次试验中小概率事件基本上不可能发生
   B. 显著性水平 α 是检验第一类错误的概率，即"拒真"概率
   C. 假设显著性水平为 α，则 $1-\alpha$ 是该检验犯第二类错误的概率，即"受伪"概率
   D. 假设样本值落在"拒绝域"内，则拒绝原假设

二、简答题

1. 简述假设检验的基本步骤。
2. 简述假设检验的两类错误及其发生的概率。
3. 假设检验和参数估计有什么相同点和不同点?
4. 什么是假设检验中的显著性水平?统计显著是什么意思?
5. 单侧检验中原假设和备择假设的方向如何确定?

三、计算题

1. 某品种作物的产量原为亩产 400 千克,标准差 31.5 千克。现于某地推广试种,据抽样取得的 81 个数据,得平均亩产为 394 千克,试以 0.05 的显著性概率判断是否保持了该品种的产量特性。

2. 某药品在既往临床治疗中的治愈率为 80%,该药品使用新配方后重新投入市场,现从服用该新药的病人中抽取 400 人进行检验,测得治愈率为 84%,试判断该药品在采用新配方前后其疗效有没有显著差异(取 $\alpha = 0.05$)。

第八章

相关与回归分析

■**学习目标**

1. 掌握相关系数的测定和性质；
2. 明确相关分析与回归分析的特点；
3. 建立回归直线方程，掌握估计标准误差的计算。

党的二十大报告指出："实践没有止境，理论创新也没有止境。不断谱写马克思主义中国化时代化新篇章，是当代中国共产党人的庄严历史责任。继续推进实践基础上的理论创新，首先要把握好新时代中国特色社会主义思想的世界观和方法论，坚持好、运用好贯穿其中的立场观点方法。万事万物是相互联系、相互依存的。只有用普遍联系的、全面系统的、发展变化的观点观察事物，才能把握事物发展规律。我国是一个发展中大国，仍处于社会主义初级阶段，正在经历广泛而深刻的社会变革，推进改革发展、调整利益关系往往牵一发而动全身。我们要善于通过历史看现实、透过现象看本质，把握好全局和局部、当前和长远、宏观和微观、主要矛盾和次要矛盾、特殊和一般的关系，不断提高战略思维、历史思维、辩证思维、系统思维、创新思维、法治思维、底线思维能力，为前瞻性思考、全局性谋划、整体性推进党和国家各项事业提供科学思想方法。"社会经济现象中存在很多非确定的相关关系，而相关与回归分析是分析这些关系的一套方法论。

相关分析是回归分析的基础和前提，回归分析则是相关分析的深入和继续。相关分析需要依靠回归分析来表现变量之间数量相关的具体形式，而回归分析则需要依靠相关分析来表现变量之间数量变化的相关程度。只有当变量之间具有高度相关性时，进行回归分析寻求其相关的具体形式才有意义。

【导入案例】

高血压筛查

高血压是一种非常普遍的慢性疾病。研究显示，2017年我国35岁以上居民高血压患病率达到37.2%。据世界卫生组织报告，高血压也是世界范围内早逝的主要原因，并且全球患有高血压的成年人中仅有42%得到诊断和治疗。在此背景下，《"健康中国2030"规划纲要》已将高血压等慢性疾病的管理上升到国家战略层面。在高血压防治中的重要一环是定期筛查，早发现早治疗。在此过程中，患者最关心的测量指标很可能就是自己的血压值，因为血压测量值是高血压诊断的最主要指标。根据2005年中国高血压治疗指南建议，收缩压大于等于140毫米汞柱，舒张压大于等于90毫米汞柱可以诊断为高血压。因此，血压测试时，血压测量值就是因变量 y。相对于血压取值范围而言，1毫米汞柱数值较小，因此因变量血压 y 可以视为一个连续型数据。而影响血压 y 的因素 x 可能包括个人的饮食习惯、服药习惯、身体质量指数（BMI）等等。深刻理解一个人的血压 y 与各种相关因素 x 之间的关系，对于提高居民健康水平、降低医疗开支有重要的意义。

（资料来源：王汉生，王菲菲. 商务统计学基础 ［M］. 北京：北京大学出版社，2023.）

第一节 相关关系

一、相关关系的含义

宇宙中任何现象都不是孤立地存在的，而是普遍联系和相互制约的。这种现象间的相互联系、相互制约的关系即相关关系。

相关关系因其依存程度的不同而表现出相关程度的差别。有些现象间存在着严格的数据依存关系，比如，在价格不变的条件下销售额量之间的关系，圆的面积与半径之间的关系等等，均具有显著的一一对应关系。这些关系可由数学中的函数关系来确切描述，因而也可以认为是一种完全相关关系。有些现象间的依存关系则没有那么严格。当一种现象的数量发生变化时，另一种现象的数量却在一定的范围内发生变化，比如身高与体重的关系就是如此。一般来说，身高越高，体重越重，但二者之间的关系并非严格意义上的对应关系，身高1.75米的人，对应的体重会有多个数值，因为影响体重的因素不只身高而已，它还会受遗传、饮食习惯等因素的制约和影响。社会经济现象中大多存在这种非确定的相关关系。

在统计学中，这些在社会经济现象之间普遍存在的数量依存关系，都成为相关关系。在本章，我们主要介绍那些能用函数关系来描述的具有经济统计意义的相关关系。

二、相关关系的特点

1. 现象之间确实存在数量上的依存关系

如果一个现象发生数量上的变化，则另一个现象也会发生数量上的变化，比如收入与支出之间的关系、学习时间与学习成绩之间的关系等。在相互依存的两个变量中，可以根据研究目的，把其中的一个变量确定为自变量，把另一个对应变量确定为因变量。例如，把身高作为自变量，则体重就是因变量。

2. 现象之间数量上的关系是不确定的

相关关系的全称是统计相关关系，它属于变量之间的一种不完全确定的关系。这意味着一个变量虽然受另一个（或一组）变量的影响，却并不由这一个（或一组）变量完全确定。例如，前面提到的身高和体重之间的关系就是这样一种关系。

三、相关关系的类型

现象之间的相互关系很复杂，它们涉及的变动因素多少不同，作用方向不同，表现出来的形态也不同。相关关系大体有以下几种分类：

1. 按相关的程度不同划分

按相关的程度不同，相关关系可分为完全相关、不相关、不完全相关。在统计学中，相关分析与回归分析主要研究不完全相关现象。

2. 按依存关系的表现形式不同划分

按依存关系的表现形式不同，相关关系可分为线性相关、非线性相关。线性相关是指两种相关现象之间的关系近似地表现为一条直线，在这种关系中，两个变量的变动幅度近似地保持一定的比例，如人均消费水平与人均收入水平之间的关系。非线性相关是指当一个变量发生变动时，另外变量的变动在数值上不是均等的。

3. 按相关的方向不同划分

按相关的方向不同，相关关系可分为正相关、负相关。正相关是指当一个变量的数值增加（或减少）时，另外变量的数值也随之增加（或减少），即同方向变化，如居民收入与支出之间的关系。负相关是指当一个变量的数值增加（或减少）时，而另外变量的数值相反地呈减少（或增加）趋势变化，即反方向变化，如利润和成本之间的关系。

4. 按研究变量的数量不同划分

按研究变量的数量不同，相关关系可分为单相关、复相关。单相关是指所研究的相关关系中的变量仅有两个，也就是研究一个变量和另外一个变量之间的关系，如收入和支出之间的关系。复相关是指所研究的相关关系中的变量有三个或三个以上，也就是研究一个变量和其他多个变量之间的关系，如商品销售量与价格水平、产品质量、广告费用、竞争程度等因素之间的关系。

第二节 相关分析

一、相关分析的主要内容

相关分析是指对客观现象的相互依存关系进行分析、研究，这种分析方法叫相关分析法。相关分析的目的在于研究相互关系的密切程度及其变化规律，以便做出判断，进行必要的预测和控制。相关分析的主要内容包括：

1. 确定现象之间有无相关关系

这是相关与回归分析的起点，只有存在相互依存关系，才有必要进行进一步的分析。

2. 确定相关关系的密切程度和方向

确定相关关系密切程度主要是通过绘制相关图表和计算相关系数。只有达到一定密切程度的相关关系，才可配合具有一定意义的回归方程。

3. 确定相关关系的数学表达式

为确定现象之间变化上的一般关系，我们必须使用函数关系的数学公式作为相关关系的数学表达式。如果现象之间表现为直线相关，我们可采用配合直线方程的方法；如果现象之间表现为曲线相关，我们可采用配合曲线方程的方法。

4. 确定因变量估计值误差程度

使用配合直线或曲线的方法可以找到现象之间一般的变化关系，也就是自变量 x 变化时，因变量 y 将会发生多大的变化。根据得出的直线方程或曲线方程我们可以给出自变量的若干数值，求得因变量的若干个估计值。估计值与实际值是有出入的，确定因变量估计值误差大小的指标是估计标准误差。估计标准误差大，表明估计不太精确；估计标准误差小，表明估计较精确。

二、相关关系的测定

相关分析的主要方法有相关表、相关图和相关系数三种。现将这三种方法分述如下：

（一）相关表

在统计中，制作相关表或相关图，可以直观地判断现象之间大致存在的相关关系的方向、形式和密切程度。

在对现象总体中两种相关变量作相关分析，以研究其相互依存关系时，如果将实际调查取得的一系列成对变量值的资料顺序地排列在一张表格上，这张表格就是相关表。相关表仍然是统计表的一种。根据资料是否分组，相关表可以分为简单相关表和分组相关表。

1. 简单相关表

简单相关表是资料未经分组的相关表，它是把自变量按从小到大的顺序并配合因变量一一对应平行排列起来的统计表。

【例8-1】为研究分析产量（x）与单位产品成本（y）之间的关系，将从30个同类型企业调查得到的原始资料中的产量按从小到大的顺序排列，可编制简单相关表，结果如表8.1所示。

表8.1　产量和单位产品成本原始资料

产量/件	20	20	20	20	20	20	20	20	20	30	30	30	30	30	40
单位产品成本/元	15	16	16	16	16	18	18	18	18	15	15	16	16	16	14
产量/件	40	40	40	50	50	50	50	50	50	50	60	60	60	60	60
单位产品成本/元	15	15	15	16	14	14	15	15	16	14	14	14	14	14	15

从表8.1中可以看出，随着产量的提高，单位产品成本却有相应降低的趋势。尽管在同样产量的情况下，单位产品成本存在差异，但是两者之间仍然存在一定的依存关系。

2. 分组相关表

在大量观察的情况下，原始资料很多，运用简单相关表表示就很难使用。这时就要将原始资料进行分组，然后编制相关表，这种相关表称为分组相关表。分组相关表包括单变量分组相关表和双变量分组相关表两种。

（1）单变量分组相关表。

在原始资料很多时，对自变量数值进行分组，而对应的因变量不分组，只计算其平均值，根据资料具体情况，自变量可以是单项式，也可以是组距式。

【例8-2】以【例8-1】的原始资料为例，将同类型30个企业的产量（x）与单位产品成本（y）原始资料，按产量分组编制单变量分组相关表，结果见表8.2。

表8.2　产量和单位产品成本简单相关表

产量 x/件	企业数 n/个	单位产品成本 y/元
20	9	16.8
30	5	15.6
40	5	15.0
50	6	14.8
60	5	14.2

从表8.2中可以较明显地看出二者之间存在负相关关系。

（2）双变量分组相关表。

对两种有关变量都进行分组，交叉排列，并列出两种变量各组间的共同次数，这种统计表称为双变量分组相关表。这种表格形似棋盘，故又称棋盘式相关表。

【例8-3】仍以原始资料为例，将同类型30个企业的产量（x）与单位产品成本（y）原始资料，编制双变量分组相关表，结果见表8.3。

表 8.3　产量和单位产品成本双变量分组相关表

单位产品成本 y /元	产量 x /件					合计
	20	30	40	50	60	
18	4	—	—	—	—	4
16	4	3	1	1	—	9
15	1	2	3	3	1	10
14	—	—	1	2	4	7
合计	9	5	5	6	5	30

从表 8.3 看出，产量集中在左上角到右下角的对角斜线上，表明产量与单位产品成本是负相关关系。

制作双变量分组相关表，须注意自变量为横栏标题，按变量值从小到大自左向右排列；因变量为纵行标题，按变量值从大到小自上而下排列。这样做的目的是将相关表与相关图结合起来。

（二）相关图

相关图又称散点图。它是以直角坐标系的横轴代表自变量 x，纵轴代表因变量 y，将两个变量间相对应的变量值用坐标点的形式描绘出来，用来反映两变量之间相关关系的图形。

相关图可以按未经分组的原始资料来编制，也可以按分组的资料，包括按单变量分组相关表和双变量分组相关表来编制。通过相关图将会发现，当 y 对 x 是函数关系时，所有的相关点都会分布在某一条线上；在相关关系的情况下，由于其他因素的影响，这些点并非处在一条线上，但所有相关点的分布也会显示出某种趋势。所以相关图会很直观地显示现象之间相关的方向和密切程度。

【例 8-4】某个班学生的身高 x（厘米）与体重 y（千克）之间的关系就是相关关系，结果见图 8.1。

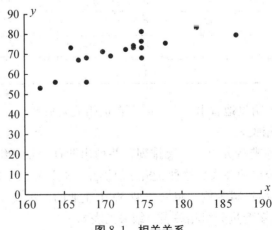

图 8.1　相关关系

（三）相关系数

相关表和相关图大体说明变量之间有无关系，但它们的相关关系的紧密程度无法表达，因此，需运用数学解析方法，构建一个恰当的数学模型来显示相关关系及其密切程度。对现象之间的相关关系的紧密程度做出确切的数量说明，就需要计算相关系数。

1. 相关系数的计算

相关系数是在直线相关条件下，说明两个现象之间关系密切程度的统计分析指标，记为 γ。又因其是由英国统计学家皮尔逊（Pearson）提出，故也称为 Pearson 积矩相关系数。相关系数的计算公式为

$$\gamma = \frac{\sigma_{xy}^2}{\sigma_x \sigma_y} = \frac{\frac{1}{n} \sum (x - \bar{x}) \sum (y - \bar{y})}{\sqrt{\frac{1}{n} \sum (x - \bar{x})^2} \sqrt{\frac{1}{n} \sum (y - \bar{y})^2}} \tag{8.1}$$

式中：

n ——资料项数；

$\bar{x}$ —— x 变量的算术平均数；

$\bar{y}$ —— y 变量的算术平均数

σ_x —— x 变量的标准差；

σ_y —— y 变量的标准差；

σ_{xy} —— xy 变量的协方差。

在实际问题中，如果根据原始资料计算相关系数，可运用相关系数的简捷法计算，该方法较为常用，其计算公式为

$$\gamma = \frac{n \sum xy - \sum x \sum y}{\sqrt{n \sum x^2 - (\sum x)^2} \sqrt{n \sum y^2 - (\sum y)^2}} \tag{8.2}$$

2. 相关系数的分析

明晰相关系数的性质是进行相关系数分析的前提。现将相关系数的性质总结如下：

（1）相关系数的数值范围，是在 -1 和 $+1$ 之间，即 $-1 \leqslant \gamma \leqslant 1$。

（2）计算结果，当 $\gamma > 0$ 时，表示 x 与 y 为正相关；当 $\gamma < 0$ 时，x 与 y 为负相关。

（3）相关系数 γ 的绝对值越接近于 1，表示相关关系越强；越接近于 0，表示相关关系越弱。如果 $|\gamma| = 1$，则表示两个现象完全直线相关。如果 $|\gamma| = 0$，则表示两个现象完全不相关（不是直线相关）。

（4）相关系数 γ 的绝对值在 0.3 及以下是无直线相关，0.3 以上是有直线相关，0.3~0.5 是低度直线相关，0.5~0.8 是显著相关，0.8 以上是高度相关。

【例8-5】某城市 6 家企业的年广告费和年利润资料如表 8.4 所示。

表 8.4　企业年广告费和年利润资料　　　　　单位：万元

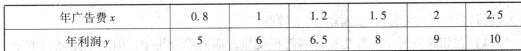

年广告费 x	0.8	1	1.2	1.5	2	2.5
年利润 y	5	6	6.5	8	9	10

求年利润和年广告费之间的相关系数，并分析相关的密切程度和方向。

解：根据式（8.2）可得

$$\gamma = \frac{n\sum xy - \sum x \sum y}{\sqrt{n\sum x^2 - \left(\sum x\right)^2}\sqrt{n\sum y^2 - \left(\sum y\right)^2}} \approx 0.98$$

因为 $r = 0.98$，所以年利润和年广告费之间呈高度正相关关系。

第三节 回归分析

一、回归分析的含义

相关分析包括回归和相关两方面内容，因为回归与相关都是研究两变量相互关系的分析方法。但就具体方法而言，回归分析和相关分析是有明显差别的。相关图表、相关系数能判定两变量之间相关的方向和密切程度，但不能指出两变量相互关系的具体表现形式，也无法从一个变量的变化来推测另一个变量的变化情况。回归分析就是对具有相关关系的两个或两个以上变量的数量变化规律进行测定，确立一个相应的数学表达式，并进行估算和预测的一种统计方法。

回归分析和相关分析是互相补充、密切联系的。相关分析需要回归分析来表明数量关系的具体表现形式，而回归分析则应该建立在相关分析的基础上。只有依靠相关分析，对现象的数量变化规律判明具有密切相关关系后，再进行回归分析，求其相关的具体表现形式，这样才具有实际意义。

回归分析建立的数学表达式称为回归方程（或回归模型）。回归方程为线性方程的，称为线性回归；回归方程为非线性方程的称为非线性回归。两个变量之间的回归称为一元回归（简单回归），三个或三个以上变量之间的回归称为多元回归。本节只介绍一元线性回归，即简单线性回归分析方法。

二、回归分析的主要内容

1. 建立相关关系的回归方程

利用回归分析方法，配合一个表明变量之间数量上相关的方程式，而且根据自变量 x 的变动，来预测因变量 y 的变动。

2. 测定因变量的估计值与实际值的误差程度

计算估计标准误差指标，可以反映因变量估计值的准确程度，从而将误差控制在一定范围内。

三、回归分析的特点

回归分析与相关分析比较具有以下特点：

（1）在相关分析中，各变量都是随机变量；而回归分析中，因变量是随机变量，自变量不是随机的，而是给定的数值。

（2）在相关分析中，各变量之间是对等关系，调换变量的位置，不影响计算的结果；而在回归分析中，自变量与因变量之间不是对等的关系，调换其位置，将得到不同的回归方程。因此，在进行回归分析时，必须根据研究目的，先确定哪一个是自变量，哪一个是因变量。

（3）相关分析计算的相关系数是一个绝对值在 0 与 1 之间的抽象系数，其数值的大小反映变量之间相关关系的程度的高低；而回归分析建立的回归方程反映的是变量之间的具体变动关系，不是抽象的系数。根据回归方程，利用自变量的给定值可以估计或推算出因变量的数值。

四、一元线性回归模型基本式

对于经判断具有线性关系的两个变量 y 与 x，构造一元线性回归模型基本式为

$$y = \alpha + \beta x + \varepsilon \tag{8.3}$$

在式（8.3）中，因变量 y 的值由如下两部分构成：

（1）x 的线性部分，其反映了由于 x 的变化而引起的 y 的变化。

（2）误差项 ε，其反映了除 x 之外的随机因素对 y 的影响，是随机变量，是不能由 x 和 y 间的线性关系所解释的波动。

五、一元线性回归方程的拟合

回归分析中，最简单、最基本的形式就是一元线性回归，也就是通常所说的配合直线方程式的问题。若通过观察或实验，得到 n 对数据 (x_1, y_1)，(x_2, y_2)，…，(x_n, y_n) 的相关图上的散布点接近分布在一条直线上，就可以认为变量 x 与 y 之间存在着线性关系，可设检验公式为

$$\hat{y} = a + bx$$

式中，a 与 b 为待定参数，也就是需要根据实际资料求解的数值，a 为直线的截距，b 为直线的斜率，也称回归系数，表示自变量 x 每变动一个单位时，因变量 y 的平均变动量。a、b 值确定了直线的位置，a、b 一旦确定，这条直线就被唯一确定了。但用于描述这 n 组数据的直线有许多条，究竟用哪条直线来代表两个变量之间的关系，需要一个明确的原则。我们希望选择距离各散布点最近的一条直线来代表 x 与 y 之间的关系，以便更好地反映变量之间的关系。根据这一思想确定未知参数 a、b 的方法，称为最小二乘法，也就是通过使得 $Q = \sum (y - \hat{y})^2 = \sum (y - a - bx)^2$ 为最小值来确定 a、b 的方法。可见，用最小二乘法得到的直线与所有数据 (x_i, y_i) 的离差平方和为最小。

要使 Q 为最小值，就要用数学中对二元函数求极值的原理，求 Q 关于 a 和 b 的偏导数，并令其等于 0，整理得出直线回归方程中求解参数 a、b 的标准方程组为

$$\begin{cases} \sum y = na + b \sum x \\ \sum xy = a \sum x + b \sum x^2 \end{cases}$$

解方程组得

$$\begin{cases} b = \dfrac{n \sum x_i y_i - \sum x_i \sum y_i}{n \sum x_i{}^2 - \left(\sum x_i \right)^2} \\ a = \bar{y} - b\bar{x} \end{cases} \tag{8.4}$$

【例 8-6】某城市 6 家企业的年广告费和年利润资料如表 8.5 所示。

表 8.5 企业年广告费与年利润资料   单位：万元

年广告费 x	0.8	1	1.2	1.5	2	2.5
年利润 y	5	6	6.5	8	9	10

求月利润和月广告费的线性回归方程。

解：设 $y_c = a + bx$，求得

$$b = \dfrac{n \sum x_i y_i - \sum x_i \sum y_i}{n \sum x_i{}^2 - \left(\sum x_i \right)^2} \approx 2.91$$

$$a = \bar{y} - b\bar{x} = 3.05$$

故利润和广告费的线性回归方程为 $y_c = 3.05 + 2.91x$。

六、一元线性回归的检验

1. 拟合优度检验

拟合优度是指回归直线与各观测点的接近程度，而拟合优度检验就是检验回归模型对样本观测值的拟合程度。在具体操作中，首先需要构造一个统计量，然后将该统计量值与一定的标准进行对比，由此判断模型的回归效果。

拟合优度检验需要计算拟合优度系数，而这需要对离差平方和进行分解，通过运算可证明三种离差平方和具有如下关系：

$$\sum_{i=1}^{n} (y_i - \bar{y})^2 = \sum_{i=1}^{n} (y_i - y_c)^2 + \sum_{i=1}^{n} (y_c - \bar{y})^2 \tag{8.5}$$

也即 SST = SSE+SSR。

在给定样本中，当 SST 不变时，若 SSR 在 SST 中所占的比重越大，则实际样本点离样本回归线就越近，也即表明回归方程的拟合效果较好，因此回归直线的拟合优度系数可用下面的统计量进行计算：

$$R^2 = \frac{\text{SSR}}{\text{SST}} = 1 - \frac{\text{SSE}}{\text{SST}} \tag{8.6}$$

式（8.6）中，R^2 是拟合优度系数，又称为可决系数或判定系数。拟合优度系数取值范围为 [0，1]，其取值越接近 1，表明各实际趋势点离样本线越近，拟合优度越高。

在线性相关分析中，拟合优度系数（R^2）等于相关系数（r）的平方，即 $R^2 = r^2$。

2. 估计标准误差

估计标准误差是指因变量各实际值与其估计值之间的平均差异程度，用于反映实际观察值在回归直线周围的分散状况，也即回归估计值对各实际观察值代表性的强弱。其值越小，回归方程的代表性越强，用回归方程估计或预测的结果越准确。

估计标准误差用 S_e 表示，其计算公式为

$$S_e = \sqrt{\frac{\text{SSE}}{n-2}} = \sqrt{\frac{\sum\limits_{i=1}^{n}(y_i - y_c)^2}{n-2}} \qquad (8.7)$$

将 $y_c = a + bx$ 代入式（8.7）中，可得

$$S_e = \sqrt{\frac{\sum\limits_{i=1}^{n} y_i^2 - a\sum\limits_{i=1}^{n} y_i - b\sum\limits_{i=1}^{n} x_i y_i}{n-2}} \qquad (8.8)$$

【例 8-7】某地区 10 家企业的月营业收入和月营业支出数据如表 8.6 所示。

表 8.6　企业月营业收入和支出数据　　　　单位：百万元

月营业收入 x	20	30	33	40	15	13	26	38	35	43
月营业支出 y	7	9	8	11	5	4	8	10	9	10

根据以上资料求 10 家企业月营业支出关于月营业收入的线性回归方程，并求出回归方程的拟合优度系数，以及估计标准误差。

解：设 $y_c = a + bx$，求得

$$b = \frac{n\sum xy - \sum x\sum y}{n\sum x^2 - \left(\sum x\right)^2} \approx 0.2$$

$$a = \bar{y} - b\bar{x} = 2.17$$

故月营业支出关于月营业收入的线性回归方程为 $y_c = 2.17 + 0.2x$。

将各家企业的月营业收入 x 代入上述回归模型中，可求得月营业支出估计值，如表 8.7 所示。

表 8.7　各企业月收入及支出估计值　　　　单位：百万元

月营业收入 x	20	30	33	40	15	13	26	38	35	43
月营业支出估计值 y	6.17	8.17	8.77	10.17	6.17	4.77	7.37	9.77	9.17	10.77

据此可根据式（8.6）求出

$$R^2 = \frac{\text{SSR}}{\text{SST}} = \frac{\sum\limits_{i=1}^{n}(y_c - \bar{y})^2}{\sum\limits_{i=1}^{n}(y - \bar{y})^2} \approx 0.9$$

由于 $R^2 = 0.9$，表明该回归方程拟合效果较好。

$$\sum(y - y_c)^2 = \sum y^2 - a\sum y - b\sum xy = 4.2992$$

$$S_e = \sqrt{\frac{\sum(y - y_c)^2}{n-2}} = \sqrt{\frac{4.2992}{10-2}} \approx 0.73$$

该回归模型的估计标准误差为 0.73，其值较小，故反映出模型回归效果较好。

七、回归方程的预测

回归方程的一个主要作用是用来进行预测，当通过多种检验证明一个回归方程的线性关系显著，也即拟合效果较好时，便可利用线性回归方程 $y_c = a + bx$ 进行预测。本节主要介绍点估计。

对于自变量 x 的一个给定值 x_0，可根据回归方程得到因变量 y 的一个估计值 y_c。y 值的点估计可分为两种类型：一类是 y 的平均值的点估计，另一类是 y 的个别值的点估计。

（1）y 的平均值的点估计是指当给出一个 x_0 时，将得到所有个体因变量平均值的一个估计值 y_c，它是一个期望值。

（2）y 的个别值的点估计是指当给出某一个体的 x_0 时，将得到该个体因变量的一个估计值 y_0，它是一个具体值。

上述 y 的点估计的两种类型所使用的公式是一样的，只不过所表述的意义不同。

【例8-8】某集团欲了解其旗下各子公司广告费投入对企业销售收入的影响，已知该集团旗下 10 家子公司广告费和销售收入的资料如表 8.8 所示。

表 8.8　企业广告费投入与销售收入资料

广告费 x/万元	40	55	33	64	82	85	60	35	95	75
销售收入 y/百万元	14	13	12	18	25	25	14	12	38	25

试根据以上资料解决如下问题。

（1）判断广告费和销售收入的线性相关关系。

（2）求出广告费关于销售收入的线性回归方程，并计算拟合优度系数。

（3）当广告费投入为 100 万元时，该集团旗下各子公司的平均销售收入约为多少？

解：（1）$r = \dfrac{n\sum xy - \sum x \sum y}{\sqrt{n\sum x^2 - (\sum x)^2} \ \sqrt{n\sum y^2 - (\sum y)^2}} \approx 0.91$

因为 $r = 0.91$，所以销售收入和广告费之间呈高度正相关关系。

（2）设 $y_c = a + bx$，求得

$b = \dfrac{n\sum xy - \sum x \sum y}{\sqrt{n\sum x^2 - (\sum x)^2}} = 0.35$

$a = \bar{y} - b\bar{x} = -2.37$

故销售收入关于广告费的线性回归方程为 $y_c = -2.37 + 0.35x$。

（3）将 $x_0 = 100$ 代入上述回归方程中，得 $y_c = -2.37 + 0.35 \times 100 = 32.63$。

当广告费投入为 100 万元时，预计该集团旗下各公司的平均销售收入约为 3263 万元。

【本章小结】

相关分析与回归分析的研究目的并不相同。相关分析用于描述变量之间是否存在关系，而回归分析则是研究影响关系情况，反映一个 x 或者多个 x 对 y 的影响程度，本章主要介绍一元线性回归分析。相关分析只能研究变量之间相关的方向和程度，却不能得到变量之间相互关系的具体形式，也无法从一个变量的变化来推测另一个变量的变化情况，而这些都可以通过回归分析得出。因而分析时首先应该确定研究变量之间是否存在关系，即先进行相关分析。当两个变量之间存在显著的关联时，再进行回归分析。有了相关关系，才可能有回归影响关系，如果没有相关关系，那么也不应该有影响关系。回归分析用于研究变量之间的影响关系情况，同时也可用于估计与预测。

【学习评估】

一、单选题

1. 单位产品成本与其产量相关，单位产品成本与单位产品原材料消耗量相关（　　　）。
    A. 前者是正相关，后者是负相关   B. 前者是负相关，后者是正相关
    C. 两者都是正相关   D. 两者都是负相关

2. 样本相关系数 r 的取值范围（　　　）。
    A. $-\infty < r < +\infty$ B. $-1 \leqslant r \leqslant 1$
    C. $-1 < r < 1$ D. $0 \leqslant r \leqslant 1$

3. 当所有观测值都落在回归直线 $y = \beta_0 + \beta_1 x$ 上，则 x 与 y 之间的相关系数（　　　）。
    A. $r = 0$ B. $r = 1$
    C. $r = -1$ D. $|r| = 1$

4. 相关分析与回归分析，在是否需要确定自变量和因变量的问题上（　　　）。
    A. 前者无需确定，后者需要确定   B. 前者需要确定，后者无需确定
    C. 两者均需确定   D. 两者都无需确定

5. 直线相关系数的绝对值接近 1 时，说明两变量相关关系的密切程度是（　　　）。
    A. 完全相关   B. 微弱相关
    C. 无线性相关   D. 高度相关

6. 年劳动生产率 x（千元）和工人工资 y（元）之间的回归方程为 $y = 10 + 70x$，这意味着年劳动生产率每提高 1 千元时，工人工资平均（　　　）。
    A. 增加 70 元   B. 减少 70 元
    C. 增加 80 元   D. 减少 80 元

7. 下面的几个式子中，错误的是（　　　）。
    A. $y = -40 - 1.6x$，$r = 0.89$ B. $y = -5 - 3.8x$，$r = -0.94$

C. $y=36-2.4x$，$r=-0.96$ D. $y=-36+3.8x$，$r=0.98$

8. 下列关系中，属于正相关关系的有（　　　）。

   A. 合理限度内，施肥量和平均单产量之间的关系

   B. 产品产量与单位产品成本之间的关系

   C. 商品的流通费用与销售利润之间的关系

   D. 流通费用率与商品销售量之间的关系

二、简答题

1. 什么是相关关系？相关关系有什么特点，如何度量？

2. 简述相关关系的种类。

3. 简述相关分析与回归分析的区别与联系。

三、计算题

某企业上半年成品产量与单位成本资料如表8.9所示：

表8.9　相关资料

月份	产量/千件	单位成本/（元·件$^{-1}$）
1	32	73
2	28	72
3	39	71
4	42	66

要求：

（1）计算成品产量与单位成本的相关系数，并说明相关方向和相关程度。

（2）建立回归直线方程（以单位成本为因变量），指出产量每增加 1 千件时单位成本平均下降多少？

（3）计算估计标准误差。

第九章

时间序列分析与预测

■**学习目标**

1. 了解时间序列的含义、种类及编制原则；

2. 了解时间序列的水平和速度分析的意义、指标和计算方法；

3. 了解时间序列的构成要素，包含各种成分的时间序列类型分析及预测方法，以达到对客观现象变动发展趋势进行分析、预测的目的；

4. 通过学习，能够熟练运用时间序列分析的指标、方法对社会经济现象的时间序列进行分析和预测。

党的二十大报告提出，"到二〇三五年，我国发展的总体目标是：经济实力、科技实力、综合国力大幅跃升，人均国内生产总值迈上新的大台阶，达到中等发达国家水平。"想了解未来发展趋势，我们需要先了解趋势形态有哪些，才可对症下药。时间序列的模式，是指历史时间序列所反映的某种可以识别的事物变动趋势形态。

【导入案例】

股价预测

"股市有风险，入市需谨慎。"股票市场中的风险就体现在股价的不确定性上。投资者最希望的应该就是能够预测股价趋势。如果能预知未来股价上涨，现在就应该做多；如果能预知未来股价下跌，现在就应该赶紧做空。图9.1展示了贵州茅台股票2021年每日收盘价的变化趋势，可见股价每天都在波动，且在6月至8月整体呈现下跌趋势，而8月底开始有所回升。这就是一个典型的时间序列数据，它是关于一个特定个体（贵州茅台股价）的数据，而且是沿着时间轴（2021年1月5日至2021年12月31日）长期多次重复的每日观测。每一天股市交易结束时的收盘价数据显然是有时间序列相关性的，因为当期股价是前一段时间的股价经历市场波动而形成的。从数据分析的角度看，人们很关心该数据时间序列相关性的强弱。如果能把握该相关性，就能更好地预测将来的股价，并形成投资策略，获得超额收益率。

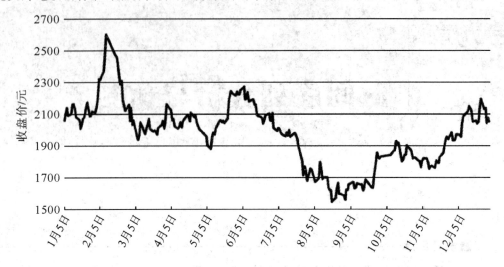

图 9.1　贵州茅台股票 2021 年每日收盘价变化趋势

（资料来源：王汉生，王菲菲. 商务统计学基础 ［M］. 北京：北京大学出版社，2023.）

第一节　时间序列的基本问题

一、时间序列的概念和作用

（一）时间序列的概念

时间序列是指反映客观现象的同一指标在不同时间上的数值，按时间先后顺序排列而形成的序列。它由两个基本要素组成：一个是现象的所属时间，另一个是反映该现象的同一指标在不同时间条件下的具体数值。时间序列也称为时间数列，或动态数列。

时间序列的一般形式是：

时间顺序：t_0，t_1，t_2，$\cdots$，t_{n-1}，t_n。

指标数值：a_0，a_1，a_2，$\cdots$，a_{n-1}，a_n。

例如，表 9.1 是一个国内生产总值及其部分构成统计表。

表 9.1　国内生产总值及其部分构成统计表

年份	国内生产总值/亿元	第一产业增加值比重/%	年末人口总数/万人	年均国内生产总值/（元·人⁻¹）
1995	58478.1	20.51	121121	4584
1996	67884.6	20.39	122389	5576

表9.1(续)

年份	国内生产总值 /亿元	第一产业 增加值 比重/%	年末人口 总数/万人	年均国内 生产总值 /（元·人⁻¹）
1997	74462.6	19.09	123626	6054
1998	78345.2	18.57	124761	6308
1999	82067.5	17.63	125786	6551
2000	89468.1	16.35	126743	7086
2001	97314.8	15.84	127627	7651
2002	105172.3	15.32	128453	8214
2003	117390.2	14.42	129227	9111
2004	136875.9	15.17	129988	10561

时间序列可以描述客观现象发展变化的状况、过程和规律。我们利用时间序列资料可以计算一系列动态分析指标，通过时间序列分析，可以揭示客观现象发展变化的趋势，为预测、决策提供依据。

（二）时间序列的作用

在社会经济统计中，编制和分析时间序列具有重要的作用，主要表现如下：

（1）可为分析社会经济现象的发展速度、发展趋势及变化规律提供基本统计数据；

（2）通过计算分析指标，可研究社会经济现象的变化方向、速度及结果；

（3）对若干相互关联的时间序列进行研究，可以揭示现象之间的联系程度及动态演变关系；

（4）可以通过时间序列建立数学模型，用于揭示现象的变化规律并对现象的未来发展做出预测。

二、时间序列的分类

时间序列可以分为绝对数时间序列、相对数时间序列和平均数时间序列三种。其中绝对数时间序列是最基本的时间序列，其余两种是在其基础上派生的。

（一）绝对数时间序列

绝对数时间序列简称"绝对序列"，它是把同一总量指标在不同时间上的数值按时间先后顺序排列而形成的时间序列。绝对序列反映现象在不同时间上所达到的总量及其增减变化的过程。绝对序列有时期序列和时点序列两种。

时期序列是由时期绝对数数据构成的时间序列，其中的每个数值反映现象在一段时间内发展过程的总量。

时点序列是由时点绝对数数据构成的时间序列，其中的每个数值反映现象在某一时点上所达到的水平。

时期序列中的各个数数值可以相加，各个数数值的和表示了在所对应的时期之内事物及其现象的发展总量。而时点序列中各个数数值相加通常没有明确的意义。

时期序列中各项数值的大小与所包括的时期长短有直接关系，时点序列中各数数值与其时点间隔长短没有直接关系。

时期数列和时点数列比较如表9.2所示。

表9.2 时期数列和时点数列比较

项目	时期数列	时点数列
定义	统计数据是时期数	统计数据是时点数
各项数据相加是否有实际意义	有	无
统计数据的大小与时期长短有无关系	有	无
数据的取得方式	连续登记	间断登记

（二）相对数时间序列

相对数时间序列是把一系列同类的统计相对数按照时间先后顺序排列起来而形成的时间序列，反映事物之间对比关系的变化情况。

（三）平均数时间序列

平均数时间序列是把一系列同类的统计平均数按照时间先后顺序排列起来而形成的时间序列，表现事物一般水平的变化过程的发展趋势。

三、编制时间序列的原则

编制时间序列的目的就是通过对序列中的各个指标值进行分析，研究社会经济现象的发展变化及其规律。因此保证时间序列中各个不同时间的统计指标具有可比性，是编制时间序列的基本原则。参考指标的构成要素，可从以下几个方面来说明。

（1）时间序列中各指标所属时间长短应前后一致。对于时期序列，由于指标值的大小会因时间的长短而发生变化，因此要求时期序列中各指标所包含的时期前后必须一致，这有利于对比分析。

（2）时间序列中各指标所反映现象经济内容应一致。指标的经济内容是由其理论内涵决定的，随着社会经济条件的变化，同一名称的指标，其经济内容也会发生变化。如果不注意这些问题，有可能导致错误结论的产生。

（3）时间序列中各指标所反映的总体范围应一致。无论是时期序列还是时点序列，指标值的大小都与现象总体范围有关系。总体范围发生了变化，指标值的计算范围也会不同，当然也就不能直接对比。

（4）时间序列中各指标值的计算方法、计量单位和计算价格要一致。在指标的总体范围、经济内容相同的情况下，只有对指标值的计算方法一致时，计算结果才有可比性。

第二节 时间序列的水平分析

时间序列分析的水平指标是以绝对数形式表示的动态分析指标，包括发展水平、平均发展水平、增长水平和平均增长水平等指标。

一、发展水平

发展水平，又称为发展量，是指时间序列中的每一项具体指标数值，反映的是现象在不同时间发展所达到的规模和水平。发展水平是动态分析的基础指标。

不论是时间序列的编制还是计算各种动态指标，都需要正确地计算发展水平，进行发展水平分析。

发展水平指标，可以表现为总量指标，如工资总额、企业职工总数、原材料消耗总额、利润总额等；也可以表现为相对指标或平均指标，如人口出生率、工人劳动生产率、单位产品原材料消耗量等。

在时间序列 a_0，a_1，$\cdots$，a_{n-1}，a_n 中，根据发展水平在时间序列中所处位置的不同，有：

最初水平时间序列中第一项指标值，用 a_0 表示。

最末水平时间序列中最后一项指标值，用 a_n 表示。

中间水平时间序列中除最初水平与最末水平以外的所有各期发展水平，即时间序列中的 a_1，$\cdots$，a_{n-1} 各项。

作为比较基础时期的发展水平就叫基期水平，即包括时间序列中的 a_0，a_1，$\cdots$，a_{n-1} 各项。

作为分析时期的发展水平就叫报告期水平，即包括时间序列中的 a_1，$\cdots$，a_{n-1}，a_n 各项。

根据发展水平作动态分析的说明时，习惯上用"增加到""增加为""降低到""降低为""发展到""发展为"等文字表示。在"发展""增加""降低"等之后必须要有一个"到"或"为"字，不能遗漏。

二、平均发展水平

平均发展水平是对时间序列中各个指标值加以平均所得到的平均数，又叫序时平均数，或叫动态平均数。它反映现象在一段时期内发展过程所达到的一般水平。

序时平均数与静态平均数既有共同之处，也有区别。共同之处是二者都是将现象各个变量值的差异抽象化了，概括出了现象在数量上达到的一般水平。二者的区别在于：序时平均数是将现象在不同时间上的数量差异平均了，从动态上说明现象在一段时期内发展变化达到的一般水平；而静态平均数则是将总体各单位在同一时期内某个标志值的数量差异平均了，反映的是总体在某个具体时间条件下达到的一般水平。

平均发展水平除了在动态分析中反映某种现象达到的一般水平外，还可以用来消除现象在短时间内波动的影响，便于观察现象发展的基本趋势。此外，还可以解决时间序列分析中某些可比性问题。

由于资料的特性不同，序时平均数的计算方法也不同，既可以在绝对序列中计算，也可以在相对序列和平均序列中计算。其中，在绝对序列中计算序时平均数是最基本的。

（一）绝对序列的序时平均数

绝对序列又分为时期序列和时点序列，二者计算序时平均数的方法不一样。

1. 根据时期序列计算序时平均数

由时期序列的特点,采用简单算术平均法,用时期序列各个指标值之和除以时期项数。其计算公式为

$$\bar{a} = \frac{1}{n}(a_1 + a_2 + \cdots + a_n) \tag{9.1}$$

式中,$\bar{a}$ 为序时平均数,a_i 为时间序列各个时期发展水平,n 为时期项数。

【例9-1】某企业一月份产值为 125 万元,二月份产值为 130 万元,三月份产值为 135 万元,则按上式计算第一季度平均月产值为

$$\bar{a} = \frac{1}{3}(125 + 130 + 135) = 130(万元)$$

2. 根据时点序列计算序时平均数

由时点序列的特点,有连续间隔相等、连续间隔不等、不连续间隔相等和不连续间隔不等的时点序列。每一种情况下,计算序时平均数的方法都不一样。下面分别予以说明。

(1) 由连续间隔相等的时点序列资料计算序时平均数。这种时点序列资料是逐日登记并逐日排列的,用简单算术平均数计算序时平均数,即以各个时点指标值之和除以时点项数。其计算公式的符号与式 (9.1) 一样,即

$$\bar{a} = \frac{1}{n}(a_1 + a_2 + \cdots + a_n) \tag{9.2}$$

(2) 由连续间隔不等的时点序列资料计算序时平均数。这种时点序列资料不是逐日变动,只在发生变动时进行登记,也就是说这种资料相邻两个指标值之间的时间间隔不尽相同,其序时平均数用时间间隔作权数计算加权算术平均数。其计算公式为

$$\bar{a} = \frac{\sum a_i f_i}{\sum f_i} \tag{9.3}$$

式中,f_i 为各指标值之间的时间间隔,其余符号同前。

【例9-2】某企业某年一月份的产品库存变动资料如表9.3所示,要求计算该企业一月份平均库存量。

表9.3 某企业一月份产品库存变动资料

时间	1 日	5 日	12 日	18 日	25 日	31 日
库存量/台	50	70	60	46	34	40

利用式 (9.3) 计算得到该企业一月份平均库存量:

$$\bar{a} = \frac{\sum a_i f_i}{\sum f_i} = \frac{50 \times 4 + 70 \times 7 + 60 \times 6 + 46 \times 7 + 34 \times 6 + 40 \times 1}{4 + 7 + 6 + 7 + 6 + 1} \approx 52.13(台)$$

(3) 由不连续间隔相等的时点序列资料计算序时平均数。这种性质的时点序列资料计算序时平均数,要求假定各指标值在相邻两个时点之间的变动是均匀的,先计算两个时点指标值的简单平均数,然后再根据这些平均数进行简单平均。其计算公式的最终形式为

$$\bar{a} = \frac{1}{n-1}\left(\frac{1}{2}a_1 + a_2 + \cdots + a_{n-1} + \frac{1}{2}a_n\right) \qquad (9.4)$$

式（9.4）的明显特点是第一项和最后一项的指标值各取一半，因此，人们习惯上称这种计算方法为"首尾折半法"。其中，$n-1$ 为时间间隔数目，比时点序列的项数少1个。

【例9-3】设某企业某年6—9月月末职工人数为：6月30日435人，7月31日452人，8月31日462人，9月30日576人。要求计算该企业平均职工人数。

按式计算的该企业平均职工人数为

$$\bar{a} = \frac{1}{4-1}\left(\frac{1}{2} \times 435 + 452 + 462 + \frac{1}{2} \times 576\right) \approx 473(人)$$

（4）由不连续间隔不等的时点序列资料计算序时平均数。这种性质的时点序列资料计算序时平均数，同样要假定各指标值在相邻两个时点之间的变动是均匀的，先计算两个时点指标值的简单平均数，然后再根据这些平均数以时间间隔作权数计算加权平均数。其计算公式的最终形式为

$$\bar{a} = \frac{\left(\dfrac{a_1 + a_2}{2}\right)f_1 + \left(\dfrac{a_2 + a_3}{2}\right)f_2 + \cdots + \left(\dfrac{a_{n-1} + a_n}{2}\right)f_{n-1}}{f_1 + f_2 + \cdots + f_{n-1}} \qquad (9.5)$$

【例9-4】某企业某年钢材库存量资料如表9.4所示。

表9.4　某企业钢材库存量资料

日/月	1/1	1/5	1/8	31/12
钢材库存量/吨	13	12	15	14

计算该企业钢材月平均库存量为

$$\bar{a} = \frac{\left(\dfrac{13+12}{2}\right) \times 4 + \left(\dfrac{12+15}{2}\right) \times 3 + \left(\dfrac{15+14}{2}\right) \times 5}{4+3+5} = \frac{163}{12} \approx 13.58(吨)$$

（二）相对序列的序时平均数

在各种相对序列中，除动态相对序列情况特殊外，均不能直接由相对序列本身计算，而是根据相对数本身的计算原则，通过计算形成相对序列的分子序列、分母序列的序时平均数，再对比求得，即按下面公式计算。

$$\bar{c} = \frac{\bar{a}}{\bar{b}} \qquad (9.6)$$

式中，$\bar{c}$ 为相对序列（含所有比值性质的序列）的序时平均数。

相对序列的分子序列/分母序列的构成有时期指标/时期指标、时期指标/时点指标、时点指标/时期指标、时点指标/时点指标四大类。总的原则是分子序列为时期序列按时期序列处理，为时点序列按时点序列处理；同样，分母序列为时期序列按时期序列处理，为时点序列按时点序列处理。

【例9-5】根据表9.5的资料，计算某企业2022年第2季度产值计划平均完成程度。

表 9.5　某企业 2022 年第 2 季度产值计划完成情况资料

日期	4 月	5 月	6 月	合计
实际产值/万元	500	612	832	1944
计划产值/万元	500	600	800	1900
计划完成/%	100	102	104	102.32

从表 9.5 中的资料可以发现，产值计划完成程度是由实际产值与计划产值对比而得，而用作对比的两个指标均为时期指标，因而按式计算其产值计划平均完成程度为

$$\bar{c} = \frac{\sum a}{\sum b} = \frac{500 + 612 + 832}{500 + 600 + 800} = \frac{1944}{1900} \approx 1.0232$$

三、增长水平

增长水平，简称"增长量"，是时间序列中两个发展水平之差，反映某种现象在一段时期内数量增减的绝对水平。其计算公式为

增长量 = 报告期水平 - 基期水平

增长量的数值大于 0 为增加的绝对数量，称为增加量或增长量；增长量的数值小于 0 为减少的绝对数量，称为减少量或降低量。

根据对比的基期不同，增长量可以分为逐期增长量和累积增长量。

（1）逐期增长量：是指报告期水平与其前一期水平之差，表示现象逐期增减的数量，用符号表示为

$$a_i - a_{i-1}(i = 1, 2, \cdots, n)$$

（2）累积增长量：是指报告期水平与某一固定时期水平之差，表示现象在一段时期内总的增减量，用符号表示为

$$a_i - a_0(i = 1, 2, \cdots, n)$$

逐期增长量与累积增长量之间的数量关系是：

①各个逐期增长量之和等于累积增长量，即

$$(a_1 - a_0) + (a_2 - a_1) + \cdots + (a_n - a_{n-1}) = a_n - a_0$$

②相邻两个累积增长量之差等于相应的逐期增长量。

（3）平均增长量：是指时间序列中各个逐期增长水平的平均数，反映现象在一段时期内平均每期增长量的一般水平，其计算公式为

$$平均增长量 = \frac{逐期增长量之和}{逐期增长量个数} = \frac{累积增长量}{时间序列项数 - 1} \tag{9.7}$$

用符号表示为

$$\frac{(a_1 - a_0) + (a_2 - a_1) + \cdots + (a_n - a_{n-1})}{n} = \frac{a_n - a_0}{n}$$

【例 9-6】我国 2014—2020 年普通高等学校数如表 9.6 所示，计算逐期增长量、累计增长量和年平均增长量。

表 9.6　我国 2014—2020 年普通高等学校数

年份		2014	2015	2016	2017	2018	2019	2020
学校数/所		2529	2560	2596	2631	2663	2688	2740
增长量/所	逐期	—	31	36	35	32	25	52
	累计	—	31	67	102	134	159	211

资料来源：《中国统计年鉴—2020》。

解：逐期增长量、累计增长量的计算结果如表 9.6 所示，由式（9.7）可得

$$年平均增长量 = \frac{31+36+35+32+25+52}{6} = \frac{211}{7-1} \approx 35（所）$$

第三节　时间序列的速度分析

时间序列的速度指标是以相对数形式表示的动态分析指标，包括发展速度、平均发展速度、增减速度以及平均增减速度等指标。下面分别予以说明。

一、发展速度

发展速度是两个时期发展水平对比而得到的结果，表明现象发展的程度，说明报告期水平是基期水平的百分之几（或若干倍）。其计算公式为

$$发展速度 = \frac{报告期水平}{基期水平}$$

由于对比基础不同，发展速度有环比发展速度和定基发展速度两种。

环比发展速度是指报告期水平与其前一期水平对比而得到的结果，反映现象逐期发展的程度。其计算公式为

$$\frac{a_i}{a_{i-1}}(i = 1,\ 2,\ \cdots,\ n)$$

定基发展速度是指报告期水平与某一固定时期水平对比而得到的结果，反映现象在一段较长时期内总的发展程度，又称为"总速度"。其计算公式为

$$\frac{a_i}{a_0}(i = 1,\ 2,\ \cdots,\ n)$$

环比发展速度与定基发展速度之间存在如下数量关系：

（1）各环比发展速度的连乘积等于定基发展速度，即

$$\frac{a_1}{a_0} \times \frac{a_2}{a_1} \times \cdots \times \frac{a_n}{a_{n-1}} = \frac{a_n}{a_0}$$

（2）相邻两个定基发展速度之商，等于相应的环比发展速度，即

$$\frac{a_i}{a_0} \div \frac{a_{i-1}}{a_0} = \frac{a_i}{a_{i-1}}(i = 1,\ 2,\ \cdots,\ n)$$

二、平均发展速度

平均发展速度是对各环比发展速度计算的一种序时平均数，反映现象在一个较长时期内速度变化的平均程度。平均发展速度指标在经济分析中应用非常广泛，它在对现象的发展做趋势速度预测和编制长远规划中起着重要作用。

平均发展速度的计算有多种方法，我们介绍其中一种：几何平均法。

由于现象发展的总速度不等于各环比发展速度之和，而等于各环比发展速度的连乘积。因此，在计算平均发展速度时，不能用算术平均法，而需要用几何平均法。

根据总速度等于各环比发展速度的关系及其符号表示法，计算平均发展速度的公式还可以表示为

$$\bar{x} = \sqrt[n]{\frac{a_1}{a_0} \times \frac{a_2}{a_1} \times \cdots \times \frac{a_n}{a_{n-1}}} \tag{9.8}$$

或

$$\bar{x} = \sqrt[n]{\frac{a_n}{a_0}} \tag{9.9}$$

上述公式从数学意义上来说是等价的。但在应用上需要注意，二者用于不同的目的。式（9.8）用于已知各环比发展速度或时间序列的完整资料计算平均发展速度，而式（9.9）只适用于在资料不完整的条件下进行推算。

三、增减速度

增减速度是根据增减量与基期水平对比而求得的一种相对数，反映现象在一段时期内数量增减的方向和程度的动态分析指标，说明报告期水平比基期水平增减了多少倍或百分之几。其计算公式为

$$增减速度 = \frac{报告期水平 - 基期水平}{基期水平} = \frac{增减量}{基期水平}$$

或者用发展速度减1而求得。

发展速度大于"1"，增减速度大于"0"，表明现象增长的程度；反之，发展速度小于"1"，增减速度小于"0"，表明现象降低的程度。

同样，增减速度由于对比基础不同，分为环比增减速度和定基增减速度两种。

环比增减速度是逐期增减量与其前一期水平之比，表明现象逐期的增减程度，其计算公式为

$$环比增减速度 = \frac{逐期增减量}{前一期水平} = 环比发展速度 - 1 （或 -100\%）$$

定基增减速度是累积增减量与某一固定时期的发展水平之比，表明现象在较长时期内总的增减程度，其计算公式为

$$定基增减速度 = \frac{累积增减量}{最初水平} = 定基发展速度 - 1 （或 -100\%）$$

定基增减速度和环比增减速度都是发展速度的派生指标，只反映增减部分的相对程度，所以，环比增减速度的连乘积不等于定基增减速度。如果要由环比增减速度计算定基增减速度，必须将环比增减速度加1或100%再连乘，然后将所得结果减1或

100%才能得到。

另外，如果两个时期的发展水平表明的是不同方向的指标数值，则不宜计算增减速度。例如，某企业基期亏损 100 万元，报告期盈利 80 万元，如果按上述公式计算企业利润的变动程度，将得到

$$\frac{80 - (-100)}{-100} = \frac{180}{-100} = -1.8$$

上述计算结果显然不合理，对这种情况只能用文字表述。

四、平均增减速度

平均增减速度是说明现象在一段时期内逐期平均增减程度的指标。

平均增减速度也不能直接根据环比增减速度加以平均求得，而应根据它与平均发展速度的各项按下列公式计算，即

平均增长速度＝平均发展速度－1（或－100%）

同样，平均发展速度大于"1"，平均增减速度大于"0"，表示现象在一段时期内逐期平均递增的程度；反之，平均发展速度小于"1"，平均增减速度小于"0"，表示现象在一段时期内逐期平均递减的程度。

一些时间序列水平和速度指标如表 9.7 所示。

表 9.7　一些时间序列水平和速度指标

项目	指标				
时间顺序 t_i	t_0	t_1	t_2	$\cdots$	t_n
数据（发展水平）	a_0	a_1	a_2	$\cdots$	a_n
逐期增长量	—	$a_1 - a_0$	$a_2 - a_1$	$\cdots$	$a_n - a_{n-1}$
累计增长量	—	$a_1 - a_0$	$a_2 - a_0$	$\cdots$	$a_n - a_0$
定基发展速度	—	$\dfrac{a_1}{a_0}$	$\dfrac{a_2}{a_0}$	$\cdots$	$\dfrac{a_n}{a_0}$
环比发展速度	—	$\dfrac{a_1}{a_0}$	$\dfrac{a_2}{a_0}$	$\cdots$	$\dfrac{a_n}{a_{n-1}}$
定基增长速度	—	$\dfrac{a_1 - a_0}{a_0}$	$\dfrac{a_2 - a_0}{a_0}$	$\cdots$	$\dfrac{a_n - a_0}{a_0}$
环比增长速度	—	$\dfrac{a_1 - a_0}{a_0}$	$\dfrac{a_2 - a_1}{a_1}$	$\cdots$	$\dfrac{a_n - a_{n-1}}{a_{n-1}}$

第四节　时间序列的趋势分析

一、时间序列的构成因素和分解模型

研究时间序列的一个重要目的，就是要掌握事物发展变化的规律和趋势，对现象未来发展的可能状态进行认识，为经济决策服务。时间序列的趋势分析提供了一系列有效的方法。

（一）时间序列的构成因素

时间序列的形成是各种不同的影响事物发展变化的因素共同作用的结果。影响事物发展变化的因素很多，有起决定性作用的基本因素，也有起临时作用的、局部作用的偶然因素。影响时间序列的因素归纳起来有四类，即长期趋势、季节变动、循环波动和不规则变动。

1. 长期趋势

长期趋势是指现象在一段较长时期内，持续呈现为同一方向发展变化的趋势。它是由某种起决定性作用的因素的影响而形成的趋势。分析长期趋势，可以掌握事物发展变化的基本特点。

2. 季节变动

季节变动是指现象因受自然条件或社会经济季节因素的影响，在一年或更短的时间内，随时序变化而引起的有规律的周期性变动。一般以一年为周期，也有以月、周、日为周期的。认识和掌握季节变动，对于近期行动决策有重要作用。

3. 循环波动

循环波动是指现象发生周期较长（一年以上）的涨落起伏的变动。它与季节变动有明显区别：一是周期较长且不固定，二是规律显现没有季节变动明显，三是影响因素的性质不一样。

4. 不规则变动

不规则变动是指出于意外的自然或社会的偶然因素引起的无周期的波动。它除了受以上各种变动的影响以外，还受临时的、偶然的或不明原因而引起的非周期性、非趋势性随机变动。不规则变动是无法预知的。

现象变动趋势分析就是要把时间序列受各类因素的影响状况分别测定出来，搞清研究对象发展变化的原因及其规律，为预测未来和决策提供依据。

（二）时间序列的分解模型

将构成时间序列的因素与时间序列的关系按照一定的假设，用一定的数学关系式表示，就形成了时间序列的分解模型。主要有两种假设，即有两种最基本的分解模型：加法模型和乘法模型。

设时间序列为 Y，长期趋势为 T，季节变动为 S，循环波动为 C，不规则变动为 I，则两种模型可表述如下：

1. 加法模型

假设四个因素是相互独立的，则时间序列各期水平的数值可视为四个因素相加的总和，其分解模型为

$$Y = T + S + C + I$$

根据上述关系式，为测定某种因素的影响，只需从时间序列数值中减去其余因素即可。

2. 乘法模型

假设四个因素变动之间存在某些相互影响的关系，则时间序列各期水平的数值就是四种因素相乘的乘积，其分解模型为

$$Y = T \times S \times C \times I$$

根据上述关系式，为测定某种因素的影响，用其余因素的乘积去除时间序列数值即可。

实际工作中应采用哪一种模型进行分析为宜，要视研究对象的性质、研究目的及所掌握的资料的情况而确定。

注意不同公式中各项的单位。

在现阶段，较为成熟的趋势分析的数学方法主要是对长期趋势和季节变动的测定。

二、长期趋势的测定

（一）测定长期趋势的意义与目的

测定长期趋势就是用一定的方法对时间序列进行修匀，以消除序列中季节变动、循环波动和不规则变动等因素的影响，以显示出现象变动的基本趋势，作为预测的依据。具体说来包括：

（1）反映现象发展变化的趋向，掌握现象变化的规律，为经营决策和制定长远规划提供依据；

（2）为统计预测提供必要的条件；

（3）将长期趋势从时间序列中分离出来，更好地测定和分析其余因素的变动。

（二）测定长期趋势的方法

测定长期趋势的方法主要有时距扩大法、移动平均法和数学模型法。数学模型法又有线性模型和非线性模型。下面分别予以说明。

1. 时距扩大法

时距扩大法是对长期的时间序列资料进行统计修匀的一种最简便的方法。它是将原时间序列中各项指标加以合并，扩大每段计算所包括的时间，得出较长时距的新序列，以消除偶然因素的影响，显示出现象变动的基本趋势。

应用时距扩大法应当注意：

（1）前后扩大的时距应当一致，以便相互比较；

（2）单纯扩大时距，以使指标数值增大的方法，只能用于时期序列，而不能用于时点序列。对时点序列要在扩大时距的基础上，求出序时平均数，才能反映现象发展的长期趋势。

2. 移动平均法

移动平均法是对原时间序列采用逐期递推移动的方法计算一系列扩大时距的序时平均数，从而形成一个新的派生的时间序列，以消除偶然因素的影响，使现象的基本趋势得以呈现。

使用移动平均法分析时间序列的变动趋势，关键在于移动步长（或叫移动项数）的选择。移动步长为奇数时，移动平均数就是平均期中间一期的"修匀"值；移动步长为偶数时，要进行二次平均（即移正平均）。应用移动平均法应注意：

（1）若时间序列呈现周期性变动（如季节变动等），移动步长应与周期相同，以达到消除这些因素变动影响的目的；

（2）若时间序列是时点序列，则移动平均数应按时点序列计算序时平均数的方法计算。

移动平均法计算实例如表9.8所示。

表9.8　移动平均法计算实例　　　　　　　　单位：万元

年份	销售收入	三年移动平均	五年移动平均	四年移动平均
1988	1	—	—	—
1989	14	9.67	—	—
1990	14	17.33	15.6	16.25
1991	24	21	19.2	19.875
1992	25	22.67	18	19.75
1993	19	17.33	18.6	18.125
1994	8	14.67	16.8	16
1995	17	13.33	20.6	17.875
1996	15	25.33	24.8	25
1997	44	33	28.2	30
1998	40	26.33	26.6	30.250
1999	25	24.67	30.6	28.375
2000	9	23	28.2	26.625
2001	35	26.33	31.8	29.75
2002	35	41.67	31.2	35.125
2003	55	37.33	39	38.375
2004	22	41.97	—	—
2005	48	—	—	—

3. 数学模型法

数学模型法是采用适当的数学模型对时间序列配合一个方程式，并据以计算各期趋势值的方法。用数学模型配合时间序列的方法很多，最常用的主要有直线趋势模型、二次抛物线模型、指数曲线模型、修正指数曲线模型、龚伯兹曲线模型、蒲尔-里德曲线模型等。下面分别予以说明。

（1）直线趋势模型。

如果时间序列的逐期增减量相对稳定，即现象满足各逐期增减量大体相同的条件，可以用直线作为趋势线来描述趋势变化，据以进行分析和预测。

设趋势直线方程为

$$y_c = a + bt$$

式中：y_c——时间序列 y 的长期趋势值；

t——时间（指的时间序号）；

a——趋势直线的 y 的截距，表示 $t = 0$ 时 y_c 的数值；

b——趋势直线的斜率，表示 t 每变动一个单位时，y_c 平均增减的数量。

a、b 是趋势直线方程中的两个待估参数，有许多方法（如平均法、三点法、分段法、指数平滑法、最小平方法等）可采用，最常用的是最小平方法。

最小平方法的基本原理是：时间序列实际值与其趋势值的离差平方和达到一个最小值。满足这一条件的只有一条线，称为原时间序列的最适线，它使趋势线同原时间序列最佳配合。同时，这条线也满足离差之和为零的要求。

利用最小平方法（原理略）可以建立如下两个标准方程，求出 a、b 的值：

$$\begin{cases} \sum y = na + b\sum t \\ \sum ty = a\sum t + b\sum t^2 \end{cases}$$

将上述方程整理后可得出直接计算 a、b 的两个公式为

$$\begin{cases} b = \dfrac{n\sum ty - \sum t\sum y}{n\sum t^2 - \left(\sum t\right)^2} \\ a = \bar{y} - b \cdot \bar{t} \end{cases} \tag{9.10}$$

【例9-7】某企业10年的产品销售额资料为例，计算过程如表9.9所示。

表9.9 某企业销售额趋势预测计算表

年份	时间序号/t	销售额 y_i/万元	$t \cdot y$	t^2
1988	1	50	50	1
1989	2	54	108	4
1990	3	56	168	9
1991	4	58	232	16
1992	5	70	350	25
1993	6	78	468	36
1994	7	84	588	49
1995	8	88	704	64
1996	9	95	855	81
1997	10	100	1000	100
合计	55	733	4523	385

根据表 9.9 的计算资料，将有关数据联立方程式或将有关数据代入式 (9.10)，现若按后者计算出 a 和 b 的值为

$$\begin{cases} b = \dfrac{10 \times 4523 - 55 \times 733}{10 \times 385 - (55)^2} \approx 5.9576 \\ a = \dfrac{733}{10} - 5.9576 \times \dfrac{55}{10} \approx 40.5332 \end{cases}$$

代入式则所配合的趋势方程为

$$y_c = 40.5332 + 5.9576t$$

若要求预测 1998 年的销售额，将 $t = 11$ 代入式，得出

$$y_c = 40.5338 + 5.9576 \times 11 \approx 106 \ (万元)$$

若要求预测 1999 年的销售额，将 $t = 12$ 代入式，得出

$$y_c = 40.5338 + 5.9576 \times 12 \approx 112 \ (万元)$$

现实生活中，有一些现象呈现出如上述的线性关系，但大量的现象是非线性发展的。因此，研究长期趋势变动的各种曲线模型显得十分必要。下面我们讨论的主要是曲线模型。

（2）二次抛物线模型。

如果现象满足二级增减量大体相同的条件，我们可以利用二次抛物线模型进行配合。其趋势方程为

$$y_c = a + bt + ct^2$$

方程中有三个待估参数 a、b、c。仍按最小平方法求解，建立三个标准方程：

$$\begin{cases} \sum y = na + b\sum t + c\sum t^2 \\ \sum ty = a\sum t + b\sum t^2 + c\sum t^3 \\ \sum t^2 y = a\sum t^2 + b\sum t^3 + c\sum t^4 \end{cases} \quad (9.11)$$

【例 9-8】以某企业 8 年间的产值资料为例，计算过程如表 9.10 和表 9.11 所示。

表 9.10　某企业 8 年间的产值资料

序号	产值/万元	逐期增减量/万元	二级增减量/万元
1	240	—	—
2	290	50	—
3	360	70	20
4	450	90	20
5	560	110	20
6	690	130	20
7	840	150	20
8	1008	168	18

利用原序列计算出有关数据代入式 (9.11)，解三元一次方程组就可得出趋势方程所需要的 a、b、c 的估计值。

同样可用运用简捷法把上述方程式简化为

$$\begin{cases} \sum y = na + c \sum t'^2 \\ \sum t'y = b \sum t'^2 \\ \sum t'^2 y = a \sum t'^2 + c \sum t'^4 \end{cases}$$

也可以解出 a、b、c 的估计值。

根据上述资料，按简捷法配合二次抛物线模型，计算过程如表9.11所示。

表9.11　二次抛物线计算表

序号	产值 y	t'	t'^2	t'^4	$t'y$	$t'^2 y$
1	240	−7	49	2401	−1680	11760
2	290	−5	25	625	−1450	7250
3	360	−3	9	81	−1080	3240
4	450	−1	1	1	−450	450
5	560	1	1	1	560	560
6	690	3	9	81	2070	6210
7	840	5	25	625	4200	21000
8	1008	7	49	2401	7056	49392
合计	4438	0	168	6216	9226	99862

$$\begin{cases} 4438 = 8 \times a + 168 \times c \\ 9226 = 168 \times b \\ 99862 = 168 \times a + 6216 \times c \end{cases}$$

得到

$$\begin{cases} a = 502.6889 \\ b = 54.9166 \\ c = 2.4791 \end{cases}$$

因此，该资料的趋势方程为

$Y_c = 502.6889 + 54.9166t + 2.4791t^2$

若要求预测第9年的产值，将 $t = 9$ 代入趋势方程，得出

$Y_c = 502.6889 + 54.9166 \times 9 + 2.4791 \times (9)^2 \approx 1198$（万元）

若要求预测第10年的产值，将 $t = 11$ 代入趋势方程，得出

$Y_c = 502.6889 + 54.9166 \times 11 + 2.4791 \times (11)^2 \approx 1407$（万元）

（3）指数曲线模型。

如果时间序列满足环比发展速度大体相同的条件，那么可以配合指数曲线模型来反映现象发展变化的趋势。其趋势方程为

$$y_c = a b^t$$

（4）修正指数曲线模型。

如果时间序列满足逐期增减量的环比发展速度大体相同的条件，则可配合修正指

数曲线来描述现象的变化状态。其趋势方程为

$$y_c = a + b c^t$$

（5）龚伯兹曲线模型。

如果时间序列的对数的逐期增减量的环比速度大体相同，则可以配合龚伯兹曲线模型来描述该现象的变化状态。其趋势方程式为

$$y_c = a\, b^{c^2}$$

（6）蒲尔-里德曲线模型。

如果时间序列满足其指标值的倒数的逐期增减量的环比发展速度大体相同的条件，则可配合蒲尔-里德曲线模型来描述该现象的趋势变化。其趋势方程为

$$\frac{1}{y_c} = a + b c^t$$

三、季节变动的测定

由于季节气候（春、夏、秋、冬、晴、阴、雨等）和社会习惯（如庆祝节目）等原因，客观现象普遍存在季节变动影响（电风扇的销售量、蔗糖的原料，农作物的生长、农副产品的生产，旅游人次，客运活动，医疗方面的流感，等等）。

测定季节变动的主要目的，在于掌握季节变动的规律，为合理地组织生产和安排人民的生活提供依据。

绝大多数季节变动现象具有三种特征：一为有规律的变动，二为每年重现变动，三为各年变化强度约略相同。这三种特征，形成一定规律，显示了分析与预测的可能性。

测定季节变动包括两方面的内容：一是测定季节变化规律，研究客观现象随季节变化而变化的状态，主要利用12月移动平均法以及原数据平均法、全年平均比率法、平均数趋势整理法、趋势比率法、环比法、图解法等计算季节比率（或叫季节指数）；二是根据季节变化规律对客观现象未来发展的可能状态进行预测。本节主要介绍按月平均法。

若把一年划分为若干个时间片断（通常是4个季度或12个月份，但实践中也可根据具体问题以其他时间单位分割，如以两个月为一个时间片断，以旬为时间片断，以半月为时间片断，甚至以星期为时间片断——如果有意义），则考察若干个年份的数据，就可得表9.12。$n = 12$ 即月份数据，$n = 4$ 即季度数据。

表 9.12　季节变动测度基本数据格式

年限	1 期	2 期	…	n 期
第 1 年	y_{11}	y_{12}	…	y_{1n}
第 2 年	y_{21}	y_{22}	…	y_{2n}
…	…	…	…	…
第 k 年	y_{k1}	y_{k2}	…	y_{kn}

对时间序列进行季节变动分析时，可以发现两种情况：一是各年原始资料中有明

显的季节变动，但历年同期（同月或同季）的资料无明显趋势变动，这时间序列仅受季节变动影响，而不存在长期趋势；二是时间序列中既存在明显的季节特征又有长期趋势，表现在"同比增长量"非零。对于前一种情形，可以用按月（季）平均法来测定季节变动。对后一种情形，可以用趋势剔除法来测定季节变动。

按月（季）平均法的基本步骤是：

第一步，计算时间序列中各年同期（同月或同季）的平均数。

$$\bar{y}_j = \frac{1}{k} \sum_{i=1}^{k} y_{ij} \quad (j = 1, 2, 3, \cdots, n)$$

第二步，计算期内总平均 $\bar{y}$。

$$\bar{y} = \frac{1}{n} \sum \bar{y}_j$$

第三步，计算季节指数。

$$S_j = \frac{\bar{y}_j}{\bar{y}} \quad (j = 1, 2, 3, \cdots, n)$$

第四步，对季节比率进行分析，绘制季节指数图，利用季节指数进行时间序列的预测分析等。

【例 9-9】表 9.13 是某企业最近五年四个季节的产品产量资料。

表 9.13　某企业近五年各产品产量情况

年份	春季产量/万件	夏季产量/万件	秋季产量/万件	冬季产量/万件
2018	270	440	210	150
2019	245	450	230	160
2020	260	420	190	180
2021	250	460	200	160
2022	280	450	220	170
五年同季合计	1305	2220	1050	820
同季平均	261	444	210	164
季节指数/%	96.756	164.957	77.850	60.797

因趋势不明显，故可采用按季度平均法计算季节指数。

根据计算结果可知，该产品产量夏季是旺季，秋、冬为淡季，春季产量回升，接近平均水平。因此，实际生产管理过程中应该注意人力、财力、原材料等方面的准备工作与此生产季节性规律相吻合，同时还需要做好市场研究工作，通过适当的营销手段来调整季节规律，避免过于剧烈的季节性因素导致生产要素供给不足，生产能力分配的严重失衡等不利现象出现。

根据计算的季节比率，还可以进一步进行预测或制定分季度生产计划。

例如，若预计 2023 年的全年总产量可能达到 1400 万件，则平均每季 350 万件，各季产量初步计划可按下式进行估计：

各季初步产量计划＝各季季节指数×季平均产量

据此测算出各季的预测值，分别为：

春季：$0.96756 \times 350 = 338.646 \approx 339$（万件）

夏季：$1.64597 \times 350 = 576.0895 \approx 576$（万件）

秋季：$0.7785 \times 350 = 272.475 \approx 272$（万件）

冬季：$0.60797 \times 350 = 212.7895 \approx 213$（万件）

当然，这只是一个参考数据。实际工作中还需要结合生产要素与生产能力进行权衡调整（如综合考虑库存成本等因素，春季适当多生产一些，以减轻夏季生产的压力）。

按月（季）平均法的优点是计算简单，容易理解。但它没有考虑长期趋势，如果时间序列的资料存在趋势上升或趋势下降时，用按月（季）平均法就不合适了，应先剔除长期趋势的影响，再计算季节比率。

【本章小结】

时间序列是指将同一统计指标的数值按其发生的时间先后顺序排列而成的数列。正如人们常说，人生的出场顺序很重要，时间序列中隐藏着一些过去与未来的关系。时间序列分析试图通过研究过去来预测未来。

时间序列分析在工程、金融、科技等众多领域有着广泛的应用。在大数据时代，时间序列分析已经成为人工智能（AI）技术的一个分支，将时间序列分析与分类模型相结合，可应用于数据检测、预测等场景。

【学习评估】

一、单选题

1. 采用几何平均法计算平均发展速度的依据是（　　）。

　　A. 各年环比发展速度之积等于总速度

　　B. 各年环比发展速度之和等于总速度

　　C. 各年环比增长速度之积等于总速度

　　D. 各年环比增长速度之和等于总速度

2. 以年为单位的时间序列数据不包含（　　）要素。

　　A. 长期趋势　　　　　　　　　　B. 季节变动

　　C. 不规则变动　　　　　　　　　D. 循环变动

3. 定基发展速度与环比发展速度之间的关系表现为（　　）。

　　A. 各环比发展速度的连乘积等于相应的定基发展速度

　　B. 各定基发展速度的连乘积等于相应的环比发展速度

　　C. 各环比发展速度之商等于相应的定基发展速度

　　D. 相邻两个定基发展速度的乘积等于相应的环比发展速度

4. 发展速度的计算方法为（　　）。

    A. 报告期水平与基期水平相比

    B. 基期水平与报告期水平相比

    C. 增长量与基期水平之差

    D. 增长量与基期水平相比

5. 某地区某年 9 月末的人口数为 150 万人，10 月末的人口数为 150.2 万人，该地区 10 月的人口平均数为（　　）。

    A. 150 万人　　　　　　　　　　　B. 150.2 万人

    C. 150.1 万人　　　　　　　　　　D. 无法确定

6. 由一个 9 项的时间数列可以计算的环比发展速度（　　）。

    A. 有 8 个　　　　　　　　　　　　B. 有 9 个

    C. 有 10 个　　　　　　　　　　　D. 有 7 个

7. 采用几何平均法计算平均发展速度的依据是（　　）。

    A. 各年环比发展速度之积等于总速度　　B. 各年环比发展速度之和等于总速度

    C. 各年环比增长速度之积等于总速度　　D. 各年环比增长速度之和等于总速度

二、简答题

1. 时期数列与时点数列有哪些区别？

2. 环比发展速度和定基发展速度之间有什么关系？

3. 用移动平均法确定移动项数时应注意哪些问题？

三、计算题

1. 某公司某年 9 月末有职工 250 人，10 月上旬的人数变动情况是：10 月 4 日新招聘 12 名大学生上岗，6 日有 4 名老职工退休离岗，8 日有 3 名青年工人应征入伍，同日又有 3 名职工辞职离岗，9 日招聘 7 名营销人员上岗。试计算该公司 10 月上旬的平均在岗人数。

2. 某银行 2022 年部分月份的现金库存额资料如表 9.14 所示：

表 9.14　某银行 2022 年部分月份的现金库存额资料

日期	1 月 1 日	2 月 1 日	3 月 1 日	4 月 1 日	5 月 1 日	6 月 1 日	7 月 1 日
库存额/万元	500	480	450	520	550	600	580

要求：（1）具体说明这个时间序列属于哪一种时间序列。

（2）分别计算该银行 2022 年第 1 季度、第 2 季度和上半年的平均现金库存额。

3. 某单位上半年职工人数统计资料如表 9.15 所示：

表 9.15　某单位上半年职工人数统计资料

时间	1 月 1 日	2 月 1 日	4 月 1 日	6 月 30 日
人数/人	1002	1050	1020	1008

要求计算：（1）第 1 季度平均人数；（2）上半年平均人数。

4. 某企业 2022 年上半年的产量和单位成本资料如表 9.16 所示：

表 9.16　某企业 2022 年上半年的产量和单位成本资料

月份	1	2	3	4	5	6
产量/件	2000	3000	4000	3000	4000	5000
单位成本/元	73	72	71	73	69	68

试计算该企业 2022 年上半年的产品单位成本。

第十章

统计指数

■学习目标

1. 明确统计指数的概念、作用和种类；
2. 掌握综合指数、平均指数的编制原则和方法；
3. 掌握统计指数体系及因素分析方法和应用。

党的二十大报告提出："推动经济实现质的有效提升和量的合理增长。"这充分体现了中国共产党推动高质量发展的坚定决心，为今后一个时期经济发展指明了方向。经济发展是质和量的有机统一。质通常是指经济发展的结构、效益，量通常是指经济发展的规模、速度，质的提升为量的增长提供持续动力，量的增长为质的提升提供重要基础，二者相辅相成。指数分析反映的是复杂社会经济现象总体内部各个组成部分的综合变动。

【导入案例】

2022 年我国经济发展新动能指数

为动态监测我国经济发展新动能变动情况，国家统计局统计科学研究所基于新产业新业态新商业模式统计监测制度和经济发展新动能统计指标体系，采用定基指数方法测算了 2022 年我国经济发展新动能指数，并修订了历史指数数据。结果显示，2022 年我国经济发展新动能指数（以 2014 年为 100）为 766.8，比上年增长 28.4%。2022 年，各项分类指数与上年相比均有提升，其中，网络经济指数增长最快，对总指数增长的贡献最大。

（1）网络经济指数。2022 年，网络经济指数为 2739.0，比上年增长 39.6%，对总指数增长的贡献率为 91.6%。

（2）创新驱动指数。2022 年，创新驱动指数为 336.3，比上年增长 15.5%，对总指数增长的贡献率为 5.3%。

（3）经济活力指数。2022 年，经济活力指数为 402.6，比上年增长 3.5%，对总指数增长的贡献率为 1.6%。

（4）知识能力指数。2022 年，知识能力指数为 193.4，比上年增长 5.9%，对总指数增长的贡献率为 1.3%。

（5）转型升级指数。2022 年，转型升级指数为 162.8，比上年增长 1.2%，对总指数增长的贡献率为 0.2%。

（资料来源：国家统计局官网。）

第一节　统计指数的一般问题

一、统计指数的含义

统计指数是一种常用且重要的统计指标，运用统计指数可以分析和认识很多社会经济问题。例如，生产指数可以反映经济增长的实际水平，股价指数可以显示股市行情，物价指数可以说明商品价格的变动趋势及其对居民生活的影响，购买力平价指数可以用于对比各国经济水平。在经济分析的各个领域，统计指数都获得了广泛的应用，故统计指数常常也被称为"经济指数"。

统计指数有广义与狭义之分。广义指数通常是指不同时间社会经济现象水平对比的相对数，如前面章节已提及动态相对数。而狭义的指数则是一种特殊的相对数，它反映的是由数量上不能直接加总的多个个体（或多个项目）组成的复杂现象总体的综合变动程度。如零售物价指数，是说明全部零售商品价格（各商品价格不能直接相加）总变动的相对数；工业产品产量指数，是说明一定范围内全部工业产品产量（各产品的产量不能直接相加）总变动的相对数。

下面通过一个简单的例子来理解指数的含义。

【例 10-1】某商场商品销售量和价格资料见表 10.1。

表 10.1　某商场商品销售量和价格资料

商品名称	计量单位	销售量		价格/元	
		基期	报告期	基期	报告期
甲	千克	8400	9000	18.0	20.0
乙	千克	20000	22000	3.0	3.5
丙	台	300	330	400.0	320.0
丁	双	500	600	200.0	170.0

根据上述资料，要求：

（1）计算各种商品销售量指数和各种商品价格指数。

（2）计算全部商品销售量总指数和全部商品价格总指数。

对于要求（1），计算各种商品销售量指数和各种商品价格指数，根据广义指数的概念很容易完成，直接将每种商品的价格和销售量进行对比就可以了。比如：

$$甲商品的价格指数 = \frac{甲商品的报告期价格}{甲商品的基期价格} = \frac{20.0}{18.0} \times 100\% \approx 111.11\%$$

$$甲商品的销售量指数 = \frac{甲商品的报告期销售量}{甲商品的基期销售量} = \frac{9000}{8400} \times 100\% \approx 107.14\%$$

这类指数反映的是单一商品或单一项目某方面的变动情况，我们将此类总体称为简单现象总体，反映简单现象总体变动状况的指数实际上就是前面章节所讲的发展速度。

对于要求（2），反映全部商品的价格变动和销售量变动，由于各种商品类别不同，计量单位不同，不能直接将各种商品的数量加总进行对比。这种由多个项目组成的不能直接加总的总体，称为复杂现象总体。反映复杂现象总体综合变动状况的指数为总指数，即狭义的指数。

本章主要阐述狭义指数的编制原理、编制方法及其应用。

二、指数的分类

统计指数可以从不同的角度进行分类。常用的分类有以下几种：

（一）按所反映现象的性质不同，指数分为数量指标指数和质量指标指数

统计指数通常是反映不同时间社会经济现象数量变动的相对数，我们将反映其变动的指标称为指数化指标。比如价格指数反映价格的变动，价格称为指数化指标；商品销售量指数反映销售量的变动，销售量称为指数化指标。

若指数化指标是数量指标，则称这种指数为数量指标指数，如产品产量指数、商品销售量指数、职工人数指数等。若指数化指标是质量指标，则称这种指数为质量指标指数，如价格指数、劳动生产率指数、单位成本指数等。一般来说，总量指标是数量指标，相对指标和平均指标是质量指标。

但是，诸如商品的销售额指数、产品成本总额指数或总产值指数等，它们所反映的是数量指标的变动，却具有"价值总额"的特殊形式，因此，我们可以将其单独列为一类，称为"总值指数"。

（二）按所反映对象的范围不同，指数分为个体指数和总值指数

个体指数是反映单个项目或简单现象总体数量变动的相对数，如前例中猪肉的价格指数和销售量指数等都是个体指数。总指数是反映由多个项目组成的复杂现象总体综合变动情况的相对数，如全部商品的价格指数以及全部商品的销售量指数等。

总值指数作为一类特殊的指数，其考察范围与总指数一致，但计算方法和分析性质则与个体指数相同，它们都属于一般相对数的范畴。因此，总值指数就范围而言，可以视为总指数；就计算方法而言，也可以视为个体指数。这两种理解并不矛盾。

（三）按所反映的时间状态不同，指数分为动态指数和静态指数

动态指数是将不同时期或时点上的同类现象水平进行比较的结果，反映社会经济现象发展变化的程度。

静态指数包括空间指数和计划完成情况指数两种。空间指数是将不同空间的同类

现象水平在同一时间对比的结果，反映现象在不同区域的差异程度；计划完成情况指数则是将某种现象的实际水平与计划水平对比的结果，反映计划的完成程度。

动态指数是出现最早、应用最多的指数，也是理论上最为重要的统计指数。其他指数都是动态指数原理与方法的拓展与推广。

（四）按采用的基期不同，指数分为定基指数和环比指数

由不同时间的指数所形成的时间序列称为指数数列。在指数数列中，如果各期指数都以某一固定时期为基期，这种指数称定基指数。比如，以 1978 年作为基期计算的 1978—2020 年各年的国内生产总值指数就属于定基指数。定基指数反映现象的长期变化与发展过程。

如果各期指数都以其前一期作为基期，则为环比指数。比如，以上年作为基期计算的 1978—2020 年各年的国内生产总值指数就属于环比指数。环比指数反映现象逐期变化的情况。

三、统计指数的作用

统计指数主要有以下几个方面的作用：

（一）综合反映现象总体的变动方向和变动程度

这是总指数最基本的作用。在研究社会经济现象的变动时，不仅要说明个别现象的变动情况，如说明某种产品产量的变动，还要说明由许多个别现象组成的总体的数量总变动情况，如说明全部产品产量的总变动，而这些组成现象总体的个别事物不能直接相加或不能直接对比。我们通过编制统计指数可以使它们过渡到可以相加、可以对比，从而综合反映现象总体的变动方向和变动程度。

（二）分析现象总体变动中各个因素的影响方向和影响程度

许多社会经济现象都是复杂现象，其变动受多种因素影响。如商品销售额的变动要受商品价格和销售量两个因素变动的影响，产品总成本的变动受单位产品成本和产量两个因素变动的影响。我们通过编制各种因素指数，可以分析各因素影响的方向和影响程度。如分别编制销售量指数和价格指数，分析它们对销售额的影响方向和影响程度；分别编制产量指数和单位产品成本指数，分析它们对总成本的影响方向和影响程度。另外，我们还可以利用指数法，分析总平均指标变动中各个因素的影响作用，例如，可以分析全体职工平均工资水平的变动中，受各类职工工资水平的变动和各类职工人数比重变动的影响方向和影响程度。

（三）分析研究社会经济现象在长时间内的发展变化趋势

利用动态指数数列，可以进行现象发展趋势的分析。不仅如此，还可以把相互联系指标的指数数列加以比较分析，研究相关现象随时间推移而呈现的依存关系，如工农业产品的综合比价指数数列，即从农产品收购价格指数和工业品零售价格指数两个数列的联系中进行分析。

（四）对社会经济现象进行综合评价和测定

随着指数法在实际应用中的发展，许多经济现象都可以运用统计指数进行综合评定，以便对某种经济现象的水平做出综合的数量判断。例如，用综合经济指数法评价一个国家的综合实力，评价一个地区的社会经济发展水平，评价一个单位经济效益的高低。一些龙头行业的经济指数可以起到对社会经济综合评价的风向标作用，如股票市场价格指数、房地产指数等。

第二节　总指数的编制

总指数的编制方法主要有两种：综合指数法、平均指数法。综合指数法是编制总指数的基本形式；平均指数法是综合指数的变形，但又具有相对独立的意义。

一、综合指数法

（一）综合指数法的基本原理

在研究复杂经济现象总变动时，由于产品或商品的使用价值和计量单位不同，它们的数量表现形式如产量、价格、销量等都不能直接相加，因此需要把不同度量现象过渡到可以相加，然后综合起来，进行对比分析，这种方法就称为综合指数法。用综合指数法编制的总指数称为综合指数，它能全面地显示出所研究现象的经济内容，即不仅在相对量方面反映，而且能在绝对量方面反映。

而为了把不能直接相加的各种产品或商品的数量表现，过渡到可直接相加总，就需找到一种因素，把它们的使用价值形态还原到价值形态，这样，原来不能直接相加的数量表现形式就转化为可直接相加的价值形态了。这种加入的因素称为同度量因素。同度量因素在综合指数中不仅有同度量作用（即统一计量单位），还起到权数的作用，即起着权衡各因素指标对综合指数的轻重的作用。

综合指数的编制可以分为以下两个步骤：

第一步，将不能直接加总的指数化指标通过引入同度量因素，过渡到可以加总的价值量指标。

以【例 10-1】为例，各种不同的商品的销售价格或销售量是不能直接加总的，也就是说它们是不同度量的。但是各种商品的销售额是价值指标，是同度量的，可以直接综合加总。因此可以在计算价格指数时，给每一种商品的价格都乘以销售量，或者在计算销售量指数时给每一种商品的销售量都乘以价格，就将不能同度量的指数化指标过渡为可以直接加总的销售额了。这个被引入的因素就是同度量因素。一般来说，计算质量指标指数时，引入的同度量因素是与之相对应的数量指标；计算数量指标指数时，引入的同度量因素是与之相对应的质量指标。

第二步，将同度量因素固定在同一时期，以反映指数化指标的变动程度。

编制综合指数的目的是测定指数化指标的变动。因此，对同度量因素的时期应加以固定。根据不同的研究目的和研究现象的特点，同度量因素可以固定在基期，也可以固定在报告期。同度量因素固定在基期的公式 1864 年由德国学者拉斯贝尔（Laspeyres）首次提出，因而也称为拉氏公式。同度量因素固定在报告期的公式 1874 年由德国学者派许（Paasche）首次提出，因而也称为派氏公式。

同度量因素固定在不同时期会得出不同的计算结果。那么，编制指数时，同度量因素究竟固定在什么时期为好呢？一般认为：编制数量指标总指数，应以基期的质量指标作为同度量因素，即用拉氏公式；编制质量指标总指数，应以报告期的数量指标作为同度量因素，即用派氏公式。由此，得到如下综合指数的基本计算公式：

$$I_q = \frac{\sum q_1 p_0}{\sum q_0 p_0}(拉氏指数) \qquad (10.1)$$

$$I_p = \frac{\sum p_1 q_1}{\sum p_0 q_1}(派氏指数) \qquad (10.2)$$

式中，p 表示质量指标，q 表示数量指标，下标 1 表示报告期，下标 0 表示基期；I_q 表示数量指标指数，I_p 表示质量指标指数。

（二）数量指标综合指数的编制

【例 10-2】某商场商品销售资料见表 10.1，要求编制该商场商品销售量总指数。

解：编制销售量总指数，目的是反映报告期销售总量在基期基础上的变动程度。但由于各种商品的使用价值不同、计量单位不同，因而其销售量不能直接加总，也就无法将两个时期的销售总量进行对比。因此，可运用综合指数的基本原理解决各种销售量不能直接加总的问题，具体步骤如下：

1. 确定同度量因素

我们可以通过引入销售价格这个因素，将反映商品使用价值的实物量，转换为劳动所创造的价值量，即：销售额＝商品销售价格×销售量。在这里，商品销售价格就是同度量因素。通过这个同度量因素，两个时期各种商品的销售量转化为销售额后，就可解决销售量不能直接加总的问题。

2. 固定同度量因素，排除同度量因素变动的影响

商品价格有基期价格和报告期价格，用哪个时期的价格较好？若用报告期的价格作为同度量因素，则计算的销售量指数包含了价格变动的影响。为了单纯反映销售量的变动，应根据一般做法，即编制数量指标总指数时，以基期的质量指标作为同度量因素，即用拉氏公式，将商品价格这个同度量因素固定在基期。

将表 10.1 中的资料代入式（10.1），计算该商场四种商品销售量总指数：

$$I_q = \frac{\sum q_1 p_0}{\sum q_0 p_0} = \frac{9000 \times 18 + 22000 \times 3.0 + 330 \times 400 + 600 \times 200}{8400 \times 18 + 20000 \times 3.0 + 300 \times 400 + 500 \times 200}$$

$$= \frac{480000}{431200} \approx 111.32\%$$

$$\sum q_1 p_0 - \sum q_0 p_0 = 480000 - 431200 = 48800(元)$$

计算结果表明，报告期四种商品销售量比基期增长了 11.32%；销售量的增长，使销售额增加了 48800 元。

（三）质量指标综合指数的编制

【例 10-3】根据表 10.1 的资料，编制该商场销售价格总指数。

解：要反映价格总的变动方向和程度，需要计算价格总指数。表面看来，各商品价格的计量单位相同，可以相加，其实不然。首先，各种不同商品的价格代表不同质的商品价值，简单相加是毫无意义的。其次，各种商品的销售量是不同的，如果不考

虑各种商品销售量的多少，不加区别地将报告期和基期的价格分别相加再进行对比，那么价格变动幅度大的商品，即使销售量很小，对价格总变动的影响仍很大，这显然是不合理的。最后，各种商品的价格都是单位价格，随着计量单位的不同其单位价格也会随之上涨或下降，用不同的计量单位将会计算出许多不同的价格总指数，这显然是不科学的。因此，在编制价格总指数时，仍需采用综合指数的基本原理，其步骤如下：

1. 确定同度量因素

在编制销售价格指数时，商品销售量就是同度量因素。我们通过销售量将不同时期各种商品的价格转化为销售额，即销售额=商品销售价格×销售量，就可以解决销售价格不可加的问题。

2. 固定同度量因素，排除同度量因素变动的影响

销售量有基期销售量和报告期销售量，用哪个时期的？统计研究的目的通常要求商品价格总指数有明显的现实经济意义，所以一般编制价格指数即质量指标总指数时，应以报告期的数量指标作为同度量因素，即用派氏公式，将销售量这个同度量因素固定在报告期。将表10.1中的资料代入公式（10.2），计算该商场四种商品销售价格总指数：

$$I_p = \frac{\sum p_1 q_1}{\sum p_0 q_1} = \frac{20 \times 9000 + 3.5 \times 22000 + 320 \times 330 + 170 \times 600}{18 \times 9000 + 3.0 \times 22000 + 400 \times 330 + 200 \times 600}$$

$$= \frac{464600}{480000} \times 100\% \approx 96.79\%$$

$$\sum p_1 q_1 - \sum p_0 q_1 = 464600 - 480000 = -15400(\text{元})$$

计算结果表明，报告期四种商品销售价格平均比基期下降了3.21%；由于价格的下降，销售额减少了15400元。

此外，综合指数还有其他编制形式，比如马埃公式、理想公式等，在此不做介绍。

二、平均指数法

（一）平均指数法的基本原理

运用综合指数法编制总指数，要求掌握全面的资料。而在统计实践中，由于受到资料的限制，很难编制出综合指数，可采用平均指数法编制总指数。平均指数法是对若干个体指数进行加权平均而编制总指数的方法。

用平均指数法计算的指数又称为平均指数。平均指数的计算形式可分为两种：一种是加权算术平均数指数，另一种是加权调和平均数指数。

加权算术平均指数是对个体指数按加权算术平均方法进行平均，即以个体指数为变量值，以综合指数公式的分母为权数计算的指数，其计算公式为

$$I_q = \frac{\sum k_q p_0 q_0}{\sum p_0 q_0} \quad (10.3)$$

加权调和平均指数是对个体指数以加权调和平均数方式进行平均计算的指数，个体指数仍是变量值，而权数则是综合指数公式的分子，其计算公式为

$$I_p = \frac{\sum p_1 q_1}{\sum \frac{1}{k_p} p_1 q_1}$$ (10.4)

（二）加权算术平均指数的编制方法

【例10-4】仍以某商场的销售情况为例。假定已知各种商品的销售量个体指数和基期销售额（见表10.2）。计算该商场销售量总指数。

商品名称	计量单位	销售量个体指数 k_q /%	基期销售额 $p_0 q_0$ /元
甲	千克	107.14	151200
乙	千克	110.00	60000
丙	台	110.00	120000
丁	双	120.00	100000
合计	—	—	431200

解：将表10.2的有关资料代入公式（10.3），则销售量总指数

$$I_q = \frac{\sum k_q p_0 q_0}{\sum p_0 q_0}$$

$$= \frac{107.14\% \times 151200 + 110\% \times 60000 + 110\% \times 120000 + 120\% \times 100000}{431200}$$

$$= \frac{47996}{431200} \times 100\% \approx 111.32\%$$

$$\sum k_q q_0 p_0 - \sum q_0 p_0 = 480000 - 431200 = 48800(\text{元})$$

计算结果表明，四种商品销售量平均增长了11.32%；由于销售量的增长，销售额增加了48800元。这与采用综合指数公式的计算结果完全相同。

（三）加权调和平均指数的编制方法

【例10-5】仍以某商场的销售情况为例。假定已知销售价格个体指数和报告期销售额，见表10.3。计算该商场销售价格总指数。

表 10.3　某商场商品销售量和销售额资料

商品名称	计量单位	销售价格个体指数 k_p /%	报告期销售额 $p_1 q_1$ /元
甲	千克	111.11	180000
乙	千克	116.67	77000
丙	台	80.00	105600
丁	双	85.00	102000
合计	—	—	464600

统计学

将表10.3的有关数据代入调和平均指数计算公式（10.4），得销售价格总指数

$$I_p = \frac{\sum p_1 q_1}{\sum \frac{1}{k_p} p_1 q_1}$$

$$= \frac{464600}{\dfrac{180000}{111.11\%} + \dfrac{77000}{116.67\%} + \dfrac{105600}{80\%} + \dfrac{102000}{85\%}}$$

$$\approx \frac{464600}{480000} \times 100\% \approx 96.79\%$$

$$\sum q_1 p_1 - \sum \frac{q_1 p_1}{k_p} = 464600 - 480000 = -15400（元）$$

计算结果表明，四种商品的销售价格报告期比基期总体下降了3.21%；因价格下降，使销售额减少了15400元。这与采用综合指数公式计算的结果完全相同。

从上面的例子可以看出，平均指数法与综合指数法虽然形式不同，但计算结果相同。之所以这样，主要是由于平均指数公式中所用的权数，是从相应的综合指数公式中的有关指标（分子或分母）转化而来，所以人们习惯把平均指数公式称为综合指数的变形公式。一般来说，在商品品种不多的情况下，比较容易取得两个时期各品种的价格和销售量资料，可以应用综合指数公式计算总指数；如果商品品种很多，则难以取得两个时期各品种的销售量和价格资料，但比较容易取得销售量个体指数和销售价格个体指数，也较容易取得报告期的销售额，适合用平均指数公式计算总指数。

第三节　指数体系与因素分析

一、指数体系

（一）指数体系的概念

指数体系指有一定经济联系的若干指数构成的严密的数量关系式，一般表现为一个总值指数等于若干个因素指数的乘积。例如：

总成本指数＝产品产量指数×单位成本指数

销售额指数＝销售量指数×价格指数

增加值指数＝工人人数指数×劳动生产率指数×增加值率指数

销售利润额指数＝销售量指数×销售价格指数×销售利润率指数

显然，这些指数体系都是建立在有关指数化指标之间的经济联系基础之上的，因而它们具有实际的经济分析意义。

（二）指数体系的作用

1. 指数体系是因素分析的依据

用指数体系可以从数量方面研究分析社会经济现象总体变动中，各个因素变动的影响程度和绝对额，即进行因素分析。利用指数体系进行因素分析主要分析两方面的

问题：①分析现象总量指标的变动受各种因素变动的影响程度。例如，分析销售量和销售价格的变动对销售总额变动的影响程度和绝对额。②分析社会经济现象总体平均指标变动受各种因素变动的影响程度。比如，可以分析企业中，由于各类别职工工资水平变动和职工构成变动分别对企业总平均工资变动的影响方向和影响程度。

2. 利用指数体系可以根据已知指数推算未知指数

【例10-6】已知某企业生产成本总额今年比去年增长了20%，同期产量增长了14%，问单位产品成本的变动幅度多大？

解：由于生产成本总额可表现为单位产品成本与产品产量的乘积，则其相应的指数间也存在同样的数量关系，即

$$生产成本总额指数 = 单位产品成本指数 \times 产量指数$$

所以，单位产品成本指数 $= \dfrac{生产成本总额指数}{产量指数} = \dfrac{120\%}{114\%} = 105.26\%$，即单位产品成本比去年上涨了5.26%。

二、总量指标的两因素分析

被研究对象若受两个因素的影响，这种因素分析称为两因素分析；若受两个以上因素的影响则称为多因素分析。被研究对象若是总量指标，称为总量指标因素分析；若是平均指标，则称为平均指标因素分析。下面我们仅讨论两因素分析的方法。

总量指标的两因素分析一般有四个步骤：

第一步，分析被研究对象及其影响因素。这里的被研究对象是各种具体的统计指标，例如商品销售额、流通费用额、原材料费用总额、工资总额等。在明确被研究对象的同时，还要分析它的变动受哪些因素变动的影响，这是因素分析的基础。

第二步，建立指数体系。指数体系是研究对象指标指数等于各影响因素指数的乘积，在此基础上建立绝对数关系式，绝对数关系表现为研究对象指标指数的绝对效果等于各影响因素指数绝对效果之和。

第三步，计算指数体系中的各项数值。

第四步，根据计算的结果，得出分析结论。

【例10-7】某商店三种商品的价格和销售量资料如表10.4所示。要求对该商店销售额变动进行因素分析。

表10.4　某商店商品价格和销售量资料

商品	计量单位	价格/元		销售量	
		p_0	p_1	q_0	q_1
甲	件	25.0	28.0	5000	5500
乙	双	140.0	160.0	800	1000
丙	千克	0.6	0.6	600	600
合计	—	—	—	—	—

解：首先应明确，研究对象是该商店商品销售额，且销售额的变动受销售量和销

售价格这两个因素变动的影响，在此基础上可建立指数体系如下：

$$销售额指数 = 销售量指数 \times 销售价格指数$$

即

$$\frac{\sum q_1 p_1}{\sum q_0 p_0} = \frac{\sum q_1 p_0}{\sum q_0 p_0} \times \frac{\sum q_1 p_1}{\sum q_1 p_0} \tag{10.5}$$

根据指数体系可建立绝对数关系式：

$$\left(\sum q_1 p_1 - \sum q_0 p_0 \right) = \left(\sum q_1 p_0 - \sum q_0 p_0 \right) + \left(\sum q_1 p_1 - \sum q_1 p_0 \right) \tag{10.6}$$

按照公式要求计算有关数据如表 10.5 所示。

表 10.5　销售额变动的因素分析计算表

产品	价格/元		销售量		销售额/万元		
	p_0	p_1	q_0	q_1	$p_0 q_0$	$p_1 q_1$	$p_0 q_1$
甲	25.0	28.0	5000	5500	12.500	15.400	13.750
乙	140.0	160.0	800	1000	11.200	16.000	14.000
丙	0.6	0.6	600	600	0.036	0.036	0.036
合计	—	—	—	—	23.736	31.436	27.786

将有关数据代入指数体系（10.5）和绝对数关系式（10.6）：

$$\frac{31.436}{23.736} = \frac{27.786}{23.736} \times \frac{31.436}{27.786}$$

$$31.436 - 23.736 = (27.786 - 23.736) + (31.436 - 27.786)$$

通过计算可得

$$132.44\% = 117.06\% \times 113.14\%$$

$$7.7 = 4.05 + 3.65$$

计算结果表明，销售额增长了 32.44%，这是由于销售量上升了 17.06% 与价格上升了 13.14% 共同作用的结果；销售额增加了 7.7 万元，是由于销售量增长使销售额增加了 4.05 万元、价格上升使销售额增加 3.65 万元这两种因素共同作用的结果。

三、平均指标的两因素分析

在研究实际问题时，常常需要就两个时期平均指标的变动进行分析。这里的平均指标是在统计分组的情况下，用加权算术平均法计算出来的平均数，其计算公式为

$$\bar{X} = \frac{\sum xf}{\sum f} = \sum \left(x \cdot \frac{f}{\sum f} \right) \tag{10.7}$$

从公式（10.7）可以看到，加权算术平均数的大小受到两个因素的影响：一是各组变量的水平；二是总体的结构，即各组的频率。若这两个因素变动，将导致平均数变动。

要分析各因素的变动对平均指标变动的影响，就要建立平均指标的指数体系。借用指数体系和因素分析的方法，可以对平均指标的变动及其各因素对它的影响进行类似的分析，由此得到几个不同的平均指标指数，形成相应的平均指标指数体系，即

$$可变构成指数=固定构成指数 \times 结构影响指数$$

$$\frac{\dfrac{\sum x_1 f_1}{\sum f_1}}{\dfrac{\sum x_0 f_0}{\sum f_0}} = \frac{\dfrac{\sum x_1 f_1}{\sum f_1}}{\dfrac{\sum x_0 f_1}{\sum f_1}} \times \frac{\dfrac{\sum x_0 f_1}{\sum f_1}}{\dfrac{\sum x_0 f_0}{\sum f_0}} \quad 或 \quad \frac{\bar{X}_1}{\bar{X}_0} = \frac{\bar{X}_1}{\bar{X}_n} \times \frac{\bar{X}_n}{\bar{X}_0} \qquad (10.8)$$

可变构成指数反映总平均数的变化，固定构成指数反映各组水平变化对总平均数的影响，结构影响指数反映总体结构变化对总平均数变动的影响。

根据该指数体系，可以得到绝对数关系式：

$$\frac{\sum x_1 f_1}{\sum f_1} - \frac{\sum x_0 f_0}{\sum f_0} = \left(\frac{\sum x_1 f_1}{\sum f_1} - \frac{\sum x_0 f_1}{\sum f_1} \right) + \left(\frac{\sum x_0 f_1}{\sum f_1} - \frac{\sum x_0 f_0}{\sum f_0} \right)$$

或
$$\bar{X}_1 - \bar{X}_0 = (\bar{X}_1 - \bar{X}_n) + (\bar{X}_n - \bar{X}_0) \qquad (10.9)$$

等式左边反映总平均数报告期比基期增加的数额，右边第一项表示各组水平变化所引起的总平均数增加的数额，第二项表示总体结构变化所引起的报告期总平均数增加的数额。

【例10-8】某企业工人和相应的工资情况如表10.6所示。请对该企业工人总平均工资的变动进行因素分析。

表 10.6 某企业工人和相应的工资情况

分组	工人数/人		月均工资/元		工资总额/元		
	f_0	f_1	x_0	x_1	$x_0 f_0$	$x_1 f_1$	$x_0 f_1$
普通工人	400	800	600	800	240000	640000	480000
技术工人	600	700	1000	1200	600000	840000	700000
合计	1000	1500	—	—	840000	1480000	1180000

解：分析的对象是总平均工资，而总平均工资的变动受工人类别结构变动和各组工人月工资水平变动的影响。根据公式的要求，计算相应的工资总额，见表10.6，将表内相关数据代入式（10.8）、式（10.9）：

$$\frac{\dfrac{1480000}{1500}}{\dfrac{840000}{1000}} = \frac{\dfrac{1480000}{1500}}{\dfrac{1180000}{1500}} \times \frac{\dfrac{1180000}{1500}}{\dfrac{840000}{1000}}, \quad 即 \frac{987}{840} = \frac{987}{787} \times \frac{787}{840}$$

可得以下指数体系和绝对量关系式：

$117.5\% = 125.4\% \times 93.69\%$

$987 - 840 = (987 - 787) + (787 - 840)$，即 $147 = 200 - 53$

以上计算结果表明：

报告期该企业普通工人和技术工人的月均工资平均增长了 25.4%，人均增加工资 200 元；由于普通工人和技术工人的结构发生了较大的变化，即工资较高的技术工人的比重由基期的 60% 下降到 46.7%，因此总的月平均工资下降了 6.31%，人均减少了 53

元。这两个因素变化的综合作用，使实际的总月平均工资仅增长了 17.5%，即人均月工资仅增加 147 元。

第四节　几种常见的经济指数

一、工业生产指数

工业生产指数是典型的数量指标指数，它概括地反映一个国家或地区各种工业产品产量的综合变动程度，是衡量经济增长水平的重要指标。

工业生产指数的一般计算公式为

$$\bar{K}_q = \frac{\sum q_1 p_n}{\sum q_0 p_n} \tag{10.10}$$

式（10.10）中，p_n 为不变价格（$\sum p_0 q_1 - \sum p_0 q_0$ 为不变价格的年份），q_1 为报告期的产量，q_0 为基期的产量。

工业生产指数一般需要连续编制。为了简化指数的编制工作，实际工作中通常将权数相对固定（如 5 年不变）。采用固定权数（$\sum p_0 q_1 - \sum p_0 q_0$）的工业生产指数计算公式为 $\sum p_0 q_1 - \sum p_0 q_0$。

二、居民消费价格指数

居民消费价格指数（consumer price index，CPI）是综合反映居民所购买的生活消费品价格和服务项目价格的变动趋势和程度的相对数。这一指数通常影响着政府关于财政、货币、消费、工资、社会保障等政策的制定，是研究人民生活水平、监测社会稳定性、进行宏观经济分析和调控的重要依据。

三、商品零售价格指数

商品零售价格指数（retail price index，RPI）是反映城乡商品零售价格变动趋势的重要经济指数。零售价格指数可以用来衡量诸如调整通货膨胀带来的影响，如汇率、工资、薪酬、养老保险等。

（1）代表商品的选择。

（2）权数的确定。

（3）商品价格的确定。

（4）计算公式。零售价格指数的计算公式为

$$\bar{K}_p = \frac{\sum \frac{p_1}{p_0} \times \omega}{\sum \omega} \tag{10.11}$$

式（10.11）中，$\frac{p_1}{p_0}$ 为个体指数或各层的类指数，ω 为各层零售额比重权数。

四、股票价格指数

股票价格指数（stock price index）是反映某一市场上多种股票价格变动趋势的一种相对数，简称"股价指数"，其单位一般用"点"（point）表示，即将基期（最初时期）指数作为100，每上升或下降一个单位为1"点"。

股票价格指数的计算方法很多，但一般以发行量为权数进行加权综合，其计算公式为

$$\bar{K}_p = \frac{\sum p_t q}{\sum p_0 q} \tag{10.12}$$

式（10.12）中，p 表示入编指数的各种股票的价格；q 表示相应股票的发行量（或交易量），同度量因素 q 可以固定在基期，也可以固定在报告期，但大多数股价指数是以报告期发行量为权数进行计算的。

【本章小结】

统计指数是研究社会经济数量方面时间变动和空间对比关系的分析方法。统计指数是认识世界的重要方法，它是一种把复杂的问题简单化，综合反映事物变化程度的一种相对数。指数分析法是统计理论的重要组成部分。总之，统计指数有助于我们认识事物发展的规律，也有助于我们按生活中的规律行事，而不是背道而驰。研究统计指数的构建，有利于对社会经济现象做更深入的分析，以便反映出更加深刻的社会现象。

【学习评估】

一、单选题

1. 编制质量指标综合指数的一般原则是采用（　　）作同度量因素。

    A. 报告期的质量指标   B. 基期的质量指标

    C. 报告期的数量指标   D. 基期的数量指标

2. 统计指数是表明社会经济现象综合变动的（　　）。

    A. 绝对数   B. 相对数

    C. 时期数   D. 平均数

3. 若 q 为销售量，p 为价格，则 $\sum p_0 q_1 - \sum p_0 q_0$ 的意义是（　　）。

    A. 由于物价变动而增减的销售量

    B. 由于销售额本身变动而增减的绝对额

    C. 由于销售量变动而增减的销售额

    D. 由于物价变动而增减的销售额

4. （　　）是商品流转额总指数。

A. $\dfrac{\sum p_1 q_0}{\sum p_0 q_0}$

B. $\dfrac{\sum p_0 q_1}{\sum p_1 q_0}$

C. $\dfrac{\sum p_1 q_1}{\sum p_0 q_0}$

D. $\dfrac{\sum p_1 q_1}{\sum p_0 q_1}$

5. 某地区生活品零售价格上涨 6%，生活品销售量增长 8%，那么生活品销售额（　　）。

A. 下降 114.48%

B. 下降 14.48%

C. 增长 114.48%

D. 增长 14.48%

二、简答题

1. 什么是统计指数（广义、狭义）？

2. 统计指数有何作用？

3. 简述统计指数的分类。

4. 什么是综合指数？

5. 什么是同度量因素？

6. 平均指数适用于什么情况？

7. 什么是指数体系？它有何作用？

三、计算题

1. 某企业有关部门资料如表 10.7 所示，试建立指数体系对总成本变动进行分析。

表 10.7　某企业有关部门资料

产品	计量单位	单位成本/元		产量	
		基期 p_0	报告期 p_1	基期 q_0	报告期 q_1
甲	台	180	170	2 000	1 800
乙	件	95	90	2 500	4 000
丙	套	120	100	1 700	2 000

2. 某企业有关部门资料如表 10.8 所示。

表 10.8　某企业有关部门资料

产品	工业总产值/万元		产量增长速度/%
	基期	报告期	
甲	80	90	2
乙	200	180	-8
丙	300	330	4

（1）求产量总指数，并分析其变化对总产值的影响。

（2）求价格总指数，并分析其变化对总产值的影响。

参考文献

[1] 李航. 统计学习方法 [M]. 北京：清华大学出版社，2019.

[2] 潘鸿，张小宇，吴勇民. 应用统计学 [M]. 3 版. 北京：人民邮电出版社，2019.

[3] 贾俊平，何晓群，金勇进. 统计学 [M]. 7 版. 北京：中国人民大学出版社，2018.

[4] 罗洪群，王青华. 新编统计学 [M]. 3 版. 北京：清华大学出版社，2018.

[5] 胡波，郭骊. 新编统计学教程 [M]. 3 版. 北京：科学出版社，2018.

[6] 卞毓宁. 统计学概论 [M]. 6 版. 北京：高等教育出版社，2018.

[7] 刘泽，刘建冰. 统计学原理 [M]. 3 版. 北京：人民邮电出版社，2018.

[8] 曾五一，肖红叶. 统计学导论 [M]. 2 版. 北京：科学出版社，2018.

[9] 吉宏. 统计学 [M]. 北京：高等教育出版社，2018.

[10] 卢纹岱，朱红兵. SPSS 统计分析 [M]. 5 版. 北京：电子工业出版社，2018.

[11] 曾五一，朱建平. 统计学 [M]. 北京：高等教育出版社，2017.

[12] 谢家发，张良，张泽林. 企业统计实际案例转化为统计教学案例 [M]. 郑州：郑州大学出版社，2017.

[13] 贾俊平. 统计学：基于 Excel [M]. 北京：高等教育出版社，2017.

[14] 粟方忠. 统计学原理 [M]. 6 版. 大连：东北财经大学出版社，2017.

[15] 薛薇. 统计学与 SPSS 的应用 [M]. 5 版. 北京：中国人民大学出版社，2017.

[16] 李付梅，王超. 统计学 [M]. 北京：北京大学出版社，2014.

[17] 李金昌，苏为华. 统计学 [M]. 4 版. 北京：机械工业出版社，2014.

[18] 唐金华，周佩. 应用统计学基础 [M]. 成都：西南财经大学出版社，2013.

[19] 卢纹岱，朱红兵. SPSS 统计分析 [M]. 5 版. 北京：电子工业出版社，2015.

[20] 凯勒. 统计学：在经济和管理中的应用 [M]. 李君，冯丽君，译. 8 版. 北

京：中国人民大学出版社，2012.

[21] 宋旭光. 统计学 [M]. 大连：东北财经大学出版社，2012.

[22] 王维鸿. Excel 在统计中的应用 [M]. 2 版. 北京：中国水利水电出版社，2012.

[23] 谢汉龙，尚涛. SPSS 统计分析与数据挖掘 [M]. 北京：电子工业出版社，2012.

[24] 强森，库比. 统计学 [M]. 夏国风，姜爱萍，译. 北京：机械工业出版社，2011.

附表

附表1　标准正态分布函数值表

本表列出了标准正态分布 $N(0, 1)$ 的分布函数

$$\Phi(x) = \int_{-\infty}^{x} \frac{1}{\sqrt{2\pi}} e^{-\frac{t^2}{2}} dt$$

的值。

x	0.00	0.01	0.02	0.03	0.04	0.05	0.06	0.07	0.08	0.09
0.0	0.5000	0.5040	0.5080	0.5120	0.5160	0.5199	0.5239	0.5279	0.5319	0.5359
0.1	0.5398	0.5438	0.5478	0.5517	0.5557	0.5596	0.5636	0.5675	0.5714	0.5753
0.2	0.5793	0.5832	0.5871	0.5910	0.5948	0.5987	0.6026	0.6064	0.6103	0.6141
0.3	0.6179	0.6217	0.6255	0.6293	0.6331	0.6368	0.6406	0.6443	0.6480	0.6517
0.4	0.6554	0.6591	0.6628	0.6664	0.6700	0.6736	0.6772	0.6808	0.6844	0.6879
0.5	0.6915	0.6950	0.6985	0.7019	0.7054	0.7088	0.7123	0.7157	0.7190	0.7224
0.6	0.7257	0.7291	0.7324	0.7357	0.7389	0.7422	0.7454	0.7486	0.7517	0.7549
0.7	0.7580	0.7611	0.7642	0.7673	0.7704	0.7734	0.7764	0.7794	0.7823	0.7852
0.8	0.7881	0.7910	0.7939	0.7967	0.7995	0.8023	0.8051	0.8078	0.8106	0.8133
0.9	0.8159	0.8186	0.8212	0.8238	0.8264	0.8289	0.8315	0.8340	0.8365	0.8389
1.0	0.8413	0.8438	0.8461	0.8485	0.8508	0.8531	0.8554	0.8577	0.8599	0.8621
1.1	0.8643	0.8665	0.8686	0.8708	0.8729	0.8749	0.8770	0.8790	0.8810	0.8830
1.2	0.8849	0.8869	0.8888	0.8907	0.8925	0.8944	0.8962	0.8980	0.8997	0.9015
1.3	0.9032	0.9049	0.9066	0.9082	0.9099	0.9115	0.9131	0.9147	0.9162	0.9177
1.4	0.9192	0.9207	0.9222	0.9236	0.9251	0.9265	0.9279	0.9292	0.9306	0.9319

x	0.00	0.01	0.02	0.03	0.04	0.05	0.06	0.07	0.08	0.09
1.5	0.9332	0.9345	0.9357	0.9370	0.9382	0.9394	0.9406	0.9418	0.9429	0.9441
1.6	0.9452	0.9462	0.9474	0.9484	0.9495	0.9505	0.9515	0.9529	0.9535	0.9545
1.7	0.9554	0.9564	0.9573	0.9582	0.9591	0.9599	0.9608	0.9616	0.9625	0.9633
1.8	0.9641	0.9649	0.9656	0.9664	0.9671	0.9678	0.9686	0.9693	0.9699	0.9703
1.9	0.9713	0.9719	0.9726	0.9732	0.9738	0.9744	0.9750	0.9756	0.8761	0.9767
2.0	0.9772	0.9778	0.9783	0.9788	0.9793	0.9798	0.9803	0.9808	0.9812	0.9817
2.1	0.9821	0.9826	0.9830	0.9834	0.9838	0.9842	0.9846	0.9850	0.9854	0.9857
2.2	0.9861	0.9864	0.9868	0.9871	0.9875	0.9878	0.9881	0.9884	0.9887	0.9890
2.3	0.9893	0.9896	0.9898	0.9901	0.9904	0.9906	0.9909	0.9611	0.9913	0.9916
2.4	0.9918	0.9920	0.9922	0.9925	0.9927	0.9929	0.9931	0.9932	0.9934	0.9936
2.5	0.9938	0.9940	0.9941	0.9943	0.9945	0.9946	0.9948	0.9949	0.9951	0.9952
2.6	0.9953	0.9955	0.9956	0.9957	0.9959	0.9960	0.9961	0.9962	0.9963	0.9964
2.7	0.9965	0.9966	0.9967	0.9968	0.9969	0.9970	0.9971	0.9972	0.9973	0.9974
2.8	0.9974	0.9975	0.9976	0.9977	0.9977	0.9978	0.9979	0.9979	0.9980	0.9981
2.9	0.9981	0.9982	0.9982	0.9983	0.9984	0.9984	0.9985	0.9985	0.9986	0.9986
3.0	0.9987	0.9987	0.9987	0.9988	0.9988	0.9989	0.9989	0.9989	0.9990	0.9990
3.1	0.9990	0.9991	0.9991	0.9991	0.9992	0.9992	0.9992	0.9992	0.9993	0.9993
3.2	0.9993	0.9993	0.9994	0.9994	0.9994	0.9994	0.9994	0.9995	0.9995	0.9995
3.3	0.9995	0.9995	0.9995	0.9996	0.9996	0.9996	0.9996	0.9996	0.9996	0.9997
3.4	0.9997	0.9997	0.9997	0.9997	0.9997	0.9997	0.9997	0.9997	0.9997	0.9998

附表2 t分布上侧分位数表

本表列出了 $t(n)$ 分布的上侧 α 分位数 $t_\alpha(n)$，它满足

$$P(t(n) > t_\alpha(n)) = \alpha$$

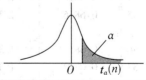

n	α = 0.25	0.10	0.05	0.025	0.01	0.005
1	1.0000	3.0777	6.3138	12.7062	31.8207	63.6574
2	0.8165	1.8856	2.9200	4.3027	6.9646	9.9248
3	0.7649	1.6377	2.3534	3.1824	4.5407	5.8409
4	0.7407	1.5332	2.1318	2.7764	3.7469	4.6041
5	0.7267	1.4759	2.0150	2.5706	3.3649	4.0322
6	0.7176	1.4398	1.9432	2.4469	3.1427	3.7074
7	0.7111	1.4149	1.8946	2.3646	2.9980	3.4995
8	0.7064	1.3968	1.8595	2.3060	2.8965	3.3665

附
表

n	$\alpha = 0.25$	0.10	0.05	0.025	0.01	0.005
9	0.7027	1.3830	1.8331	2.2622	2.8214	3.2498
10	0.6998	1.3722	1.8125	2.2281	2.7638	3.1693
11	0.6974	1.3634	1.7959	2.2010	2.7181	3.1058
12	0.6955	1.3562	1.7823	2.1788	2.6810	3.0545
13	0.6938	1.3502	1.7709	2.1604	2.6503	3.0123
14	0.6924	1.3450	1.7613	2.1448	2.6245	2.9768
15	0.6912	1.3406	1.7531	2.1315	2.6025	2.9467
16	0.6901	1.3368	1.7459	2.1199	2.5835	2.9208
17	0.6892	1.3334	1.7396	2.1098	2.5669	2.8982
18	0.6884	1.3304	1.7341	2.1009	2.5524	2.8784
19	0.6876	1.3277	1.7291	2.0930	2.5395	2.8609
20	0.6870	1.3253	1.7247	2.0860	2.5280	2.8453
21	0.6864	1.3232	1.7207	2.0796	2.5177	2.8314
22	0.6858	1.3212	1.7171	2.0739	2.5083	2.8188
23	0.6853	1.3195	1.7139	2.0687	2.4999	2.8073
24	0.6848	1.3178	1.7109	2.0639	2.4922	2.7969
25	0.6844	1.3163	1.7081	2.0595	2.4851	2.7874
26	0.6840	1.3150	1.7056	2.0555	2.4786	2.7787
27	0.6837	1.3137	1.7033	2.0518	2.4727	2.7707
28	0.6834	1.3125	1.7011	2.0484	2.4671	2.7633
29	0.6830	1.3113	1.6991	2.0452	2.4620	2.7564
30	0.6828	1.3104	1.6973	2.0423	2.4573	2.7500
31	0.6825	1.3095	1.6955	2.0395	2.4528	2.7440
32	0.6822	1.3086	1.6939	2.0369	2.4487	2.7385
33	0.6820	1.3077	1.6924	2.0345	2.4448	2.7333
34	0.6818	1.3070	1.6909	2.0322	2.4411	2.7284
35	0.6816	1.3062	1.6896	2.0301	2.4377	2.7238
36	0.6814	1.3055	1.6883	2.0281	2.4345	2.7195
37	0.6812	1.3049	1.6871	2.0262	2.4314	2.7154
38	0.6810	1.3042	1.6860	2.0244	2.4286	2.7116
39	0.6808	1.3036	1.6849	2.0227	2.4258	2.7079
40	0.6807	1.3031	1.6839	2.0211	2.4233	2.7045
41	0.6805	1.3025	1.6829	2.0195	2.4208	2.7012
42	0.6804	1.3020	1.6820	2.0181	2.4185	2.6981
43	0.6802	1.3016	1.6811	2.0167	2.4163	2.6951
44	0.6801	1.3011	1.6802	2.0154	2.4141	2.6923
45	0.6800	1.3006	1.6794	2.0141	2.4121	2.6896

附表 3 χ^2 分布上侧分位数表

本表列出了 $\chi^2(n)$ 分布的上侧 α 分位数 $\chi^2_\alpha(n)$，它满足

$$P(\chi^2(n) > \chi^2_\alpha(n)) = \alpha$$

n	$\alpha = 0.995$	0.99	0.975	0.95	0.90	0.75
1	—	—	0.001	0.004	0.016	0.102
2	0.010	0.020	0.051	0.103	0.211	0.575
3	0.072	0.115	0.216	0.352	0.584	1.213
4	0.207	0.297	0.484	0.711	1.064	1.923
5	0.412	0.554	0.831	1.145	1.610	2.675
6	0.676	0.872	1.237	1.635	2.204	3.455
7	0.989	1.239	1.690	2.167	2.833	4.255
8	1.344	1.646	2.180	2.733	3.490	5.071
9	1.735	2.088	2.700	3.325	4.168	5.899
10	2.156	2.558	3.247	3.940	4.865	6.737
11	2.603	3.053	3.816	4.575	5.578	7.584
12	3.074	3.571	4.404	5.226	6.304	8.438
13	3.565	4.107	5.009	5.892	7.042	9.299
14	4.075	4.660	5.629	6.571	7.790	10.165
15	4.601	5.229	6.262	7.261	8.547	11.037
16	5.142	5.812	6.908	7.962	9.312	11.912
17	5.697	6.408	7.564	8.672	10.085	12.792
18	6.265	7.015	8.231	9.390	10.865	13.675
19	6.814	7.633	8.907	10.117	11.651	14.562
20	7.434	8.260	9.591	10.851	12.443	15.452
21	8.034	8.897	10.283	11.591	13.240	16.344
22	8.643	9.542	10.982	12.338	14.042	17.240
23	9.260	10.196	11.689	13.091	14.848	18.137
24	9.886	10.856	12.401	13.848	15.659	19.037
25	10.520	11.524	13.120	14.611	16.473	19.939
26	11.160	12.198	13.844	15.379	17.292	20.843
27	11.808	12.879	14.573	16.151	18.114	21.749
28	12.461	13.565	15.308	16.928	18.939	22.657
29	13.121	14.257	16.047	17.708	19.768	23.567
30	13.787	14.954	16.791	18.493	20.599	24.478

n	$\alpha = 0.995$	0.99	0.975	0.95	0.90	0.75
31	14.458	15.655	17.539	19.281	21.434	25.390
32	15.134	16.362	18.291	20.072	22.271	26.304
33	15.815	17.074	19.047	20.867	23.110	27.219
34	16.501	17.789	19.806	21.664	23.952	28.136
35	17.192	18.509	20.569	22.465	24.797	29.054
36	17.887	19.233	21.336	23.269	25.643	29.973
37	18.586	19.960	22.106	24.075	26.492	30.893
38	19.289	20.691	22.878	24.884	27.343	31.815
39	19.996	21.426	23.654	25.695	28.196	32.737
40	20.707	22.164	24.433	26.509	29.051	33.660
41	21.421	22.906	25.215	27.326	29.907	34.585
42	22.138	23.650	25.999	28.144	30.765	35.510
43	22.859	24.398	26.785	28.965	31.625	36.436
44	23.584	25.148	27.575	29.787	32.487	37.363
45	24.411	25.901	28.366	30.612	33.350	38.291

n	$\alpha = 0.25$	0.10	0.05	0.025	0.01	0.005
1	1.323	2.706	3.841	5.024	6.635	7.879
2	2.773	4.605	5.991	7.378	9.210	10.597
3	4.108	6.251	7.815	9.348	11.345	12.838
4	5.385	7.779	9.488	11.143	13.277	14.860
5	6.626	9.236	11.071	12.833	15.086	16.750
6	7.841	10.645	12.592	14.449	16.812	18.548
7	9.037	12.017	14.067	16.013	18.475	20.278
8	10.219	13.362	15.507	17.535	20.090	21.955
9	11.389	14.684	16.919	19.023	21.666	23.589
10	12.549	15.987	18.307	20.483	23.209	25.188
11	13.701	17.275	19.675	21.920	24.725	26.757
12	14.845	18.549	21.026	23.337	26.217	28.299
13	15.984	19.812	22.362	24.736	27.688	29.819
14	17.117	21.064	23.685	26.119	29.141	31.319
15	18.245	22.307	24.996	27.488	30.578	32.801
16	19.369	23.542	26.296	28.845	32.000	34.267
17	20.489	24.769	27.587	30.191	33.409	35.718
18	21.605	25.989	28.869	31.526	34.805	37.156
19	22.718	27.204	30.144	32.852	36.191	38.582
20	23.828	28.412	31.410	34.170	37.566	39.997

n	$\alpha = 0.25$	0.10	0.05	0.025	0.01	0.005
21	24.935	29.615	32.671	36.479	38.932	41.401
22	26.039	30.813	33.924	36.781	40.289	42.796
23	27.141	32.007	35.172	38.076	41.638	44.181
24	28.241	33.196	36.415	39.364	42.980	45.559
25	29.339	34.382	37.652	40.646	44.314	46.928
26	30.435	35.563	38.885	41.923	45.643	48.290
27	31.528	36.741	40.113	43.194	46.963	49.645
28	32.620	37.916	41.337	44.461	48.278	50.993
29	33.711	39.087	42.557	45.722	49.588	52.336
30	34.800	40.256	43.773	46.979	50.892	53.672
31	35.887	41.422	44.985	48.232	52.191	55.003
32	36.973	42.585	46.194	49.480	53.486	56.328
33	38.058	43.745	47.400	50.725	54.776	57.648
34	39.141	44.903	48.602	51.966	56.061	58.964
35	40.223	46.059	49.802	53.203	57.342	60.275
36	41.304	47.212	50.998	54.437	58.619	61.581
37	42.383	48.363	52.192	55.668	59.892	62.883
38	43.462	49.513	53.884	56.896	61.162	64.181
39	44.539	50.660	54.572	58.120	62.428	65.476
40	45.616	51.805	55.758	59.342	63.691	66.766
41	46.692	52.949	56.942	60.561	64.950	68.053
42	47.766	54.090	58.124	61.777	66.206	69.336
43	48.840	55.230	59.304	62.990	67.459	70.616
44	49.913	56.369	60.481	64.201	68.710	71.893
45	50.985	57.505	61.656	65.410	69.957	73.166

附表 4 F 分布上侧分位数表

本表列出了 $F(n_1,n_2)$ 分布的上侧 α 分位数 $F_\alpha(n_1,n_2)$，它满足

$$P(F(n_1,n_2) > F_\alpha(n_1,n_2)) = \alpha.$$

(1) $\alpha = 0.25$

n_2 \ n_1	1	2	3	4	5	6	7	8	9	10	12	15	20	24	30	40	60	120	∞
1	5.83	7.50	8.20	8.58	8.82	8.98	9.10	9.19	9.26	9.32	9.41	9.49	9.58	9.63	9.67	9.71	9.76	9.80	9.85
2	2.57	3.00	3.15	3.23	3.28	3.31	3.34	3.35	3.37	3.38	3.39	3.41	3.43	3.43	3.44	3.45	3.46	3.47	3.48
3	2.02	2.28	2.36	2.39	2.41	2.42	2.43	2.44	2.44	2.44	2.45	2.46	2.46	2.46	2.47	2.47	2.47	2.47	2.47
4	1.81	2.00	2.05	2.06	2.07	2.08	2.08	2.08	2.08	2.08	2.08	2.08	2.08	2.08	2.08	2.08	2.08	2.08	2.08
5	1.69	1.85	1.88	1.89	1.89	1.89	1.89	1.89	1.89	1.89	1.89	1.89	1.88	1.88	1.88	1.88	1.87	1.87	1.87
6	1.62	1.76	1.78	1.79	1.79	1.78	1.78	1.78	1.77	1.77	1.77	1.76	1.76	1.75	1.75	1.75	1.74	1.74	1.74
7	1.57	1.70	1.72	1.72	1.71	1.71	1.70	1.70	1.69	1.69	1.68	1.68	1.67	1.67	1.66	1.66	1.65	1.65	1.65
8	1.54	1.66	1.67	1.66	1.66	1.65	1.64	1.64	1.63	1.63	1.62	1.62	1.61	1.60	1.60	1.59	1.59	1.58	1.58
9	1.51	1.62	1.63	1.63	1.62	1.61	1.60	1.60	1.59	1.59	1.58	1.57	1.56	1.56	1.55	1.54	1.54	1.53	1.53
10	1.49	1.60	1.60	1.59	1.59	1.58	1.57	1.56	1.56	1.55	1.54	1.53	1.52	1.52	1.51	1.51	1.50	1.49	1.48
11	1.47	1.58	1.58	1.57	1.56	1.55	1.54	1.53	1.53	1.52	1.51	1.50	1.49	1.49	1.48	1.47	1.47	1.46	1.45
12	1.46	1.56	1.56	1.55	1.54	1.53	1.52	1.51	1.51	1.50	1.49	1.48	1.47	1.46	1.45	1.45	1.44	1.43	1.42
13	1.45	1.55	1.55	1.53	1.52	1.51	1.50	1.49	1.49	1.48	1.47	1.46	1.45	1.44	1.43	1.42	1.42	1.41	1.40
14	1.44	1.53	1.53	1.52	1.51	1.50	1.49	1.48	1.47	1.46	1.45	1.44	1.43	1.42	1.41	1.41	1.40	1.39	1.38

n_1 \ n_2	1	2	3	4	5	6	7	8	9	10	12	15	20	24	30	40	60	120	∞
15	1.43	1.52	1.52	1.51	1.49	1.48	1.47	1.46	1.46	1.45	1.44	1.43	1.41	1.41	1.40	1.39	1.38	1.37	1.36
16	1.42	1.51	1.51	1.50	1.48	1.47	1.46	1.45	1.44	1.44	1.43	1.41	1.40	1.39	1.38	1.37	1.36	1.35	1.34
17	1.42	1.51	1.50	1.49	1.47	1.46	1.45	1.44	1.43	1.43	1.41	1.40	1.39	1.38	1.37	1.36	1.35	1.34	1.33
18	1.41	1.50	1.49	1.48	1.46	1.45	1.44	1.43	1.42	1.42	1.40	1.39	1.38	1.37	1.36	1.35	1.34	1.33	1.32
19	1.41	1.49	1.49	1.47	1.46	1.44	1.43	1.42	1.41	1.41	1.40	1.38	1.37	1.36	1.35	1.34	1.33	1.32	1.30
20	1.40	1.49	1.48	1.47	1.45	1.44	1.43	1.42	1.41	1.40	1.39	1.37	1.36	1.35	1.34	1.33	1.32	1.31	1.29
21	1.40	1.48	1.48	1.46	1.44	1.43	1.42	1.41	1.40	1.39	1.38	1.37	1.35	1.34	1.33	1.32	1.31	1.30	1.28
22	1.40	1.48	1.47	1.45	1.44	1.42	1.41	1.40	1.39	1.39	1.37	1.36	1.34	1.33	1.32	1.31	1.30	1.29	1.28
23	1.39	1.47	1.47	1.45	1.43	1.42	1.41	1.40	1.39	1.38	1.37	1.35	1.34	1.33	1.32	1.31	1.30	1.28	1.27
24	1.39	1.47	1.46	1.44	1.43	1.41	1.40	1.39	1.38	1.38	1.36	1.35	1.33	1.32	1.31	1.30	1.29	1.28	1.26
25	1.39	1.47	1.46	1.44	1.42	1.41	1.40	1.39	1.38	1.37	1.36	1.34	1.33	1.32	1.31	1.29	1.28	1.27	1.25
26	1.38	1.46	1.45	1.44	1.42	1.41	1.39	1.38	1.37	1.37	1.35	1.34	1.32	1.31	1.30	1.29	1.28	1.26	1.25
27	1.38	1.46	1.45	1.43	1.42	1.40	1.39	1.38	1.37	1.36	1.35	1.33	1.32	1.31	1.30	1.28	1.27	1.26	1.24
28	1.38	1.46	1.45	1.43	1.41	1.40	1.39	1.38	1.37	1.36	1.34	1.33	1.31	1.30	1.29	1.28	1.27	1.25	1.24
29	1.38	1.45	1.45	1.43	1.41	1.40	1.38	1.37	1.36	1.35	1.34	1.32	1.31	1.30	1.29	1.27	1.26	1.25	1.23
30	1.38	1.45	1.44	1.42	1.41	1.39	1.38	1.37	1.36	1.35	1.34	1.32	1.30	1.29	1.28	1.27	1.26	1.24	1.23
40	1.36	1.44	1.42	1.40	1.39	1.37	1.36	1.35	1.34	1.33	1.31	1.30	1.28	1.26	1.25	1.24	1.22	1.21	1.19
60	1.35	1.42	1.41	1.38	1.37	1.35	1.33	1.32	1.31	1.30	1.29	1.27	1.25	1.24	1.22	1.21	1.19	1.17	1.15
120	1.34	1.40	1.39	1.37	1.35	1.33	1.31	1.30	1.29	1.28	1.26	1.24	1.22	1.21	1.19	1.18	1.16	1.13	1.10
∞	1.32	1.39	1.37	1.35	1.33	1.31	1.29	1.28	1.27	1.25	1.24	1.22	1.19	1.18	1.16	1.14	1.12	1.08	1.00

附表4(续2)

(2) α = 0.10

n_2 \ n_1	1	2	3	4	5	6	7	8	9	10	15	20	30	50	100	200	500	∞
1	39.9	49.5	53.6	55.8	57.2	58.2	58.9	59.4	59.9	60.2	61.2	61.7	62.3	62.7	63.0	63.2	63.3	63.3
2	8.53	9.00	9.16	9.24	9.29	9.33	9.35	9.37	9.38	9.39	9.42	9.44	9.46	9.47	9.48	9.49	9.49	9.49
3	5.54	5.46	5.39	5.34	5.31	5.28	5.27	5.25	5.24	5.23	5.20	5.18	5.17	5.15	5.14	5.14	5.14	5.13
4	4.54	4.32	4.19	4.11	4.05	4.01	3.98	3.95	3.94	3.92	3.87	3.84	3.82	3.80	3.78	3.77	3.76	3.76
5	4.06	3.78	3.62	3.52	3.45	3.40	3.37	3.34	3.32	3.30	3.24	3.21	3.17	3.15	3.13	3.12	3.11	3.10
6	3.78	3.46	3.29	3.18	3.11	3.05	3.01	2.98	2.96	2.94	2.87	2.84	2.80	2.77	2.75	2.73	2.73	2.72
7	3.59	3.26	3.07	2.96	2.88	2.83	2.78	2.75	2.72	2.70	2.63	2.59	2.56	2.52	2.50	2.48	2.48	2.47
8	3.46	3.11	2.92	2.81	2.73	2.67	2.62	2.59	2.56	2.54	2.46	2.42	2.38	2.35	2.32	2.31	2.30	2.29
9	3.36	3.01	2.81	2.69	2.61	2.55	2.51	2.47	2.44	2.42	2.34	2.30	2.25	2.22	2.19	2.17	2.17	2.16
10	3.28	2.92	2.73	2.61	2.52	2.46	2.41	2.38	2.35	2.32	2.24	2.20	2.16	2.12	2.09	2.07	2.06	2.06
11	3.23	2.86	2.66	2.54	2.45	2.39	2.34	2.30	2.27	2.25	2.17	2.12	2.08	2.04	2.00	1.99	1.98	1.97
12	3.18	2.81	2.61	2.48	2.39	2.33	2.28	2.24	2.21	2.19	2.10	2.06	2.01	1.97	1.94	1.92	1.91	1.90
13	3.14	2.76	2.56	2.43	2.35	2.28	2.23	2.20	2.16	2.14	2.05	2.01	1.96	1.92	1.88	1.86	1.85	1.85
14	3.10	2.73	2.52	2.39	2.31	2.24	2.19	2.15	2.12	2.10	2.01	1.96	1.91	1.87	1.83	1.82	1.80	1.80
15	3.07	2.70	2.49	2.36	2.27	2.21	2.16	2.12	2.09	2.06	1.97	1.92	1.87	1.83	1.79	1.77	1.76	1.76

n_2 \ n_1	1	2	3	4	5	6	7	8	9	10	15	20	30	50	100	200	500	∞
16	3.05	2.67	2.46	2.33	2.24	2.18	2.13	2.09	2.06	2.03	1.94	1.89	1.84	1.79	1.76	1.74	1.73	1.72
17	3.03	2.64	2.44	2.31	2.22	2.15	2.10	2.06	2.03	2.00	1.91	1.86	1.81	1.76	1.73	1.71	1.69	1.69
18	3.01	2.62	2.42	2.29	2.20	2.13	2.08	2.04	2.00	1.98	1.89	1.84	1.78	1.74	1.70	1.68	1.67	1.66
19	2.99	2.61	2.40	2.27	2.18	2.11	2.06	2.02	1.98	1.96	1.86	1.81	1.76	1.71	1.67	1.65	1.64	1.63
20	2.97	2.59	2.38	2.25	2.16	2.09	2.04	2.00	1.96	1.94	1.84	1.79	1.74	1.69	1.65	1.63	1.62	1.61
22	2.95	2.56	2.35	2.22	2.13	2.06	2.01	1.97	1.93	1.90	1.81	1.76	1.70	1.65	1.61	1.59	1.58	1.57
24	2.93	2.54	2.33	2.19	2.10	2.04	1.98	1.94	1.91	1.88	1.78	1.73	1.67	1.62	1.58	1.56	1.54	1.53
26	2.91	2.52	2.31	2.17	2.08	2.01	1.96	1.92	1.88	1.86	1.76	1.71	1.65	1.59	1.55	1.53	1.51	1.50
28	2.89	2.50	2.29	2.16	2.06	1.00	1.94	1.90	1.87	1.84	1.74	1.69	1.63	1.57	1.53	1.50	1.49	1.48
30	2.88	2.49	2.28	2.14	2.05	1.98	1.93	1.88	1.85	1.82	1.72	1.67	1.61	1.55	1.51	1.48	1.47	1.46
40	2.84	2.44	2.23	2.09	2.00	1.93	1.87	1.83	1.79	1.76	1.66	1.61	1.54	1.48	1.43	1.41	1.39	1.38
50	2.81	2.41	2.20	2.06	1.97	1.90	1.84	1.80	1.76	1.73	1.63	1.57	1.50	1.44	1.39	1.36	1.34	1.33
60	2.79	2.39	2.18	2.04	1.95	1.87	1.82	1.77	1.74	1.71	1.60	1.54	1.48	1.41	1.36	1.33	1.31	1.29
80	2.77	2.37	2.15	2.02	1.92	1.85	1.79	1.75	1.71	1.68	1.57	1.51	1.44	1.38	1.32	1.28	1.26	1.24
100	2.76	2.36	2.14	2.00	1.91	1.83	1.78	1.73	1.70	1.66	1.56	1.49	1.42	1.35	1.29	1.26	1.23	1.21
200	2.73	2.33	2.11	1.97	1.88	1.80	1.75	1.70	1.66	1.63	1.52	1.46	1.38	1.31	1.24	1.20	1.17	1.14
500	2.72	2.31	2.10	1.96	1.86	1.79	1.73	1.68	1.64	1.61	1.50	1.44	1.36	1.28	1.21	1.16	1.12	1.09
∞	2.71	2.30	2.08	1.94	1.85	1.77	1.72	1.67	1.63	1.60	1.49	1.42	1.34	1.26	1.18	1.13	1.08	1.00

（3）α = 0.05

n_1 \ n_2	1	2	3	4	5	6	7	8	9	10	12	14	16	18	20
1	161	200	216	225	230	234	237	239	241	242	244	245	246	247	248
2	18.5	19.0	19.2	19.2	19.3	19.3	19.4	19.4	19.4	19.4	19.4	19.4	19.4	19.4	19.4
3	10.1	9.55	9.28	9.12	9.01	8.94	8.89	8.85	8.81	8.79	8.74	8.71	8.69	8.67	8.66
4	7.71	6.94	6.59	6.39	6.26	6.16	6.09	6.04	6.00	5.96	5.91	5.87	5.84	5.82	5.80
5	6.61	5.79	5.41	5.19	5.05	4.95	4.88	4.82	4.77	4.74	4.68	4.64	4.60	4.58	4.56
6	5.99	5.14	4.76	4.53	4.39	4.28	4.21	4.15	4.10	4.06	4.00	3.96	3.92	3.90	3.87
7	5.59	4.74	4.35	4.12	3.97	3.87	3.79	3.73	3.68	3.64	3.57	3.53	3.49	3.47	3.44
8	5.32	4.46	4.07	3.84	3.69	3.58	3.50	3.44	3.39	3.35	3.28	3.24	3.20	3.17	3.15
9	5.12	4.26	3.86	3.63	3.48	3.37	3.23	3.23	3.18	3.14	3.07	3.03	2.99	2.96	2.94
10	4.96	4.10	3.71	3.48	3.33	3.22	3.14	3.07	3.02	2.98	2.91	2.86	2.83	2.80	2.77
11	4.84	3.98	3.59	3.36	3.20	3.09	3.01	2.95	2.90	2.85	2.79	2.74	2.70	2.67	2.65
12	4.75	3.89	3.49	3.26	3.11	3.00	2.91	2.85	2.80	2.75	2.69	2.64	2.60	2.57	2.54
13	4.67	3.81	3.41	3.18	3.03	2.92	2.83	2.77	2.71	2.67	2.60	2.55	2.51	2.48	2.46
14	4.60	3.74	3.34	3.11	2.96	2.85	2.76	2.70	2.65	2.60	2.53	2.48	2.44	2.41	2.39
15	4.54	3.68	3.29	3.06	2.90	2.79	2.71	2.64	2.59	2.54	2.48	2.42	2.38	2.35	2.33
16	4.49	3.63	3.24	3.01	2.85	2.74	2.66	2.59	2.54	2.49	2.42	2.37	2.33	2.30	2.28
17	4.45	3.59	3.20	2.96	2.81	2.70	2.61	2.55	2.49	2.45	2.38	2.33	2.29	2.26	2.23
18	4.41	3.55	3.16	2.93	2.77	2.66	2.58	2.51	2.46	2.41	2.34	2.29	2.25	2.22	2.19
19	4.38	3.52	3.13	2.90	2.74	2.63	2.54	2.48	2.42	2.38	2.31	2.26	2.21	2.18	2.16
20	4.35	3.49	3.10	2.87	2.71	2.60	2.51	2.45	2.39	2.35	2.28	2.22	2.18	2.15	2.12
21	4.32	3.47	3.07	2.84	2.68	2.57	2.49	2.42	2.37	2.32	2.25	2.20	2.16	2.12	2.10
22	4.30	3.44	3.05	2.82	2.66	2.55	2.46	2.40	2.34	2.30	2.23	2.17	2.13	2.10	2.07
23	4.28	3.42	3.03	2.80	2.64	2.53	2.44	2.37	2.32	2.27	2.20	2.15	2.11	2.07	2.05
24	4.26	3.40	3.01	2.78	2.62	2.51	2.42	2.36	2.30	2.25	2.18	2.13	2.09	2.05	2.03
25	4.24	3.39	2.99	2.76	2.60	2.49	2.40	2.34	2.28	2.24	2.16	2.11	2.07	2.04	2.01

n_2	n_1=1	2	3	4	5	6	7	8	9	10	12	14	16	18	20
26	4.23	3.37	2.98	2.74	2.59	2.47	2.39	2.32	2.27	2.22	2.15	2.09	2.05	2.02	1.99
27	4.21	3.35	2.96	2.73	2.57	2.46	2.37	2.31	2.25	2.20	2.13	2.08	2.04	2.00	1.97
28	4.20	3.34	2.95	2.71	2.56	2.45	2.36	2.29	2.24	2.19	2.12	2.06	2.02	1.99	1.96
29	4.18	3.33	2.93	2.70	2.55	2.43	2.35	2.28	2.22	2.18	2.10	2.05	2.01	1.97	1.94
30	4.17	3.32	2.92	2.69	2.53	2.42	2.33	2.27	2.21	2.16	2.09	2.04	1.99	1.96	1.93
32	4.15	3.29	2.90	2.67	2.51	2.40	2.31	2.24	2.19	2.14	2.07	2.01	1.97	1.94	1.91
34	4.13	3.28	2.88	2.65	2.49	2.38	2.29	2.23	2.17	2.12	2.05	1.99	1.95	1.92	1.89
36	4.11	3.26	2.87	2.63	2.48	2.36	2.28	2.21	2.15	2.11	2.03	1.98	1.93	1.90	1.87
38	4.10	3.24	2.85	2.62	2.46	2.35	2.26	2.19	2.14	2.09	2.02	1.96	1.92	1.88	1.85
40	4.08	3.23	2.84	2.61	2.45	2.34	2.25	2.18	2.12	2.08	2.00	1.95	1.90	1.87	1.84
42	4.07	3.22	2.83	2.59	2.44	2.32	2.24	2.17	2.11	2.06	1.99	1.93	1.89	1.86	1.83
44	4.06	3.21	2.82	2.58	2.43	2.31	2.23	2.16	2.10	2.05	1.98	1.92	1.88	1.84	1.81
46	4.05	3.20	2.81	2.57	2.42	2.30	2.22	2.15	2.09	2.04	1.97	1.91	1.87	1.83	1.80
48	4.04	3.19	2.80	2.57	2.41	2.29	2.21	2.14	2.08	2.03	1.96	1.90	1.86	1.82	1.79
50	4.03	3.18	2.79	2.56	2.40	2.29	2.20	2.13	2.07	2.03	1.95	1.89	1.85	1.81	1.78
60	4.00	3.15	2.76	2.53	2.37	2.25	2.17	2.10	2.04	1.99	1.92	1.86	1.82	1.78	1.75
80	3.96	3.11	2.72	2.49	2.33	2.21	2.13	2.06	2.00	1.95	1.88	1.82	1.77	1.73	1.70
100	3.94	3.09	2.70	2.46	2.31	2.19	2.10	2.03	1.97	1.93	1.85	1.79	1.75	1.71	1.68
125	3.92	3.07	2.68	2.44	2.29	2.17	2.08	2.01	1.96	1.91	1.83	1.77	1.72	1.69	1.65
150	3.90	3.06	2.66	2.43	2.27	2.16	2.07	2.00	1.94	1.89	1.82	1.76	1.71	1.67	1.64
200	3.89	3.04	2.65	2.42	2.26	2.14	2.06	1.98	1.93	1.88	1.80	1.74	1.69	1.66	1.62
300	3.87	3.03	2.63	2.40	2.24	2.13	2.04	1.97	1.91	1.86	1.78	1.72	1.68	1.64	1.61
500	3.86	3.01	2.62	2.39	2.23	2.12	2.03	1.96	1.90	1.85	1.77	1.71	1.66	1.62	1.59
1000	3.85	3.00	2.61	2.38	2.22	2.11	2.02	1.95	1.89	1.84	1.76	1.70	1.65	1.61	1.58
∞	3.84	3.00	2.60	2.37	2.21	2.10	2.01	1.94	1.88	1.83	1.75	1.69	1.64	1.60	1.57

n_2	22	24	26	28	30	35	40	45	50	60	80	100	200	500	∞
1	249	249	249	250	250	251	251	251	252	252	252	253	254	254	254
2	19.5	19.5	19.5	19.5	19.5	19.5	19.5	19.5	19.5	19.5	19.5	19.5	19.5	19.5	19.5
3	8.65	8.64	8.63	8.62	8.62	8.60	8.59	8.59	8.58	8.57	8.56	8.55	8.54	8.53	8.53
4	5.79	5.77	5.76	5.75	5.75	5.73	5.72	5.71	5.70	5.69	5.67	5.66	5.65	5.64	5.63
5	4.54	4.53	4.52	4.50	4.50	4.48	4.46	4.45	4.44	4.43	4.41	4.41	4.39	4.37	4.37
6	3.86	3.84	3.83	3.82	3.81	3.79	3.77	3.76	3.75	3.74	3.72	3.71	3.69	3.68	3.67
7	3.43	3.41	3.40	3.39	3.38	3.36	3.34	3.33	3.32	3.30	3.29	3.27	3.25	3.24	3.23
8	3.13	3.12	3.10	3.09	3.08	3.06	3.04	3.03	3.02	3.01	2.99	2.97	2.95	2.94	2.93
9	2.92	2.90	2.89	2.87	2.86	2.84	2.83	2.81	2.80	2.79	2.77	2.76	2.73	2.72	2.71
10	2.75	2.74	2.72	2.71	2.70	2.68	2.66	2.65	2.64	2.62	2.60	2.59	2.56	2.55	2.54
11	2.63	2.61	2.59	2.58	2.57	2.55	2.53	2.52	2.51	2.49	2.47	2.46	2.43	2.42	2.40
12	2.52	2.51	2.49	2.48	2.47	2.44	2.43	2.41	2.40	2.38	2.36	2.35	2.32	2.31	2.30
13	2.44	2.42	2.41	2.39	2.38	2.36	2.34	2.33	2.31	2.30	2.27	2.26	2.23	2.22	2.21
14	2.37	2.35	2.33	2.32	2.31	2.28	2.27	2.25	2.24	2.22	2.20	2.19	2.16	2.14	2.13
15	2.31	2.29	2.27	2.26	2.25	2.22	2.20	2.19	2.18	2.16	2.14	2.12	2.10	2.08	2.07
16	2.25	2.24	2.22	2.21	2.19	2.17	2.15	2.14	2.12	2.11	2.08	2.07	2.04	2.02	2.01
17	2.21	2.19	2.17	2.16	2.15	2.12	2.10	2.09	2.08	2.06	2.03	2.02	1.99	1.97	1.96
18	2.17	2.15	2.13	2.12	2.11	2.08	2.06	2.05	2.04	2.02	1.99	1.98	1.95	1.93	1.92
19	2.13	2.11	2.10	2.08	2.07	2.05	2.03	2.01	2.00	1.98	1.96	1.94	1.91	1.89	1.88
20	2.10	2.08	2.07	2.05	2.04	2.01	1.99	1.98	1.97	1.95	1.92	1.91	1.88	1.86	1.84
21	2.07	2.05	2.04	2.02	2.01	1.98	1.96	1.95	1.94	1.92	1.89	1.88	1.84	1.82	1.81
22	2.05	2.03	2.01	2.00	1.98	1.96	1.94	1.92	1.91	1.89	1.86	1.85	1.82	1.80	1.78
23	2.02	2.00	1.99	1.97	1.96	1.93	1.91	1.90	1.88	1.86	1.84	1.82	1.79	1.77	1.76
24	2.00	1.98	1.97	1.95	1.94	1.91	1.89	1.88	1.86	1.84	1.82	1.80	1.77	1.75	1.73
25	1.98	1.96	1.95	1.93	1.92	1.89	1.87	1.86	1.84	1.82	1.80	1.78	1.75	1.73	1.71

n_2 \ n_1	22	24	26	28	30	35	40	45	50	60	80	100	200	500	∞
26	1.97	1.95	1.93	1.91	1.90	1.87	1.85	1.84	1.82	1.80	1.78	1.76	1.73	1.71	1.69
27	1.95	1.93	1.91	1.90	1.88	1.86	1.84	1.82	1.81	1.79	1.76	1.74	1.71	1.69	1.67
28	1.93	1.91	1.90	1.88	1.87	1.84	1.82	1.80	1.79	1.77	1.74	1.73	1.69	1.67	1.65
29	1.92	1.90	1.88	1.87	1.85	1.83	1.81	1.79	1.77	1.75	1.73	1.71	1.67	1.65	1.64
30	1.91	1.89	1.87	1.85	1.84	1.81	1.79	1.77	1.76	1.74	1.71	1.70	1.66	1.64	1.62
32	1.88	1.86	1.85	1.83	1.82	1.79	1.77	1.75	1.74	1.71	1.69	1.67	1.63	1.61	1.59
34	1.86	1.84	1.82	1.80	1.80	1.77	1.75	1.73	1.71	1.69	1.66	1.65	1.61	1.59	1.57
36	1.85	1.82	1.81	1.79	1.78	1.75	1.73	1.71	1.69	1.67	1.64	1.62	1.59	1.56	1.55
38	1.83	1.81	1.79	1.77	1.76	1.73	1.71	1.69	1.68	1.65	1.62	1.61	1.57	1.54	1.53
40	1.81	1.79	1.77	1.76	1.74	1.72	1.69	1.67	1.66	1.64	1.61	1.59	1.55	1.53	1.51
42	1.80	1.78	1.76	1.74	1.73	1.70	1.68	1.66	1.65	1.62	1.59	1.57	1.53	1.51	1.49
44	1.79	1.77	1.75	1.73	1.72	1.69	1.67	1.65	1.63	1.61	1.58	1.56	1.52	1.49	1.48
46	1.78	1.76	1.74	1.72	1.71	1.68	1.85	1.64	1.62	1.60	1.57	1.55	1.51	1.48	1.46
48	1.77	1.75	1.73	1.71	1.70	1.67	1.64	1.62	1.61	1.59	1.56	1.54	1.49	1.47	1.45
50	1.76	1.74	1.72	1.70	1.69	1.66	1.63	1.61	1.60	1.58	1.54	1.52	1.48	1.46	1.44
60	1.72	1.70	1.68	1.66	1.65	1.62	1.59	1.57	1.56	1.53	1.50	1.48	1.44	1.41	1.39
80	1.68	1.65	1.63	1.62	1.60	1.57	1.54	1.52	1.51	1.48	1.45	1.43	1.38	1.35	1.32
100	1.65	1.63	1.61	1.59	1.57	1.54	1.52	1.49	1.48	1.45	1.41	1.39	1.34	1.31	1.28
125	1.63	1.60	1.58	1.57	1.55	1.52	1.49	1.47	1.45	1.42	1.39	1.36	1.31	1.27	1.25
150	1.61	1.59	1.57	1.55	1.53	1.50	1.48	1.45	1.44	1.41	1.37	1.34	1.29	1.25	1.22
200	1.60	1.57	1.55	1.53	1.52	1.48	1.46	1.43	1.41	1.39	1.35	1.32	1.26	1.22	1.19
300	1.58	1.55	1.53	1.51	1.50	1.46	1.43	1.41	1.39	1.36	1.32	1.30	1.23	1.19	1.15
500	1.56	1.54	1.52	1.50	1.48	1.45	1.42	1.40	1.38	1.34	1.30	1.28	1.21	1.16	1.11
1000	1.55	1.53	1.51	1.49	1.47	1.44	1.41	1.38	1.36	1.33	1.29	1.26	1.19	1.13	1.08
∞	1.54	1.52	1.50	1.48	1.46	1.42	1.39	1.37	1.35	1.32	1.27	1.24	1.17	1.11	1.00

(4) α = 0.01

n_2 \ n_1	1	2	3	4	5	6	7	8	9	10	12	14	16	18	20
1	405	500	540	563	576	586	593	598	602	606	611	614	617	619	621
2	98.5	99.0	99.2	99.2	99.3	99.3	99.4	99.4	99.4	99.4	99.4	99.4	99.4	99.4	99.4
3	34.1	30.8	29.5	28.7	28.2	27.9	27.7	27.5	27.3	27.2	27.1	26.9	26.8	26.8	26.7
4	21.2	18.0	16.7	16.0	15.5	15.2	15.0	14.8	14.7	14.5	14.4	14.2	14.2	14.1	14.0
5	16.3	13.3	12.1	11.4	11.0	10.7	10.5	10.3	10.2	10.1	9.89	9.77	9.68	9.61	9.55
6	13.7	10.9	9.78	9.15	8.75	8.47	8.26	8.10	7.98	7.87	7.72	7.60	7.52	7.45	7.40
7	12.2	9.55	8.45	7.85	7.46	7.19	6.99	6.84	6.72	6.62	6.47	6.36	6.27	6.21	6.16
8	11.3	8.65	7.59	7.01	6.63	6.37	6.18	6.03	5.91	5.81	5.67	5.56	5.48	5.41	5.36
9	10.6	8.02	6.99	6.42	6.06	5.80	5.61	5.47	5.35	5.26	5.11	5.00	4.92	4.86	4.81
10	10.0	7.56	6.55	5.99	5.64	5.39	5.20	5.06	4.94	4.85	4.71	4.60	4.52	4.46	4.41
11	9.65	7.21	6.22	5.67	5.32	5.07	4.89	4.74	4.63	4.54	4.40	4.29	4.21	4.15	4.10
12	9.33	6.93	5.95	5.41	5.06	4.82	4.64	4.50	4.39	4.30	4.16	4.05	3.97	3.91	3.86
13	9.07	6.70	5.74	5.21	4.86	4.62	4.44	4.30	4.19	4.10	3.96	3.86	3.78	3.71	3.66
14	8.86	6.51	5.56	5.04	4.70	4.46	4.28	4.14	4.03	3.94	3.80	3.70	3.62	3.56	3.51
15	8.68	6.36	5.42	4.89	4.56	4.32	4.14	4.00	3.89	3.80	3.67	3.56	3.49	3.42	3.37
16	8.53	6.23	5.29	4.77	4.44	4.20	4.03	3.89	3.78	3.69	3.55	3.45	3.37	3.31	3.26
17	8.40	6.11	5.18	4.67	4.34	4.11	3.93	3.79	3.68	3.59	3.46	3.35	3.27	3.21	3.16
18	8.29	6.01	5.09	4.58	4.25	4.00	3.84	3.71	3.60	3.51	3.37	3.27	3.19	3.13	3.08
19	8.18	5.93	5.01	4.50	4.17	3.94	3.77	3.63	3.52	3.43	3.30	3.19	3.12	3.05	3.00
20	8.10	5.85	4.94	4.43	4.10	3.87	3.70	3.56	3.46	3.37	3.23	3.13	3.05	2.99	2.94
21	8.02	5.78	4.87	4.37	4.04	3.81	3.64	3.51	3.40	3.31	3.17	3.07	2.99	2.93	2.88
22	7.95	5.72	4.82	4.31	3.99	3.76	3.59	3.45	3.35	3.26	3.12	3.02	2.94	2.88	2.83
23	7.88	5.66	4.76	4.26	3.94	3.71	3.54	3.41	3.30	3.21	3.07	2.97	2.89	2.83	2.78
24	7.82	5.61	4.72	4.22	3.90	3.67	3.50	3.36	3.26	3.17	3.03	2.93	2.85	2.79	2.74
25	7.77	5.57	4.68	4.18	3.86	3.63	3.46	3.32	3.22	3.13	2.99	2.89	2.81	2.75	2.70

n_2 \ n_1	20	18	16	14	12	10	9	8	7	6	5	4	3	2	1
26	2.66	2.72	2.78	2.86	2.96	3.09	3.18	3.29	3.42	3.59	3.82	4.14	4.64	5.53	7.72
27	2.63	2.68	2.75	2.82	2.93	3.06	3.15	3.26	3.39	3.56	3.78	4.11	4.60	5.49	7.68
28	2.60	2.65	2.72	2.79	2.90	3.03	3.12	3.23	3.36	3.53	3.75	4.07	4.57	5.45	7.64
29	2.57	2.62	2.69	2.77	2.87	3.00	3.09	3.20	3.33	3.50	3.73	4.04	4.54	5.42	7.60
30	2.55	2.60	2.66	2.74	2.84	2.98	3.07	3.17	3.30	3.47	3.70	4.02	4.51	5.39	7.56
32	2.50	2.55	2.62	2.70	2.80	2.93	3.02	3.13	3.26	3.43	3.65	3.97	4.46	5.34	7.50
34	2.46	2.51	2.58	2.66	2.76	2.89	2.98	3.09	3.22	3.39	3.61	3.93	4.42	5.29	7.44
36	2.43	2.48	2.54	2.62	2.72	2.86	2.95	3.05	3.18	3.35	3.57	3.89	4.38	5.25	7.40
38	2.40	2.45	2.51	2.59	2.69	2.83	2.92	3.02	3.15	3.32	3.54	3.86	4.34	5.21	7.35
40	2.37	2.42	2.48	2.56	2.66	2.80	2.89	2.99	3.12	3.29	3.51	3.83	4.31	5.18	7.31
42	2.34	2.40	2.46	2.54	2.64	2.78	2.86	2.97	3.10	3.27	3.49	3.80	4.29	5.15	7.28
44	2.32	2.37	2.44	2.52	2.62	2.75	2.84	2.95	3.08	3.24	3.47	3.78	4.26	5.12	7.25
46	2.30	2.35	2.42	2.50	2.60	2.73	2.82	2.93	3.06	3.22	3.44	3.76	4.24	5.10	7.22
48	2.28	2.33	2.40	2.48	2.58	2.72	2.80	2.91	3.04	3.20	3.43	3.74	4.22	5.08	7.20
50	2.27	2.32	2.38	2.46	2.56	2.70	2.79	2.89	3.02	3.19	3.41	3.72	4.20	5.06	7.17
60	2.20	2.25	2.31	2.39	2.50	2.63	2.72	2.82	2.95	3.12	3.34	3.65	4.13	4.98	7.08
80	2.12	2.17	2.23	2.31	2.42	2.55	2.64	2.74	2.87	3.04	3.26	3.56	4.04	4.88	6.96
100	2.07	2.12	2.19	2.26	2.37	2.50	2.59	2.69	2.82	2.99	3.21	3.51	3.98	4.82	6.90
125	2.03	2.08	2.15	2.23	2.33	2.47	2.55	2.66	2.79	2.95	3.17	3.47	3.94	4.78	6.84
150	2.00	2.06	2.12	2.20	2.31	2.44	2.53	2.63	2.76	2.92	3.14	3.45	3.92	4.75	6.81
200	1.97	2.02	2.09	2.17	2.27	2.41	2.50	2.60	2.73	2.89	3.11	3.41	3.88	4.71	6.76
300	1.94	1.99	2.06	2.14	2.24	2.38	2.47	2.57	2.70	2.86	3.08	3.38	3.85	4.68	6.72
500	1.92	1.97	2.04	2.12	2.22	2.36	2.44	2.55	2.68	2.84	3.05	3.36	3.82	4.65	6.69
1000	1.90	1.95	2.02	2.10	2.20	2.34	2.43	2.53	2.66	2.82	3.04	3.34	3.80	4.63	6.66
∞	1.88	1.93	2.00	2.08	2.18	2.32	2.41	2.51	2.64	2.80	3.02	3.32	3.78	4.61	6.63

附表 4（续 10）

n_2 \ n_1	∞	500	200	100	80	60	50	45	40	35	30	28	26	24	22
1	637	636	635	633	633	631	630	630	629	628	626	625	624	623	622
2	99.5	99.5	99.5	99.5	99.5	99.5	99.5	99.5	99.5	99.5	99.5	99.5	99.5	99.5	99.5
3	26.1	26.1	26.2	26.2	26.3	26.3	26.4	26.4	26.4	26.5	26.5	26.5	26.6	26.6	26.6
4	13.5	13.5	13.5	13.6	13.6	13.7	13.7	13.7	13.7	13.8	13.8	13.9	13.9	13.9	14.0
5	9.02	9.04	9.08	9.13	9.16	9.20	9.24	9.26	9.29	9.33	9.38	9.40	9.43	9.47	9.51
6	6.88	6.90	6.93	6.99	7.01	7.06	7.09	7.11	7.14	7.18	7.23	7.25	7.28	7.31	7.35
7	5.65	5.67	5.70	5.75	5.78	5.82	5.86	5.88	5.91	5.94	5.99	6.02	6.04	6.07	6.11
8	4.86	4.88	4.91	4.96	4.99	5.03	5.07	5.00	5.12	5.15	5.20	5.22	5.25	5.28	5.32
9	4.31	4.33	4.36	4.42	4.44	4.48	4.52	4.54	4.57	4.60	4.65	4.67	4.70	4.73	4.77
10	3.91	3.93	3.96	4.01	4.04	4.08	4.12	4.14	4.17	4.20	4.25	4.27	4.30	4.33	4.36
11	3.60	3.62	3.66	3.71	3.73	3.78	3.81	3.83	3.86	3.89	3.94	3.96	3.99	4.02	4.06
12	3.36	3.38	3.41	3.47	3.49	3.54	3.57	3.59	3.62	3.65	3.70	3.72	3.75	3.78	3.82
13	3.17	3.19	3.22	3.27	3.30	3.34	3.38	3.40	3.43	3.46	3.51	3.53	3.56	3.59	3.62
14	3.00	3.03	3.06	3.11	3.14	3.18	3.22	3.24	3.27	3.30	3.35	3.37	3.40	3.43	3.46
15	2.87	2.89	2.92	2.98	3.00	3.05	3.08	3.10	3.13	3.17	3.21	3.24	3.26	3.29	3.33
16	2.75	2.78	2.81	2.86	2.89	2.93	2.97	2.99	3.02	3.05	3.10	3.12	3.15	3.18	3.22
17	2.65	2.68	2.71	2.76	2.79	2.83	2.87	2.89	2.92	2.96	3.00	3.03	3.05	3.08	3.12
18	2.57	2.59	2.62	2.68	2.70	2.75	2.78	2.81	2.84	2.87	2.92	2.94	2.97	3.00	3.03
19	2.49	2.51	2.55	2.60	2.63	2.67	2.71	2.73	2.76	2.80	2.84	2.87	2.89	2.92	2.96
20	2.42	2.44	2.48	2.54	2.56	2.61	2.64	2.67	2.69	2.73	2.78	2.80	2.83	2.86	2.90
21	2.36	2.38	2.42	2.48	2.50	2.55	2.58	2.61	2.64	2.67	2.72	2.74	2.77	2.80	2.84
22	2.31	2.33	2.36	2.42	2.45	2.50	2.53	2.55	2.58	2.62	2.67	2.69	2.72	2.75	2.78
23	2.26	2.28	2.32	2.37	2.40	2.45	2.48	2.51	2.54	2.57	2.62	2.64	2.67	2.70	2.74
24	2.21	2.24	2.27	2.33	2.36	2.40	2.44	2.46	2.49	2.53	2.58	2.60	2.63	2.66	2.70
25	2.17	2.19	2.23	2.29	2.32	2.36	2.40	2.42	2.45	2.49	2.54	2.56	2.59	2.62	2.86

n_1 \ n_2	22	24	26	28	30	35	40	45	50	60	80	100	200	500	∞
26	2.62	2.58	2.55	2.53	2.50	2.45	2.42	2.39	2.36	2.33	2.28	2.25	2.19	2.16	2.13
27	2.59	2.55	2.52	2.49	2.47	2.42	2.38	2.35	2.33	2.29	2.25	2.22	2.16	2.12	2.10
28	2.56	2.52	2.49	2.46	2.44	2.39	2.35	2.32	2.30	2.26	2.22	2.19	2.13	2.09	2.06
29	2.53	2.49	2.46	2.44	2.41	2.36	2.33	2.30	2.27	2.23	2.19	2.16	2.10	2.06	2.03
30	2.51	2.47	2.44	2.41	2.39	2.34	2.30	2.27	2.25	2.21	2.16	2.13	2.07	2.03	2.01
32	2.46	2.42	2.39	2.36	2.34	2.29	2.25	2.22	2.20	2.16	2.11	2.08	2.02	1.98	1.96
34	2.42	2.38	2.35	2.32	2.30	2.25	2.21	2.18	2.16	2.12	2.07	2.04	1.98	1.94	1.91
36	2.38	2.35	2.32	2.29	2.26	2.21	2.17	2.14	2.12	2.08	2.03	2.00	1.94	1.90	1.87
38	2.35	2.32	2.28	2.26	2.23	2.18	2.14	2.11	2.09	2.05	2.00	1.97	1.90	1.86	1.84
40	2.33	2.29	2.26	2.23	2.20	2.15	2.11	2.08	2.06	2.02	1.97	1.94	1.87	1.83	1.80
42	2.30	2.26	2.23	2.20	2.18	2.13	2.09	2.06	2.03	1.99	1.94	1.91	1.85	1.80	1.78
44	2.28	2.24	2.21	2.18	2.15	2.10	2.06	2.03	2.01	1.97	1.92	1.89	1.82	1.78	1.75
46	2.26	2.22	2.19	2.16	2.13	2.08	2.04	2.01	1.99	1.95	1.90	1.86	1.80	1.75	1.73
48	2.24	2.20	2.17	2.14	2.12	2.06	2.02	1.99	1.97	1.93	1.88	1.84	1.78	1.73	1.70
50	2.22	2.18	2.15	2.12	2.10	2.05	2.01	1.97	1.95	1.91	1.86	1.82	1.76	1.71	1.68
60	2.15	2.12	2.08	2.05	2.03	1.98	1.94	1.90	1.88	1.84	1.78	1.75	1.68	1.63	1.60
80	2.07	2.03	2.00	1.97	1.94	1.89	1.85	1.81	1.79	1.75	1.69	1.66	1.58	1.53	1.49
100	2.02	1.98	1.94	1.92	1.89	1.84	1.80	1.76	1.73	1.69	1.63	1.60	1.52	1.47	1.43
125	1.98	1.94	1.91	1.88	1.85	1.80	1.76	1.72	1.69	1.65	1.59	1.55	1.47	1.41	1.37
150	1.96	1.92	1.88	1.85	1.83	1.77	1.73	1.69	1.66	1.62	1.56	1.52	1.43	1.38	1.33
200	1.93	1.89	1.85	1.82	1.79	1.74	1.69	1.66	1.63	1.58	1.52	1.48	1.39	1.33	1.23
300	1.89	1.85	1.82	1.79	1.76	1.71	1.66	1.62	1.59	1.55	1.48	1.44	1.35	1.28	1.22
500	1.87	1.83	1.79	1.76	1.74	1.68	1.63	1.60	1.56	1.52	1.45	1.41	1.31	1.23	1.16
1000	1.85	1.81	1.77	1.74	1.72	1.66	1.61	1.57	1.54	1.50	1.43	1.38	1.28	1.19	1.11
∞	1.83	1.79	1.76	1.72	1.70	1.64	1.59	1.55	1.52	1.47	1.40	1.36	1.25	1.15	1.00